新世紀叢書

當代重要思潮・人文心靈・宗教・社會文化關懷

英雄的旅程

The Hero's Journey

菲爾・柯西諾 Phil Cousineau——主編　梁永安——譯

神話學大師 喬瑟夫・坎伯 Joseph Campbell

Collected Works of Joseph Campbell
Robert Walter, Executive Editor
David Kudler, Managing Editor

JOSEPH CAMPBELL FOUNDATION

前言／史都華・布朗 Stuart L. Brown（本書電影版執行製作）

激情這東西讓大部分精神科醫師都忐忑不安。「你對喬瑟夫・坎伯的崇拜，似乎是你渴望一個彌撒亞的移情作用。」一個朋友得知我想為坎伯拍一部紀錄片的時候這樣說，他是個著名的心理分析醫師。我一直希望可以把坎伯的精采思想用影像記錄下來，在電影院和電視上放映，留為永遠的紀念。這個夢想，終於落實為片長一小時的「英雄的旅程」，在一九八七年首映。這部電影，也是各位手上這本書內容之所本。

大部分美國中西部的長老派教徒，對於任何的狂熱都懷有戒心（運動和宗教方面的狂熱除外），我年邁的雙親自不例外。如果我能夠把我的「坎伯熱」轉移為對教會的支持或對自己醫療事業和經濟保障的促進，他們肯定會開心得多。

由於不聽師長父母之言是不明智和無禮的，所以在與坎伯漫長而密切的交往歲月中，我都努力克制，不把他當成一個崇拜的對象，而我也顯然做到了這一點，因爲證之於一些我要好和尊敬的朋友的觀感，我並未淪爲一個被別人牽著鼻子走的人，而是仍然有著獨立的思考和感受能力。

然而，回顧多年來與坎伯的相處，我的感受卻很像是愛——不單是對他的愛，也是對其他受過他感染的人的愛。看到他們從坎伯那裡獲得的喜樂與成長，是我之所以花十年以上的努力去爲坎伯拍一部紀錄片的一大動力。我相信，我拍的這部紀錄片，將可以讓更多的人從他那裡獲得啓明。當然，我會有這個信念，是從親身經驗而起的。

他們認為成群結隊地前進是不體面的。所以，他們每個人都會選擇一個最黑和沒有路的地點，進入森林。如果有路，那是別人走過的路，意味著你不是在冒險。

——坎伯

一九七二年，也就是我三十九歲那一年，我利用教授休假的機會要完成一個有關謀殺的研究。把自己關在圖書館裡那段期間，我發現最早期談到暴力的文獻，都是神話性質的，而讓我驚訝的是，見於古代神話裡的家庭暴力模式，竟和美國當代的家庭暴力模式出奇地相似。於是我開始讀坎伯四大冊的《神的面具》（*Masks of God*）。讀完以後，我才了解到，坎伯對於人類的象徵、心理學、靈性和藝術遺產，具有驚人的融會能力，這種能力，是自達爾文以降任何試圖了解人的生物模式的科學家必備的。另外，在閱讀這幾本書的過程中，我發現到，自己受到滋養的，並不僅止於知性的方面。讀完它們以後，我感到我對自己和對世界的觀感都迥異於從前。我有一種回家的感覺。因此，我很自然會想知道更多坎伯的見解，而且也跟很多其他讀過他的書的人一樣，對坎伯其人感到好奇。讀他的書讀得愈多，我就愈有一種衝動，要把他廣博的知識與融會世界神話的能力引介給學術界以外的廣大觀眾認識。

由於我不是製作電視節目的專家，所以就找來已故的史帕林（Greg Sparlin）當拍檔。然而，起初坎伯拒絕我們把他的作品搬上電視的構想，因爲他認爲，最適合表現他思想的媒體是文字。我們經過很多次的努力才說服他。不過，當他一旦做出投入的承諾，我就很有把握，我們的影片將可以讓別人恰如其分地領略到坎伯的學術深度與活力，並因此經驗到自己靈魂的深化。雖然當時相信我這個信念的人寥寥無幾，但我一點也不以爲意。

就像很多原創性的計畫一樣，我開了很多次錯誤的頭，拍攝的計畫一直牛步不前。到了一九八一年年終，我愈來愈爲坎伯的健康擔心，因爲僅僅六個月內，他就得了兩次嚴重的肺炎。雖然他看來康復情況良好，而且健談如昔，但有醫師背景的我還是不能不憂心忡忡。坎伯已經年近八十，卻仍然沒有有關他這個人和他的作品的足夠影像紀錄。沒有錯，他已經出版了很多本很上乘的作品，但我仍然強烈感覺到有把他的思想拍成電影的必要，因爲正如喬治・盧卡斯（George Lucas）後來所說的，坎伯身上具有一種自然流露的「生命力」，可以誘導聽衆起而行去投入自己的靈性探索之旅。由於感到時間緊迫，我加倍地努力。

「英雄的旅程」的正式拍攝工作始於一九八二年，地點是加州大瑟爾（Big Sur）的依色冷研究所（Esalen Institute）。在製作人弗里（Bill Free）的幫助下，我找來一些背景大異其趣的人跟坎伯進行談話：從坎伯的詩人老友布萊（Robert Bly）到諾貝爾獎得主吉耶曼（Roger Guillemin），不一而足，甚至還有一個以前從未聽過坎伯名字的年輕女士。我這樣做，是因爲我認爲背景不同的對話者將可引發更多不同的話題。我的期望是，衆多的話題，加上導演肯納德（David Kennard）的技巧，加上依色冷研究所的優美環境，再加上坎伯多采多姿的人生故事與生命活力，能讓整部紀錄片更形豐富。本書的大部分內容，都是取材自在依色冷研究所拍攝到的對話。

大約四、五個月後，當我們開始剪接底片的時候，我發現有些聲音在我心裡喋喋不休。這是我很不習慣的事，哪怕它要對我說的是「追隨你內在直覺的喜悅」（follow your bliss）①。我心裡的聲音反覆不停對我說：「把坎伯下一次的全國演講系列拍成錄影帶吧，因爲這將是他的最後一次了。」令人難過的是，被言中了。

有些人是在輕鬆、不那麼正式的環境裡才能表現得最好。因此，在我們第一次進行剪接的時候，用了很多在這種場合所拍到的底片。然而，愈到後來，我們愈發現，坎伯表現得最好的，是那些他能夠自己挑選話題的場合，是那些他能夠使用他歷幾十年琢磨到最完美的材料的場合。

在一九八二至一九八五年初②，我和一個攝影小組追隨著坎伯旅行全國各地，拍攝他最後一次的全國講學之旅。我們在新墨西哥的陶斯（Taos）拍了他的「心靈與象徵」講演，在聖大菲（Santa Fe）拍了「神話在時間裡的轉化」（Transformations of Myth Through Time，編按：文字版本已由本公司立緒文化出版，中譯書名爲《神話的智慧》），在紐約她太太主持的「大開眼界劇院」（The Theater of the Open Eye）拍了「永恆的哲學：印度教與佛教」（Perennial Philosophy Hinduism and Buddhism），在舊金山的美術宮劇院（the Palace of Fine Arts Theater）拍了「西方之道：亞瑟王傳說」（The Western Way: The Arthurian Legends）和「聖杯的追尋」（The Quest for the Grail），在舊金山的加州歷史學會拍了「當代的神話：

詹姆斯・喬哀思與湯馬斯・曼」（Contemporary Mythologies: James Joyce and Thomas Mann）。就這樣，我們有了長達五十小時的母帶，而坎伯最有力的一些講演影像紀錄，也可以永遠留存下去。自此，我沒有再聽到什麼聲音在我心裡喋喋不休。

坎伯進行全國性講學期間，每當一場講演或研討會結束，總會有人跑來問我們：「這個坎伯是什麼來歷？他是怎樣成爲現在這個人的？」總之，凡聽過他講演的，莫不流露出對其人及其觀念的好奇和著迷。他們提出的問題，啓發了我們塑造這部影片以及各位手上這本書的最後形式。

在我看來，「英雄的旅程」全片的最高潮是坎伯在一九八五年接受全國藝術俱樂部頒贈文學獎章的部分。因爲片長所限，我們只能收入頒獎典禮上喬治・盧卡斯、理查・亞當斯（Richard Adams）和希爾曼（James Hillman）等人所致的讚辭，而且只是節錄，尤其讓我難過的是，坎伯所發表受獎詞的部分，我們必須全部割愛。不過，這種遺珠之憾卻因爲這本書的出版而獲得部分補償，因爲書本可以讓那個不同凡響的盛會以更接近完整的形式呈現出來，也可以把很多其他因爲片長之限不得不割愛的材料包含進來。

坎伯一向認爲，他的觀念要比他本人來得重要，所以，在拍攝他的電影和編輯此書期間，我們都努力去做到我們相信他會期望的：讓他的觀念以異乎尋常的清晰，表現出他是個有創思的人。

一九八七年，電影版的「英雄的旅程」分別在東岸的現代藝術博物館和西岸的導演協會首映。西岸首映會後的座談，是坎伯最後一次在公開場合講話。雖然他愛開玩笑說，自己已幾近是個「死人」（The Death）③，但在座談會上，他仍然不遺餘力地把他最新的思想心得綜合給聽眾。座談會結束時，我看著他接受人生最後一次的熱烈鼓掌，只覺得心中一陣極大的酸楚。他在四個月之後過世。

重看過「英雄的旅程」的對話抄本和剪餘片④以後，我情商影片的副製作人柯西諾（Phil Cousineau）想辦法把它們轉化為書本的形式。柯西諾拍片期間在各方面所做的重大貢獻以及他與坎伯夫婦愈來愈深入的交誼，都讓我印象深刻，而我也知道，坎伯夫婦不但欣賞他神話知識上的寬度，也欣賞他智慧上的深度。

一九八八年，「英雄的旅程」和由坎伯與記者莫比爾（Bill Moyer）的對談所拍成的「坎伯與神話的力量」（Joseph Campbell and the Power of Myth，共六集；編按：「坎伯與神話的力量」的文字版本（*The Power of Myth*）已由立緒文化出版，中譯書名為《神話》），先後在公共廣播網（PBS）做全國性的播映，結果引發了極端熱烈與廣泛的迴響。在我看來，這種潮湧般的迴響印證了一件事情：坎伯所說的話，會觸動我們每一個人。

譯註：

①這是坎伯很喜歡說的話，本書中將會一再提到。

②這裡的一九八五年初疑爲一九八三年初之誤。

③《死人》也是喬哀思一本小說的名稱。

④剪餘片指的是拍了但沒有剪接到影片裡去的底片。

引言／菲爾·柯西諾（本書主編）

Phil Cousineau

坎伯在神話海洋裡的漫長遨遊，既是一種學術性的探求，也是一種靈性的探求。透過大量的閱讀、寫作、遊歷以及跟本世紀最有影響力的男女相遇，坎伯發現全世界的神話遺產展現出驚人的相似性，並印證了一個他自學生時代就堅信的信念：自然的核心具有根本的統一性。

「眞理只有一個，聖者以各種名字稱呼它。」印度古經典《吠陀》裡的這句話，屢屢受坎伯的徵引，做爲其觀點的註腳。綜合歷史中的不變眞理，成爲他生命的燃點；透過神話來會通科學與宗教、心靈與身體、東方與西方，則成了他職志中的職志。

在《千面英雄》的序言裡，坎伯說：「我希望我這個透過比較來闡明神話相似性的工作，會有助於目前也許並不太絕望的統一世界的事業。不是以基督教會或某個政治大國的名義統一，而是在人類相互理解的意義上的統一。」

坎伯用於研究神話、宗教與文學的比較性歷史方法，與傳統學者大異其趣之處：後者強調的是相異處，他強調的則是相似處。他深深相信，在不同文化千差萬別的神話內容與意象裡，存在著相通的主題與原型。另外，他也相信，透過重新詮釋神話中一些本初性（primordial）意象——如「英雄」、「死亡與復活」、「童女成孕」、「應許之地」等——將可以揭露人類心靈的共同根源，甚至可以讓我們明白，靈魂是怎樣看待自己的。

「神話是『神的面具』，透過它，人可以讓自己跟存在的驚奇連接起來。」坎伯這樣說過。他相信，我們在辨認出這些意象的超時間性（timelessness）時所感受到的震撼，足以證明，所有的人類生命，都是從同一個深邃的靈性根基湧現出來的。

就像愛因斯坦致力為外在世界的各種能量建立一個「統一場論」一樣，坎伯也致力於為各種我們內在的能量鍛鑄一個統一的理論。他認為，所謂的「神」，不過是這些人類內在能量的擬人化。而物理學家所稱的「實在的肌理」（fabric of reality），在坎伯那裡則被稱為「寶石的網絡」（the net of gems）——這個源於印度人宇宙論的隱喻，同時也是坎伯把神話、宗教、科學與藝術共治一爐的鮮明意象。他認為這些不同領域裡的老師所致力的是同一件事情，認為在人類靈性史的全程裡，有同一個系統的原型衝動（archetyal impulses）在作用——那是「同一首恢宏的歌曲」。

坎伯是個破格的學者、老師與作家，而他所走的道路，和他在萬千神話裡發現的「左手道路」（left-hand paths）隱然相似，不管那是《由誰奧義書》（*Kena Upanishad*）裡所說的「一條鋒利得像剃刀邊緣的橋樑」，還是佛教所說的「中道」，或是聖杯傳說中那個「沒有路或徑」的黑森林。他依循著直覺，在傳統學術界的殿堂之外另闢蹊徑，沿著自己學術的「道」（Tao），走入一種對神話的靈性與心理學性的觀照，擁抱一種諸聖徒與薩滿巫師所可以直接體驗的超越眞實（trancendent Reality）。這種被神祕主義者稱爲宇宙意識（cosmic consciousness）的直接知覺，幾近於與衆神的親身會遇。那是一種具有療力的靈視（vision），可以從表面的混亂裡看到秩序，可以在黑暗的核心抓住肯定生命的美（life-affirming Beauty）。如果誠如田納西・威廉斯（Tennessee Williams）所說：「從不停的流逝中搶奪永恆，乃是人類存在（human existence）的一大詐術。」那麼，像坎伯這樣能夠經驗永恆的人，就合該被稱爲我們的騙子，我們的靈性嚮導了。

坎伯走的，是一條非正統的學術路線，而這一點——正如他喜歡開玩笑說的——讓他失去了一些來自同儕學者的榮寵。但認識他的人都知道，事實上，他對自己的獨樹一幟和「半吊子」是極爲自傲的。他曾經形容他老師印度學家吉謨（Heinrich Zimmer）「樂在自己研究之中」，這個形容，也顯然適用於他本人。他高度的生命與學術熱情先是感染了他在莎拉・勞倫斯學院的學生，稍後又贏得大批藝術家的傾心。他把思想轉化爲探險，把知識轉化爲智慧，並向他的讀者和聽眾揭示出神話對人的切身相關性。對這些讀者聽眾而言，坎伯絕不是個研究細瑣題材而又大肆吹噓的人，而毋寧是法國人優雅地所稱animateur，也就是一個有著神授魅力的老師；他不只能把極其複雜的學問以活潑的方式介紹給一般聽眾，還可以喚起納布可夫（Vladimir Nabokov）①所說的戰慄（frisson）——人因認識到自身生命的眞理所引起的戰慄。單單是他的這份禮物，就讓他成爲我們這個時代最受愛戴的老師之一。

雖然教了五十多年書和寫過二十多本著作，但坎伯卻認爲，他的貢獻不過是給了別人一把「打開繆思領域的鑰匙」。繆思的領域雖然是無影無形的，但卻是靈感與想像力的源頭，可以指導我們怎樣形塑我們的生命。就此而言，坎伯可以說是個現代的秘義傳授者（mystagogue），是個帶領我們穿透一些奧祕文本的嚮導，它們包括了《貝奧武甫》（*Beowulf*）②、《吉爾伽米什》（*Gilgamesh*）③、《西藏度亡書》（*the Tibetan Book of the Dead*）、《伊利亞特》（*Iliad*）和《奧德賽》（*Odyssey*）、亞瑟王傳奇、印第安人神話，印度教、佛教和基督教的聖典，以至像喬哀思、湯馬斯・曼、畢卡索等現代神話締造者的作品。在用現代語言迻譯這些莊嚴的敘事與意象的時候，他教會我們「如何閱讀神話」（《千面英雄》的原書名）：把它們視爲象徵，視爲隱喻，用讀詩的方式去讀它們，用靈魂去讀它們。

然而，坎伯除了有解讀「隱喻變形」（metaphorphosis）的天份以外，也擁有把經典個性化（personalized）的能力，在他之前，擁有這種能力的學者寥寥無幾。透過嚴格的學術方法和一種沿自赫耳墨斯（Hermes）④的詮釋——創發（hermeneutics-inventive）藝術，坎伯爲古老的神話注入了新的生命——就像卡繆（Albert Camus）所說的，這是每一代的人都必須去做的。在其最後一堂亞瑟王傳奇的研討課中，他曾經撂下了一個挑戰：到底我們是準備去追尋聖杯還是荒原？也就是，你是準備去追求靈魂的創意性探險，還是只追求經濟上有保障的生活？是準備去活在神話裡面，還是只打算讓神話活在你裡面？

隨著一位出神狂喜（ecstatic）的學者⑤的再現，很多早已在科學的理性主義時代銷聲匿跡的思想家的思想，得以再次綻放光芒。坎伯喜歡提醒他的聽眾：「（令人難忘的）不是追尋過程的痛苦，而是獲得啓悟時的狂喜。」有時還會補充一句：「生命不是個待解的難題，而是個待生活的奧祕。」

但這如何可能呢？想要獲得這種境界，我們唯一能做的，是不是只在等待一個偶然的相遇呢？而在這個「去神話」（demythologized）的時代，我們又要怎樣才能扭轉逃離神話的趨勢？難道不再有任何神聖的東西了嗎？我們要怎樣把贗品從崇高裡分離出來呢？

對於現代人要怎樣在已經「去魅化」（dis-enchantment）的環境中生活，坎伯有一個他專屬的回答：找出你生命中真正的激情，追隨它，在沒有道路的地方覓路前行。用他自己的語言來說，就是「追隨你內心直覺的喜悅」。當你明確無疑地體驗到「阿哈！」的感覺，你就知道你是馳騁在奧祕上面。

坎伯不停歇地追隨他內心直覺的喜悅，努力尋找出神話、傳說、童話、民間故事、文學與詩這些夢般世界背後隱藏著的和諧。他的尋覓，讓人聯想起詩人濟慈（John Keats）對莎士比亞的形容：「環繞著人類的靈魂航行」（circumnavigation of the soul）。如果說弗洛依德和榮格透過對深層心理學的研究，把那個被十九世紀的唯物主義棄如敝屣的靈魂觀念拯救回來的話，那麼，坎伯連同埃利亞代（Mircea Eliade）和李維史陀（Claude Levi-Strauss）等一批宗教史家或人類學家所做的泛文化探索，則是復興了我們已經奄奄一息的神話，讓它們在靈魂的故事和意象裡，獲得重新的安頓。不管是合起來看還是分開來看，他們都一如榮格所建議的那樣，透過重新編織古代神話的故事網絡（story-web），「夢想著讓神話繼續向前進」。

坎伯的探索無可避免地把他帶進了永恆哲學（Perennial Philosophy）的領域。永恆哲學的雄偉基調泛見於古代印度和中國的聖哲，蘇菲派與基督教的神祕主義者，以及像惠特曼（Walt Whiteman）和赫胥黎（Aldous Huxley）這樣的詩人或哲學家，而這個基調要述說的，是人類靈魂的最深處，乃是神聖實在（divine Reality）的一面鏡子：Tat tvam asi（你就是它）。上帝的國就在我們裡面，此時此地。如果我們能夠直悟到做爲自我最本質的奧祕向度，就會乍然明白，我們是與自然的終極力量渾然一體，我們自己就是轉化之旅的最後祕密。所以坎伯才會說：「你就是你一直尋尋覓覓想知道的奧祕。」

坎伯相信，這種靈性的觀照，不但是超越時間的，也是超越地域的。不管是對薩滿巫師與古代聖者的智慧教誨，還是對當代藝術家與科學家的創造性直覺能力，他都懷有同樣高度的尊崇。因此，就像許多的永恆哲學家那樣，坎伯對那些認爲只有少數人才是上帝選民的主張，是不予苟同，甚至嗤之以鼻的。他認爲，神啓並不是少數人可以壟斷的，而是所有人共有的。他堅持：「每一個民族都是上帝的選民。」每一個神明都是一個隱喻、一個面具，它所指向的，乃是做爲奧祕的終極根基，是宇宙超越能量的本源，也是每一個人自身的奧祕本源。

幾十年來，有無數懷著最大熱誠的人，想從坎伯那裡知道人生終極意義爲何的答案，但坎伯最後卻意識到：「當人們告訴你他們在尋覓生命的意義時，他們事實上是在尋覓對生命的深邃體驗。」

做爲一個關心生命的形而上向度的神話學家，做爲一個關注現象背後的眞實（things-beyond-appearences）的醫生，他奉獻了一生之力，去繪製出那張靈魂之旅的地圖。他所畫出的地圖，是一張內在世界或深度世界的地圖，而它所顯示的那個寶貴地域，是微弱的心靈所無法穿越的，只有堅強的心靈始能穿越它。坎伯這樣推論：如果神話就像夢那樣，是源於心靈最深處的話，它也理當可以把我們帶回到心靈的最深處。來路即是回返的路。那是一種要超越所有信仰與成規的已知邊界的移動，一種對眞正攸關重要的事情的尋覓，一條通向眞正個體性的道路，一趟回歸原初經驗（original experience）的旅程，一個鍛造意識自身的範式（paradigm）——一言以蔽之，就是英雄的旅程：

> 英雄從日常生活的世界出發，冒種種危險，進入一個超自然的神奇領域；他在那兒跟各種奇幻的力量遭遇，並且贏得決定性的勝利。然後英雄從神祕之地冒險歸來，帶回能夠造福他同類的力量。

「單一神話」（monomyth）是坎伯信念的核心，也就是說，他相信一切的神話都是同一個神話的展現。他這個觀念，就像中世紀的動物寓言集裡的獅身鷹首獸（gryphon）一樣，不是一下子就迸出來的，而是一點一點逐漸成形的，是坎伯對他所景仰大師的關鍵觀念，進行創造性綜合的結果。這些大師包括了喬哀思、湯馬斯・曼、吉謨、安德希爾（Evelyn Underhill）⑥、庫馬拉斯瓦米（Ananda K. Coomaraswamy）和奧爾特加—加塞特（Ortega y Gasset）⑦——後者曾在一段深具影響力的文字裡說過：「決心成爲自己乃是一種英雄氣概（will to be oneself is heroism）。」

這個單一神話，事實上是一個元神話（metamyth），是一個對人類靈性史的統一性的哲學解讀，是故事（story）背後的大故事（Story）。借用日本古代禪宗公案的話來說，這乃是由單一神話之手所拍出的掌聲⑧，它講述的是普遍性自我轉化的探求。英雄的旅程是關於探求自我深度的勇氣的，是一個創造性重生的意象，是我們內在的永恆循環，是一個離奇的發現：發現追尋者所追尋的奧祕就是追尋者自身。英雄的旅程是把兩個相隔遙遠的觀念綁在一起的象徵，一個是古人對靈性的探求，一個是今人對自我認同的探求。正如坎伯所說的，這兩種探求「事實上是一樣的，它們的形狀雖然千變萬化，但我們總可以在它們裡面找到那個驚人的、恆常不變的故事。」

坎伯的人生涵蓋了從野牛比爾（Buffalo Bill）到電影「星際大戰」的漫長歲月，而作品則涵蓋了從希臘神祇阿波羅到阿波羅太空船的紛紜主題。所以，他的故事，不折不扣是個有一千張臉的故事⑨。而布朗矢志要把這個故事拍攝下來，則可以說是一個靈視（vision）的追尋⑩。

有好幾年的時間，坎伯都不願意接受我們為他留下影像紀錄的建議，擔心這會流於一種名人崇拜。他反覆說：「（說話者）不是我，而是神話。」而對於讀者望穿秋水所期待他寫的自傳，則說：「我花了一輩子的時間在避開這種玩意兒。」在荷馬史詩中，英雄奧德修斯（Odysseus）曾經告訴獨目巨人（Cyclops），自己是「誰也不是」（No Man）⑪。這是個坎伯津津樂道的故事，然而，「誰也不是」這個意象，很可能就像聖杯的追尋和《芬尼根守靈記》（*Finnegans Wake*）的夢境系列一樣，是坎伯自我意象的一個重要部份。除接受過幾次深度的訪談以外，他一向的信條，可以用德國詩人里爾克（Rainer Maria Rilke）的一句話來表達：「真正的藝術來自匿名的自我。」

一旦拍攝小組決定了除了在依色冷研究所拍攝到的那些內容外，還需要在坎伯檀香山的家裡拍攝一些輔助性的內容時，我就被選派為代表，告訴他，我們這樣做的用意何在。我告訴他，為了讓紀錄片能夠有一個戲劇性的架構和更有力量，我們認爲有必要把他的學習歷程包含在影片裡。例如，我們想知道，他是怎樣發現成爲他作品橫樑的那些主題的？他是什麼時候首次認識到，塞爾特人的曙光神話（twilight myths）與喬哀思的夜世界小說（nightworld novels）是位於同一條連續線的上面的？

一直要等到拍攝的工作全部完成，我們在剪接室裡埋首剪接的時候，我們才發現，「英雄的旅程」這個主題眞的就像阿里阿德涅的線團（Ariadne's thread）⑫一樣，可以把我們帶出龐大底片的迷宮。就像大多數的對話和訪談一樣，坎伯的對話和訪談也是錯綜複雜的。他所談論到的範圍，從《奧義書》到康德，從諾斯底教派的福音書（Gnostic Gospels）到黑麋鹿（Black Elk），天南地北，範圍極其遼闊。不過，坎伯穿過他自己迷宮的那條蜿蜒路徑、他的作品與他生活的相關性，此時卻成爲我們剪接的「線團」，而他一些略嫌晦澀的議論，也可以從中得到照明。一次又一次，聆聽坎伯回顧自己的過去時，我們都會想起叔本華說過的一句話：善於生活的人在回顧自己的一生時，就像是在讀一本寫得很好的小說。例如，坎伯在敘述自己和一些朋友〔克里希納穆提（Jiddu Krishnamurti）、史坦貝克（John Steinbeck）、里克茨（Ed Ricketts）、瓦特（Alan Watts）等，特別是他的太太珍．厄爾曼（Jean Erdman）〕初識的情景時，他的敘述就更像是一個光芒的閃現或小說裡強有力的一章，而不僅止是一則軼聞。在坎伯晚年，很多藝術家紛紛表示自己曾受過他巨大的影響，而他對於自己的人生故事能有這樣一個尾曲，顯然懷有很深的感激。

一九八七年二月，布朗歷八年辛勤所拍成的愛的結晶「英雄的旅程：喬瑟夫・坎伯的世界」在紐約的現代藝術博物館首映，七個月後，坎伯在檀香山家中安然辭世，享年八十三歲。在布朗當初夢想透過電影把坎伯推介給世人的時候，對神話有興趣的人寥寥無幾，不過，在影片最後拍成播映的大約十年之間，公眾對神話的態度，卻發生了一百八十度的轉變。此時，坎伯的名氣，早已從他的學生和忠實讀者之間，延燒到了大眾文化的領域。諸如製片家喬治・盧卡斯和喬治・米勒、雕刻家諾古基（Isamu Noguchi）、搖滾歌星大衛・伯恩（David Byrne）和「感恩死者」（Grateful Dead）樂團、教士、詩人、心理學家，甚至喜劇演員，都公開表示他們對坎伯的景仰和承認從他那裡受益匪淺。

第二年夏天，「英雄的旅程」與坎伯接受記者莫比爾訪談所拍成的「神話的力量」先後在公共廣播網播出。隨之而來的「坎伯熱」，大出每個人的意料之外。事前，又有誰相信，美國大眾會樂於在電視上看一個學者和一個記者談宗教談七小時呢？然而，坎伯的錄音帶和著作在接下來的熱賣，卻證明事實恰恰相反。而以坎伯爲主題的討論會，也如雨後春筍般在學校的教室、心理治療師的辦公室、教堂的地下室、禪學中心和好萊塢的劇情討論室裡紛紛舉行了。

坎伯的這種吸引力，遠遠不是人們對被浪漫化了的卡默洛特（Camelots）⑬和特洛伊的興趣可以解釋的。事實上，美國人受到一個激情洋溢的說故事人的催眠。更可況，這個說故事人曾經是一個強有力的運動家和音樂家，後來則搖身變爲尊嚴獨具的哲學家和作家，並且把普遍的人文主義（universal humanism）與世俗的靈性主義（secular spirituality）做出了激動人心的融合。在他的作品裡，你可以找到一把打開藝術、音樂和宗教世界大門的萬能鑰匙⑭。更重要的是，他指出：「神話所談的是你該如何生活。」

在一個懷疑主義和焦慮情緒瀰漫的時代，竟然有人登高一呼，呼籲我們找出「那能激發和活化我們心靈」的力量，自然會讓人感到振奮。事實上，大眾在坎伯身上看到的，是葉慈所說的「老鷹的心靈」（the old eagle's mind），是一個智慧深沈的老頭兒，是一片永遠年輕的土地上⑮最罕有的原型。

坎伯對神話重要性的疾呼，復興了冬眠已久的對靈性與美學生命的文化討論。一九八六年冬天，一個讓人難忘的會議在舊金山舉行，名稱是「從儀式到狂喜」，主角包括了坎伯、精神醫師佩里（John Perry）和「感恩死者」樂團。當「感恩死者」

的加西亞（Jerry Garcia）在台上向坎伯承認古代的神祕狂歡儀式與搖滾音樂會之間有相似之處時，台下歡聲雷動，震徹屋宇。「他們不明白自己說些什麼，我們也不明白我們說些什麼，但我想我們說的是同一件事情。」

不是每個人都能在一夜之間明白神話，但那個嚮往「共同語言」的舊夢，卻一下子復興了起來。

「英雄的旅程」在公共電視頻道播出過後，我帶著它到全美各地和歐洲放映——有在電影院裡，有在大學的禮堂裡，也有在電影節上。不管是哪裡，觀眾在電影結束後都會留下來，提出形形色色的問題。後來，我又從「英雄的旅程」的剪餘片裡（剪餘片是指那些我們沒有剪接到電影裡去的底片），挑選出其中一些，在我開的研討課「神話與電影」裡放映，得到的也是讓人高興的迴響。這讓我雀躍地意識到，我們留著未用的材料，是個大寶庫。因此，我向布朗博士建議，不如把那些藏在片庫裡的底片轉化爲書的形式，以滿足人們對坎伯如潮湧現的興趣。而布朗博士不但慷慨地讓我使用那些電影底片，還讓我使用坎伯講學的錄影帶，並鼓勵我把它們組織爲一本可以與電影相互參照的書籍。爲此，我深深的感激。

在埋首於把近一千五百頁的談話、訪談和演講的內容整理成書的過程中，我一直都以一個理念爲依歸：盡可能把坎伯的生命旅程與他作品演化之間引人入勝的關係呈現出來。我也想透過這本書探討這些問題：他是怎樣能夠把爲數驚人的知識融會爲一體的呢？是怎樣能夠以一種肯定生命（life-affirming）的哲學，以一種毫不閃爍的眼神去注視人類境遇的黑暗陰影的呢？在我看來，有一個弔詭始終徘徊於坎伯思想迷宮的中心：如果眞的像他所主張的，舊的神祇皆已死去，而傳統的神話已經過時，那我們還有什麼必要去研究它們，甚至高揚它們呢？

對於這本由談話、訪談、講演和引語所匯集而成的書籍，我唯一敢期望的，是它能讓讀者感受到坎伯對我們時代的動人回應。他認爲。我們身處的時代，是古希臘人所稱的「諸神大變形」（metamorphoses of the gods）的時代。新的神祇意象、新的創造神話和全球化的願景正在誕生之中，但它們並不是誕生在「外面」，而是誕生在覺醒的人類心靈中的神話起源帶（mythogenic zone）裡。在這個起源帶裡，用來表達不變眞理的那些隱喻將會獲得重構，以符合我們時代的需要，而從它們那裡，我們也將獲得勇氣，「愉悅地參與世間的愁苦」。這個肯定生命與強調慈悲的不朽教誨，是坎伯從佛陀的教誨裡找到的。而我深信，這也是他最大的遺產。

本書的內容，是以我們在依色冷研究所、全國藝術家俱樂部，還有坎伯檀香山家裡拍攝的談話爲藍本的。其餘的材料，則有取自「英雄的旅程」在西岸首映結束後的研討會錄音帶，也有取自坎伯最後一次講學之旅的錄影帶（它們是布朗博士憑著驚人的遠見與勇氣，在一九八二和八三年間拍攝而成的），其中包括了「永恆哲學」、「喬哀思與湯馬斯・曼」、「心靈與象徵」幾講的部份內容。

要重構坎伯的生活旅程和作品旅程的相關性，相當可觀的剪裁工作在所難免。遇到一些有裂隙的地方（這是由諸如底片的聲音沙掉等原因造成的），我會從我在坎伯的討論課、研討會或私人談話中所做的筆記，抽取相關的內容來縫合。我利用坎伯對其個人生活的旁白做爲主線，讓他的故事一章一章地慢慢展開，一如他親身經歷過的那樣。其他的故事，其他的迻譯，都被安排在這條主線之下——因爲它們雖然也許會更豐富周延，卻沒有那麼系統化。然而這些訪談仍然像一個說故事人在營火旁邊親自對你所說的故事。而從中所浮現的自我合成（self-synthesis），也許乃是坎伯最後一個燦爛的隱喻，也是今日擺在我們每個人面前的使命。

我和坎伯最後幾次會面的其中一次，是一九八七年春天在舊金山克利夫特大飯店的紅木房酒吧。那個晚上，我們談的是兩個我們最喜歡的話題，一是喬哀思與巴黎，一是藝術家與城市愛恨參半的關係。

喝過最後一杯威士忌之後，我告訴他一件我津津樂道的事情。好幾年前，我騎著摩托車進行橫越美國的旅行。有一天，行經亞歷桑納州墓石鎮（Tombstone）[16]的布特希爾墓園（Boothill Cemetery）時，我愣住了，彷彿是一千零一夜故事裡那個在黑森林被樹下一塊金磚絆了一跤的人。我覺得自己猶如走進了英雄的旅程的心臟地帶。

讓我愣住的是一塊已經朽蝕的墓碑，一個持槍歹徒的墓碑。它的墓誌銘這樣說：「當你自己（Be what you is）[17]，因爲如果你不當你自己，你就不會是你自己。」

聽了這個，坎伯發出了一陣爽朗的菩薩笑聲。這笑聲以及我們玻璃酒杯清脆的碰撞聲，還有酒吧裡那撫人靈魂的深宵爵士樂鋼琴聲，我至今還縈迴耳際。

「就是那樣！」他高聲說，眼裡放射著他一貫的驚奇光芒，「英雄的旅程的奧祕就盡在其中。眞神！要怎樣才能讓這個旅程重演一次？Be what you is……」

譯註：

①納布可夫（Vladimir Nabokov, 1899-1977）：俄裔美國小說家。

②英雄史詩，是古英語文學的最高成就，也是最早用歐洲方言寫成的史詩。

③古代兩河文明的史詩。

④古希臘神祇，宙斯的信使。

⑤指坎伯。

⑥安德希爾（Evelyn Underhill）：英國神祕主義、

⑦奧爾特加—加塞特（Ortega y Gasset, 1883-1955）：西班牙哲學家與人文主義者。

⑧坎伯此語似乎是反用中國人「一隻手掌拍不響」的說法：單一神話是一隻手掌所拍響的掌聲。

⑨意指坎伯的人生故事極其豐富多面。「一千張臉」（*with a thousand faces*）一語是借用《千面英雄》（*The Hero with a Thousand Faces*）的書名。

⑩〈靈視的追尋〉是《千面英雄》和本書其中一章的章名。按「靈視」一詞可有「神授的觀照」、「願景」、「燭隱發微的洞察力」等多解。

⑪獨目巨人（*Cyclops*）爲荷馬史詩《奧德賽》中一個原始野蠻的部族，英雄奧德修斯曾到過他們的地域，爲他們其中一個所困。奧德修斯先是告訴對方，自己的名字是「誰也沒有」（No Man），然後用計捅瞎對方唯一一隻眼睛。當傷者的同伴聞號叫聲趕到，問是誰捅瞎他的眼

睛，他回答說：「誰也沒有。」大夥於是散去，奧德修斯因此得以逃脫。按No Man一詞可有多種譯法，正文中譯做「誰也不是」而註釋中譯做「誰也沒有」，是爲了照顧脈絡的不同。

⑫阿里阿德涅是古希臘神話裡的女主角。雅典英雄忒修斯在要進入迷宮殺死怪物以前，阿里阿德涅交給他一個小線團。靠著在走入迷宮沿路釋放線團，忒修斯最終得以逃出迷宮。

⑬亞瑟王傳奇中亞瑟王宮廷的所在地。

⑭這裡「萬能鑰匙」一語，是要與坎伯的《打開《芬尼根守靈記》的萬能鑰匙》一書發生聯想。

⑮永遠年輕的土地：指美國，此處有貶義。

⑯墓石鎮（Tombstone）：位於亞歷桑納州南部，十九世紀後半期曾是個治安混亂的採金礦小鎮，常常發生槍戰。

⑰這句墓誌銘違反英語的文法規則，用is而非are做爲you的助動詞，是因爲are是一個有複數意含的助動詞，改用is，更能達到強調每個人應該當「自己」的修辭效果。

〈導讀：坎伯生平與學術思想介紹〉

喬瑟夫・坎伯的神話研究

國立台灣博物館助理研究員
李子寧

在當代神話研究的領域中，喬瑟夫・坎伯是其中的一名異數。他是少數幾位非學院出身，卻又躋身大師之列的學者之一。同時，他更是極少數能夠在專業領域之外博得大眾聲譽的神話大師。早在一九六〇年代，他的第一部作品《千面英雄》（*The Hero with a Thousand Faces*），就在當時講求內在追尋的時代氣氛下，一躍成為當時汲汲尋求內在啓悟年輕人手中的聖經。一九八六年，坎伯與名記者莫比爾（Bill Moyers）對談的公共電視節目「神話」（The Power of Myth）更將他推向於全國性的傳奇名人。該節目播出時每週固定吸引了全美兩百五十萬名觀眾，根據對談所出版的同名書籍亦躍昇全美暢銷書之列。一時之間，不但他的早期著作一一地回籠，數本關於他的傳記亦紛紛地出現。數以千計的讀者出面坦陳坎伯的文字改變了他們的生命。但是坎伯本人卻未能目睹此盛況，他在一九八七年因癌症而去世，《新聞週刊》（*Newsweek*）

上悼曰：「英雄已去，但是他的訊息卻長存。」

英雄的魅力何在？他的訊息又是什麼？推崇坎伯的人士將他譽爲本世紀偉大的說故事大師。他不僅自己流連浸潤在神話的世界中，同時也不吝於向大衆吟誦出來。然而，事實上，坎伯在他的著作裡卻並不常眞正地坐下來講故事，更少從頭到尾交代完整部神話的情節。在神話中，他所關心的與其在於情節的鋪陳，不如說是情節背後的神話智慧。即使在少數講述單一神話的場合，他也不時突然地跳脫出故事的敘述主線，信手拈起另一段情節或另一個意象，拋回原故事的脈絡中，讓兩段情節與意象互相碰撞與發酵，然後，說也奇怪，原先神話裡異國與異時的晦澀頃刻間消遁無形，你突然發現不只是坎伯，同時是整部神話在對著你說話。這就是坎伯的魅力。他擁有說書人一般駕簡馭繁、操弄情節的本能，並且不時藉著它引領人們回歸於故事述說的原始情境中。在那裡，神話不再是交溶在怪力亂神中的錯亂文本，而是關於所有人類共同處境的象徵詩篇。

喪失解讀神話的本能

然而爲什麼現代人會對豐沛的神話智慧感到疏離？對於坎伯而言，現代社會所失去的並不是神話的故事本身，事實上，現在任何人都可以輕易地在圖書館中找到不論多麼遙遠的神話故事。現代人所眞正失去的是解讀神話的本能。坎伯相信，人類並不單純爲了聽故事而讀神話，人們讀神話是要尋找其中的意義。在神話中以接觸永恆，發現自我，參悟生死，體觀神性。換句話說，透過神話，人們學習生命的智慧，咀嚼存在的經驗，思考自然的奧祕。但是這些能力在現代社會卻漸漸喪失了。其喪失的原因不在於文字的逸失或時代的渺遠，而在於我們錯讀了神話的語言。

坎伯認爲，神話是隱喻與象徵的表達，其語言是詩歌而非散文的。我們不能用讀散文或論文的方式來讀詩歌，同樣地，我們也不能以歷史或實證的角度來理解神話。將神話的敘事當做事實或史實來讀只會掏空神話中所蘊含的精神性訊息，將神話變成單純的新聞報導。而我們將永遠困擾在「天堂在哪裡？」「上帝長什麼樣子？」「是否眞有大洪水？」等問題的泥沼中，卻失去了天堂、上帝與洪水對我們本身的意義。畢竟，「神話主要的功能是使我們與現在身處的時代與環境發生意義，而非數千年前那些遙遠而陌生的時代。」坎伯說：「就算你能證明數千年前眞的有一次大洪水，又怎樣呢？」洪水依然是洪水，儘管在數千年前它或許曾經奪去成千上萬人畜的生命，但是在現代人心中，它卻連一滴水花也驚動不起。然而，如果我們能從它的精神層次上來理解，將洪水讀成是代表混沌的來臨、平衡的失落、一個時代的終結、一種心理狀態的結束，則這些東西就再度能與我們對話起來了。

神話是衆人的夢

不僅神話是富有詩意的隱喻，所有宗教上的觀念也都必須從它們象徵的角度加以理解。耶穌基督的再生不是肉體的復活，而是精神生命的重生。釋迦佛陀的苦難不是外在的磨難，而是內省的誘惑。毀滅之神溼婆左手冒出熊熊烈火，燒去的不是凡俗的肉身，而是內心對肉身的執著。大地與聖河，犧牲與祝禱，英雄的行徑與先知的聖蹟，都是我們冥想的隱喻。透過對這些隱喻與象徵的思考，我們才能在日常生命與神話的情境間建立起有意義的聯繫。而對於坎伯而言，這種意義的聯繫分別存在於兩個層次之上，一是心理，一是形上學。

「神話是衆人的夢，夢是私人的神話。」坎伯認爲，夢與神話都具有類似的意義結構。兩者皆以它謎語般非現實或超現實的語言指涉我們內心另一層次的存在：潛意識。神話就是關於我們心靈深處之奧祕的寓言。神話故事表面上可能描述的是英雄外在的探索與歷險，但是其意義卻永遠是內向的。表面上，神話裡的英雄發現了一個奇妙的外在世界；象徵地讀來，他（她）發現的是自己內心的世界。表面上，英雄發現在已知的世界之外另有世界；象徵上，他（她）發現了在意識之外另有潛在的意識。表面上，英雄發現了物質世界的奧祕；象徵上，他（她）發現了自己內在的奧祕。就這意義來說，神話就是有情節的心理分析。

更進一步來說，神話也是關於形上學的。神話除了引導我們進入內心的世界之外，也同時讓我們接觸於「終極的眞實」。何謂終極的眞實？坎伯認爲，終極的眞實就是超越——一切思想、概念，超越語言，超越時空的範疇，與超越所有二元對立的境界。既然超越了概念與語言，我們又如何能認識超越的眞實？不能。神話不能告訴我們超越的眞實究竟是什麼，就像詩歌無法爲你解釋生活的經驗。它只能提示經驗，只能迂迴地指點出有著這麼一個朦朧的境界，埋藏在表面神怪突離的現實之下。於是，就像神話的冒險中，英雄最後發現除了意識世界外另有一個潛意識的世界，他（她）也同時發現在日常的物質性眞實之外另有一個不可見、非物質的眞實，而所有時空中存有的形式都只不過是這個超越眞實的反映。這就是神話終極的意義。

活於神話中

超越的終極眞實？非物質的存在？是否神話與所有宗教經驗推到極致就是這種神秘主義？坎伯本人的答案固然是肯定的。但是，在另外一方面，坎伯也強調，神話究竟不是哲學，我們研讀神話，從來也不需像讀康德一樣，必須剝開重重術語的雲霧方能得窺眞理的美善。拋開所有對於神話的解釋與理論體系，接觸神話之眞理的方式似乎就是坎伯常說的一句話：「活於神話中。」如何活於神話中？他有一次提起《奧義書》中一段小故事：

徒弟向師父問「道」。師父說：「把這把鹽放到水中，然後明天再來。」

徒弟照辦了。第二天，師父吩咐徒弟說：「把昨天放到水中的鹽拿來。」徒弟向水中看去，再也看不到鹽，它已溶解於水中。

師父又說：「從這邊嚐水，它的味道如何？」

「有鹽味。」徒弟說。

「再從那邊嚐嚐，味道如何？」

「還是鹽味。」

師父說：「再到水中去找一次鹽，然後來見我。」

徒弟照辦，然後對師父說：「我看不到鹽，我只看到水。」

師父說：「同樣地，你看不到道，但事實上它已在其中。」

神話之道已溶解於其中，只待我們的品嘗。

（原本公司《神話的智慧》譯序）

〈談話者簡介〉

布萊（Robert Bly）：詩人、翻譯家。作品包括《環繞身體之光》（*The Light Around the Body*）（獲全國圖書獎）、《宇宙的消息》（*News of the Universe*）和譯作多種。

吉耶曼（Roger Guillemen）：曾因對腦化學的貢獻獲諾貝爾化學獎。

安德森（Bette Andresen）：來自北卡羅萊納州的攝影師與治療專家。

貝班（Richard Beban）：住在洛杉磯的劇作家與記者。他主持的廣播訪談節目曾播放全世界。

阿里恩（Angeles Arrien）：巴斯克神祕主義者、人類學家、老師。著有《塔羅牌：古代視覺象徵的實用應用》（*The Tarot: Practical Applications of Ancient Visual Symbols*）。

肯納德（David Kennard）：來自倫敦的紀錄片製作人。他得過獎的作品包括電視紀錄片「關連」（Connections）與「中國」（China）。他是「英雄的旅程」中伊色冷拍攝部分的外景導播。

法夫羅（Lawrence Favrot）：聖地牙哥夏普紀念醫院的預防醫學計畫主持人，心臟病科副主任。他也是美國心臟學院的院士。

哈利法克斯（Joan Halifax）：人類學家，講師，著有《薩滿教：創傷治療者》（*Shaman: Wounded Healer*）和《薩滿的聲音：靈視性敘事之考察》（*Shamanic Voices: A Survey of Visionary Narratives*）。

科克雷爾（Robert Cockrell）：來自洛杉磯的醫生和製片家，爲紀錄片「英雄的旅程」的副執行製作人。

海華特（Jamake Highwater）：作家、講師，專研印第安文化；著作包括《基本的心靈：美國印第安人的靈視與眞實》（*The Primal Mind: Vision and Reality in Indian America*）、《安帕阿：一個美國印第安人的奧德賽之旅》（*Anpao: An American Indian Odyssey*）等。

祖凱特（Rozanne Zucchet）：「英雄的旅程」導演的行政助理。

塔納斯（Richard Tarnas）：作家、占星家、老師，居住在加州大瑟爾（*Big Sur*）。

登斯莫爾（John Densmore）：音樂家與演員。「門」（Doors）樂團的鼓手，著有自傳《策騎暴風的人》（*Riders on the Storm*）。

葛羅夫（Stanislav Grof）：曾任馬里蘭精神病研究中心的副主任、約翰・霍普金斯大學精神病學系副教授。目前是伊色冷研究所駐校學者。《超越死亡與超越大腦》（*Beyond Death and Beyond the Brain*）是他的衆多著作之一。

德雷森（Edward Dreessen）：「合氣道」專家，現居住在北卡羅萊納州。

英雄的旅程

【目錄】 全書總頁數472頁

冒險的召喚

The Call to Adventure

右圖　坎伯在華盛頓州亞基馬（Yakima）的印第安競技大會上，與一位亞基馬族的印第安姑娘合照（1925年）。

神話旅程的這第一個階段，我們稱之爲冒險的召喚。冒險的召喚表明命運已經向英雄發出呼召，並把他心靈的重心，從社會範疇之內轉移到一個未知的領域。這種寶藏與危機並存的致命地帶，可能有不同的呈現，如：一個遙遠的國土，一座森林，一個地下、海底或天上的王國，一座祕密海島，高山之巔或深邃的夢境；但不管是在哪裡，它通常都有著奇怪變幻不定的生命、有著難以想像的折磨、有著超人的動業和無邊喜悅的地方。

——坎伯，《千面英雄》(*The Hero with a Thousand Faces*)

喬瑟夫・坎伯一九〇四年三月二十六日誕生於紐約市，父查爾斯，母約瑟芬。他對神話學的激情，肇始於小時候父親帶他和弟弟查理到麥迪遜廣場觀賞野牛比爾（Buffalo Bill）的「蠻荒西部秀」（Wild West Show）。另外，自然史博物館（Museum of Natural History）裡那些印第安人的圖騰柱也讓他目眩神迷。從十二歲起，他就如飢似渴地大量閱讀有關美洲印第安人的書籍。他很快就發現到在印第安人的神話與天主教（他自己的信仰）神話之間，結構有著相似之處。這個發現，乃是他後來畢生投注於神話學這個晦澀的領域、進行泛文化探索的發端。

當坎伯在康乃迪克州的新米爾福德（New Milford）唸預科學校時，他最喜愛的科目是生物和數學。一九二一年，他進入達特茅斯學院（Dartmouth College），但只讀了一年，就因爲感到「完全失去方向感」而考慮輟學從商。

一九二二年夏天，他父母的一個朋友給了他一本達文西的傳記。讀了以後大受鼓舞，決定「把我的興趣從科學轉向自然史」和人文學，於是轉學到哥倫比亞大學去。

迷上亞瑟王傳奇

布朗（Stuart Brown）：可以談談你的（外）祖父母和你的愛爾蘭家庭背景嗎？

坎伯：我對我祖父母的了解並不多。我祖父是在愛爾蘭的馬鈴薯大饑荒①末期移民到美國來的。他原是個農人，後來在麻省沃爾瑟姆（Waltham）的一個莊園當園丁。我父親就是在莊園裡長大的。我祖母同樣是愛爾蘭人。我爸爸很年輕就到一家百貨公司工作，後來成為業績最好的銷售員之一。再後來，公司派他去紐約開設分店，我就是因爲這樣才在紐約出生的。

我還勉強記得小時候探望我祖父的情景。他有一把祖父應該有的白色大鬍子，這是我對他的唯一印象。那是好久、好久、好久以前的事了。至於我外公，我則只見過一次。我媽媽是個紐約女孩，她外婆來自蘇格蘭，是個漂亮、可愛、很棒的婦人，對我們的照顧很周到。我媽媽有一個兄弟，長得很帥，很會游泳，卻在二十二歲前後死於糖尿病。我記得我小時候跟他一起游過泳。如果說家裡有誰對我的理想和理想主義起過形塑作用的話，他就算是唯一的一個了。

唸大學以前，我對凱爾特（Celtic）②時代的愛爾蘭並無多大體會。但唸了幾年大學以後，我才眞正了解到凱爾特意識的本質，並且了解到，它的想像力是一筆多麼龐大的遺產。整個歐洲的童話世界都是源出於愛爾蘭，我這話一點不誇張。

大學畢業以後，我開始迷上了亞瑟王的傳奇③，那是徹頭徹尾凱爾特的產物。漸漸地，我開始感覺自己與凱爾特人的心靈有相通之處。

上圖　十三週大的坎伯與父母（攝於1904年）。

左圖　大約四歲的坎伯（右）與弟弟查理合攝（約1908年）。坎伯後來透露了一件當時的趣聞軼事。

有一天，他和弟弟兩人在祖母和褓母的陪同下一起在紐約的河邊大道(Riverside Drive)散步時，一名女子走到兩兄弟面前說：「你們看來是兩個很乖的小孩。」

聽了這話，坎伯無畏地回答說：「我可是有印第安血統的。」他弟弟也跟著說：「我可是有狗狗血統的。」

布朗：你的童年生活是怎麼過的？你是個很用功的學生嗎？

坎伯：從早歲起，大約是四、五歲的時候，我就對美洲印第安人很著迷，繼而，這種著迷發展成爲熱心的研究。學校裡的課業對我來說沒有什麼難的，但我的眞正熱忱，卻是鑽研印第安人的神話。那時候，我們住在紐約市新羅謝爾（New Rochelle），住家旁邊就有公共圖書館。我大約十一歲就讀遍了兒童閱覽區裡所有關於印第安人的書籍，並獲准進入成人閱覽區找書看。我還記得，每次從圖書館回家，我總是抱著高高的一落書。我想，我一輩子的學者生涯，就是從那時候開始的。

我讀過的書包括民族學署（Bureau of Ethnology）的所有報告、庫辛（Frank H. Cushing）和鮑亞士（Franz Boas）的作品，還有其他許許多多的書。到十三歲那一年，我對美洲印第安人的知識，已經不輸給我後來認識的大部分人類學家。沒有錯，他們是懂很多有關印第安人的社會、生活、習俗的社會學解釋，但他們卻不懂印第安人。而我懂。

從野牛比爾的「蠻荒西部秀」開始

布朗：你小時候有偶像嗎？有任何著名的人物是你早歲的導師嗎？

坎伯：一九一七年前後，我父母在賓夕法尼亞州的波科諾山（Mt. Pocono）買下了一片風景優美的土地，就在這土地附近，住著一個寫了好幾本印第安人書籍的作者，這些書我先前都讀過。因此，他成爲我的第一位古魯（guru）④，也就是我的第一位導師。他名叫格雷戈爾（Elmer Gregor）。在聯邦政府與印第安人的戰爭還沒有結束，在大眾還認爲「唯一善良的印第安人就是已經死掉的印第安人」的年頭，也就是大約一九一二至一九一五年之間，他就去過印第安人的住居地。因爲他的緣故，讓我雖然身在東部，卻可以感受得到印第安人的氣息。

而波科諾山這個漂亮的地方也成了我發現大自然的所在。我的著作裡常常強調神話跟生物學、大自然和身體之間的關係，這種想法，就是源自於那些年頭的。首先教我認識到這種關係的，就是格雷戈爾，他本身既是一個博物學家，也是個印第安人專家。是他讓我從一開始就走對了路。他在我的記憶裡是個巨人。我們常常在他那個繪滿印第安人符號語言的飯廳裡聊天。

我做為神話學家的畢生事業，幾乎就是在看了野牛比爾在麥迪遜廣場花園表演的「蠻荒西部秀」後開始的。他來紐約表演兩三年後就死了，取而代之的，是一個叫「一〇一牧場」（the 101 Ranch）的表演團體。當時其中

野牛比爾在一次表演過後坐在帳篷裡抽煙讀報的情景。
（本圖由懷俄明州野牛比爾史料協會提供）

一個會表現路邊秀的印第安人名叫鐵頭（Irontail）。由於他的頭像被鑄在鎳幣上，所以人們對他都很感興趣。他就側坐著，大家排隊去到他身邊，拿出口袋中的鎳幣，把頭像與真人對一對，點點頭，然後離開。

——坎伯，《老爺》雜誌（*Esquire*）（一九七七年九月號）

布朗：聽起來，你對印第安人的興趣，來自你自己的與來自你家人鼓勵的一樣多。

上圖　坎伯父母在賓夕法尼亞州波科諾山（Pocono）派克郡（Pike County）建造的平房（約1917年）。

下圖　野牛比爾的「蠻荒西部秀」一景（1910年）。
這張照片是坎伯父親帶家人去看表演的其中一次所拍。
這個表演激起了坎伯對印第安人的入迷，這種入迷終生不滅。

坎伯：我父母相當支持我的興趣，但這種興趣，完全是我自己發掘出來的。他們盡力幫助我發展這方面的興趣，他們都是商人，沒有任何學問可言。不過，在他們所認識的人裡面，卻有一些可以幫我找到用得著的書。這對我有很大的幫助。

與此同時，我在學校裡規規矩矩的，學校要我唸什麼，我就唸什麼。不過，我眞正喜歡研讀的，仍然是跟印第安人的事有關。

如果你不能在你所住之處找到聖地的話，你就不會在任何地方找到它

布朗：我很少聽你談起過你的天主教背景，不管是有關教會方面的還是有關儀式方面的。

坎伯：我小時候唸的是紐約一間女修道院辦的學校，所以我跟一群修女一起待到——老天爺——大約十五歲。而當你是生長在一個愛爾蘭人的天主教家庭和環境，童年時代又是跟修女混在一起，而且曾在彌撒時當過助祭者，你就等於帶著深邃的信仰，一直在鑽研天主教的教義。而我想，如果一個人不是以這麼實質的方式受過天主教的薰陶，很難充分體會這個宗教的深度。它強勁，有力，具有支撐生命的力度。那眞是一種美麗的宗教。天主教是一種詩性的宗教。每個月都有它的詩性與靈性價值。我深受其浸染。我很肯定，我對神話的興趣淵源於此。

我注意到，在我讀過的學者、藝術家或小說家的作品中，會對神話具有深切興趣的、會把它視爲具有支撐生命作用的，十之八九都來自天主教徒。我曾經留意過不同宗教的信徒在脫教後會向哪些方面發展，我發現，新教徒和猶太教徒通常會變成心理學家和社會學家，而天主教徒則是變成……詩人。

布朗：你上過教會學校或公立小學嗎？

坎伯：我曾在坎特伯里學校（Canterbury School）讀過書（一九一九—一九二一），那是一間很棒的天主教學校，位於康乃迪克州。對我來說，那又是一個新的開始。那裡有兩個很不同凡響的老師。一個是學校的創辦人暨校長休姆（Nelson Hume），我就是從他那裡學會寫作的。他是一個很傑出、很傑出的老師。我是他班上的學生。由於學校新創不久，所以全校只有五十個學生。我們班上一共六個學生，所以每個學生都受到悉心的指導。休姆要求我們每天寫一篇小文章。上課時，他一一讀我們的文章，加以批評和修改。日復一日：寫作、寫作、寫作。當時我也鑽研生物和數學。那是我在學校裡的主要興趣。

當然，我們還得上語言課。西班牙文和法文都是必修課，但德文卻是不允許學習的，因爲當時離第一次世界大戰結束未久。（我甚至不被容許生德國痲疹，只被容許生「自由痲疹」——那時人們都把德國痲疹改稱爲自由痲疹！）我們當時的語

坎伯（右）與好友麥克菲（John McPhee）攝於坎特伯里學校（1920年）。

言課老師是個極優秀的學者，我就是從他那裡，第一次知道有梵文這種東西。他是個語言學家。透過他和校長，我才知道什麼叫做學術，儘管印第安人這個研究課題，是我自己發現的。

布朗：我聽過一個傳聞，說是你曾經給自己班上的同學上過生物課，是眞的嗎？

坎伯：眞的。休姆校長希望我將來會在學校裡任教。他給了我兩次向其他小伙子講演的機會。以前沒有其他學生有過這種機會，所以對我來說是個殊榮。我所做的兩場講演，一個是有關美洲印第安人歷史的，另一個是有關生物學和血液循環系統的。兩場講演都獲得很大的成功；這可算是我生平的頭兩場講演。

坎伯：神話的一個主要任務是帶來人與自然的協調一致。原始民族會把他們所居住的地方加以神話化。我們文化傳統的毛病之一，是把聖地視爲在我們居住地之外的另一個地方。這樣，我們就失去了與自然的整個協調感。而如果你不能在你所住之處找到聖地的話，你就不會在任何地方找到它。

安琪拉・阿里恩（Angeles Arrien）：印第安人的神話確實能使人對自然油然而生敬畏感。

坎伯：我相當喜歡記載在內哈特（John Neihardt）書裡（指《黑麋鹿如是說》*Black Elk Speaks*）蘇族長老黑麋鹿（Black Elk）的那些話語。他在這些話語裡提到了他看到的靈視（vision）。他說，他發現自己身處在世界最中央的山脈，而他所說的山脈，是南達科塔州的哈尼峰（Harney Peak）。不過他又補充說：「不過除這裡以外，任何地方都是世界的中央。」

而這就是神話的基本任務之一：讓人安居於他們所住的土地，讓人在這片土地上找到聖所。這樣，你就可以讓自己的本性和自然的雄渾本性相契在一起。這是人對自然最必要和最基本的適應。但如果你把大自然想成是一種腐敗的東西（就像我們的文化傳統所認爲的那樣），總認爲裡面有什麼不對勁的地方，那你就很難讓自己跟大自然協調一致。你會滿腦子都是對與錯、善與惡、神與魔的觀念，也就是說，你總會站在一種道德的立場看事情，這會讓你很難去順服於大自然。

當你取得與大自然協調一致，大自然就會不吝給予你賞賜。……而每一個聖地，都是永恆（eternity）透過時間（time）來閃耀其光芒之處。

——坎伯

對白人來說，黑麋鹿只是個住在派恩里奇印第安保留區（Pine Ridge Reservation）的「傳道者」，
但對他的族人奧格拉拉蘇族人（Oglala Sioux）來說，黑麋鹿卻是個聖人或薩滿巫師。
坎伯強烈地感受到，黑麋鹿所講述過的故事（見於內哈特的《黑麋鹿如是說》中），乃是美國人「精神史」（spiritual history）的一部分。

阿里恩：四季本身好似我們人生歷程的一面鏡子，因爲我們每個人都有一輪春夏秋冬。

坎伯：詩人和藝術家一般而言都可以體認到這一點。所以，他們會盡力讓自己與大自然協調一致，以找到自己的內在基礎。

艾德華・德雷森（Edward Dreessen）：那你是說，神話乃是一種持續不斷的重生，一種向生命過程的認同？

坎伯：就是這樣。參觀一個聖地時，最讓人詫異的一點，是你會很具體地感受到它的神聖。談到聖地，離這裡〔指加州大瑟爾（Big Sur）的依色冷研究所〕不遠，就有一小片被依色冷印第安人（Essalen）視爲聖地的土地。在那裡，地貌和他們的神話、儀式是交織在一起的。

我到冰島去旅行的時候，一個冰島神話蒐集家曾帶我和太太去參觀各處聖地。其中一處聖地叫辛格韋德利（Thingvellir），人們每年都會在當地舉行盛大的紀念儀式。你一到那裡，就會感受到那是一個魔法般的地點！同樣的感覺，我在參觀法國拉科斯（Lascaux）的史前洞穴群時也體驗過。那是會讓你流連忘返、不願意離開的地方。它們會抓住某種你內在深處的東西——某種藏得很深也很重要的東西。

我永遠也忘不了遊訪希臘德爾斐（Delphi）⑤時的感受。雖然那裡的古希臘神廟曾經歷基督徒野蠻的破壞，但大體輪廓都還保存著，你仍然可以從中體會得到古希臘人對形體美的觀念，感受到過去女神媒在神廟裡領受和傳述神諭的氛圍。

在神廟的背後，是一片宏偉的河谷和地貌，充分表現出人與自然的協調一致。這種做法，把人的最高成就與自然結合在一起。這就是古希臘人的智慧。當你爬到再高一點，就會到競技場。就我所知，能這樣把靈性、宗教、美學、體育層面的東西結合在同一片地貌上的，僅見於希臘文化。每個希臘的年輕人都可以到競技場參加競技。這就是希臘的個體性觀念表現。

任何像這樣的漂亮土地都是一個有力量的地方，因爲它們可以幫助你取得與大自然的協調一致。藝術的功能似乎也是這樣。塞尙就說過：「藝術是一種與自然有共通性的和諧（Art is a harmony parallel to nature）。」

阿里恩：好美的話。

坎伯：嗯，青銅時代神話的基本主題就是：時代是循環的，年月是循環的，人生是循環的。一切都是圓、圓、圓，沒有什麼事情，不是已經在從前發生過的。你除了順服於這些循環外，沒有事可做。

阿里恩：就像《道德經》的整個神話基調是在禮讚自然，把自然視爲人的一面

坎伯與冰島的神話蒐集家保爾松(Einar Pálsson)，1972年攝於冰島的聖地辛格韋德利。

鏡子。

坎伯：對。在這一點上，波斯的態度和印度截然不同。波斯的先知瑣羅亞斯德（Zoroaster）曾經批判過印度人的瑜珈觀念，後者認爲，人應該努力取得與自然的協調一致。

這是兩套完全不同的神話，它們所引申的結果也大不相同。我們的科學家固然無法也沒有這個責任告訴我們，這個世界到底是好是壞，但他們自己的神話態度，卻爲歐洲人和自然的關係定了調。

不過，人們已經開始慢慢重新了解到大自然的重要性了，至少這個國家裡的人是如此。在這也讓印第安人的神話重新受到重視。我小時候，就已經對這些神話耳熟能詳。我讀這些東西的年頭，一般人對它們根本不屑一顧，但現在，介紹像黑麋鹿這一類傳奇人物的書，卻隨處可見。我當初讀到有關黑麋鹿的話語，是在《黑麋鹿如是說》這本書裡。它的作者內哈特可不是什麼人類學家，而只是個作家，但是，他卻能捕捉住這些話語的內在信息。《黑麋鹿如是說》——眞是一本讓人嘆爲觀止的書。

當你往那個自然世界看的時候，它會成爲一個聖像、一幅述說這個世界起源的聖圖。幾乎只要是看過海的民族，他們的神話，都會把生命說成是起源於海洋。有趣的是，這正是事實。我們在神話與科學找到的是相同的答案。完全一模一樣。

我曾經和一個研究潮間帶⑥生物的生物學家里克茨（Ed Ricketts）一起待了一段時間（一九三一—一九三二），學到許多事情。在潮間帶，你會看到各種奇奇怪怪的生命形式在彼此互相吞食，彷彿看到一場大戰在進行著，每一種生物，都在學習怎樣把另一種生物吃掉。生命吃生命，這眞是個重大的生命奧祕。在潮間帶做研究的時候，你也很容易想像得到現在棲息在陸上的生物，當初是怎樣從海洋爬上來的。在印度，有一個神話說，整個宇宙，都是從一個乳白色的海洋裡誕生出來的。

德雷森：乳白色的生命魔液。

坎伯：對，乳白色的生命魔液。

阿里恩：你談到海洋，但我們眼前的這些巨岩，也是神話的一個重要主題。

坎伯：說得沒錯，樹木和岩石都是神話的主題。在神話裡，岩石是長存的象徵，而樹木則是生命的象徵。喬哀思（James Joyce）在小說《芬尼根守靈記》（*Finnegans Wake*）裡就利用這一點，造了一個新詞：Tristan（樹石），指那些生命力旺盛的人。

德雷森：當我們從沙灘上拾起一塊石子時，往往會覺得自己被什麼所觸動，就像是石子把我們跟什麼東西聯繫了起來。

坎伯：小孩都喜歡撿起埋在沙子裡的寶貝，像貝殼和石子之類的。而貝殼和海螺的功用就像號角：用海洋的聲音喚起人們對大海的記憶。

阿里恩：就像塞壬（Sirens）⑦。

坎伯：事實上，從心理學的術語來說，海洋像是潛意識，而太陽像是顯意識。太陽就是從大海起起落落的。

英雄是那個知道何時該順服和向什麼順服的人

阿里恩：眼前這些山脈不期然讓我想起多馬爾（René Daumal）的《山的比喻》（*Mount Analogue*），想到山常常被當成一種內在探求的象徵。

坎伯：當雲下降的時候，就像是天上的力量下降到凡界一樣。在一些早期的神話裡——例如閃族的神話——最早從生命海洋裡出現的生物，是以山的形式存在的。這山既是雄性的，也是雌性的。它的上半部分屬雄性，下半部分屬雌性。後來，這上下兩部分分離開來，上半部分成爲天，下半部分仍然留在原地，成爲女神。然後，雲就下降了，把天與地連結在一起。這個神話想表示的是，人既有世間的一面，也有非世間的一面，而人應該努力把這兩面結合起來。

這也是爲什麼攀登高山經常會被當成靈性探求與提升的意象。摩西領受上帝十誡的地方，就是在高山上。高山做爲神話主題的情形一直沒有中輟過。

耶穌被釘十字架的地方雖然不是高山，但它仍然是在一個高起的小丘上。後來的藝術作品屢屢把耶穌的受難地描繪為一座山，不是沒有原因的。

德雷森：在荷馬的史詩裡，奧德修斯（Odysseus）的冒險歷程是從水上到陸地上，再到高山上的。你認為這一點具有神話學上的義涵嗎？

位於伊拉克薩邁拉（Samarra）的清真寺光塔。「上升的山脈是靈性追尋與提升的一個常見象徵。」

坎伯：很多希臘神話都涉及一個來自水裡的不凡人物，像在希臘神話裡，德爾斐就是由一個騎在海豚上的小孩所建立的。這暗示著，整個世界是由水裡來的生命所建立起來的。世界的起始來自水，但在經歷一個循環後，又終結於水。這就是大洪水的主題。幾乎所有主張「一切都是循環」的神話，都會出現這個主題。

這個神話主題所要述說的是，一切生於完整，卻隨著「熵」（entropy）的增加而逐漸失去了張力。但生命是奠基在張力之上的。一旦張力的兩極漸漸鬆弛，我們就會走入一個不倫不類的處境中，就好比現在男女共用的理髮店！然後，一切又回到人類學的大湯碗裡去，重新再來一次。所以，這個循環是從海洋開始的，當時一切都混沌未明，然後，生命從海裡爬到陸上，各種生命形式也變得輪廓分明，最後，它們又重新沒入海中。這個循環是一個經歷金、銀、銅、鐵階段再回到深淵去的循環，然後，新一輪的循環會再次展開。

阿里恩：所以說，英雄的旅程與登山的探求是很相似的？

坎伯：對，是這樣。神話的一個主題就是接納、順服。例如，我正在邁向死亡，每個人都在邁向死亡，這是我們必須順服的。而英雄是那個知道何時該順服和向什麼順服的人。重點是要把一己的立場順服於生命的大動力。而生命的一個大動力則是：生命是會相食的。

相同的事情也發生在魚類世界，印度人爲了闡明這一點，有所謂的「魚類法則」：大魚吃小魚，小魚想活下去，就必須夠聰明。

阿里恩：煉金術士認爲，人是由四種基本元素——土、火、水、空氣——組合而成的。現在，當人們說某個人「活在他的元素裡」或「沒有活在他的元素」⑧裡時，其確實意義爲何？

坎伯：你要活在你的元素裡，就要有一個固定的方位的儀式，就像印第安人的聖煙斗儀式（the calumet）一樣。

這支煙斗有如一張可隨身攜帶的祭案。印第安人點燃它的時候，絕不是爲了享受吸煙之樂，而是一個神聖的舉動。因爲煙斗點燃以後，它釋放出來的煙霧，是會飄向天上去的。你點燃煙斗後，要先把它舉向太陽，好讓太陽可以吸到第一口煙，然後，你再向四方位敬煙，好讓你可以知道自己的所在：世界的中心就在你的山脈裡，但它也可以是在任何地方。我猜想，也許有人會說，這是一種較高層次文化的神話，因爲它涉及了中心和四方位的觀念。但一個重點是，不管你去的是哪裡，都要先找出中心的所在。只要找到神聖的中心點，也就是至高點，你就會得到四方位。

我們都是依靠殺生來維持生命的，即使你吃的是葡萄，也一樣是殺生，因爲你依然是殺了些什麼。生命只能以犧牲別的生命來存續。但因爲生命是一體的，這等於說，生命是要靠吃食自己來維持的。這是一個奇妙的奧祕。蛇咬住自己尾巴的這個意象，所要象徵的就是：生命要靠吃自己來維持。

把神話與靈性生活聯繫到你的環境的整個祕密，就是冰島人所稱的「為土地命名」（landnama）：透過命名去獲得對土地的佔有。你把你所居住的地方解讀為聖地。

——坎伯

生命的本質就是要透過殺戮與吃食維持生存。這是神話所必須加以解釋的大謎團。原始民族必須處理這個問題，因爲對他們來說，動物都是神聖力量的展現。不只他們身上披的是獸皮，帳篷也是以獸皮製成，因此他們從生到死，都可說是活在一片血海裡。一種解決這個難題的典型的神話，是把人對動物的殺戮，解釋爲是以動物與人類所立的約爲依據的行爲，是大自然的運行之道，是動物自願當人類的犧牲品的。而牠們之所以自願這樣做，是因爲牠們明白到，透過印第安人的感恩儀式，牠們將會得到重生，可以週而復始地回來，充當人類的食物。對相信這種神話的人們來說，動物乃是神聖力量的展現。

你們有興趣聽聽一個以此爲主題的神話小故事嗎？

這個故事發生在一個沒有食物可以過冬的印第安部落。一直以來，這個部落都有一種殺死一整群野牛的有效方法，那就是把牠們趕到懸崖邊，野牛因爲恐慌，會跳下懸崖，摔得粉身碎骨。這樣，印第安人就能夠獲得足夠一個冬天的食物。不過這一年卻發生了意想不到的狀況：當野牛群被驅趕到懸崖邊時，牠們並沒有往下跳，而是往回走。所以，這一族印第安人面對嚴酷的冬天，看來處境堪慮。

故事接下來是這樣的。一天早上，一個年輕姑娘起床要去爲家人打水，從帳篷的位置遠遠看到有一群野牛就站在懸崖邊，於是她說：「跳啊，只要你們願意跳下懸崖，提供我族人過冬的食物，我就答應嫁給你們其中一個。」她話才說完，牛群就紛紛往懸崖下面跳。

夠讓人吃驚了吧？但更讓人吃驚的事情還在後頭。因爲其中一頭野牛竟然跑到小姑娘面前，對她說：「沒問題，女孩，我們會跳崖的。」

「啊，我不要。」

「喔，妳要。」那頭野牛說，「看到沒有，牠們正在跳崖。妳許下承諾，而我們照做了，所以妳必須兌現承諾。」

說完，就拉住她一隻手（很難想像一頭野牛是怎樣拉住小姑娘的一隻手的），把她帶離山區，帶到大草原去。

第二天早上，她家人起床後四處看不到她，狐疑地說：「明尼荷花到哪兒去啦？」

她爹爹既然是一個印第安人，自是懂得從腳印去判斷發生過什麼事情。「她跟一頭野牛跑了。」於是，他穿上鹿皮鞋，帶了弓和箭，出發去找身處野牛群中的女兒。

他追蹤腳印走了相當遠的一段路程以後，到達一片泥沼地。野牛群經常喜歡來這個泥沼打滾，除去身上的虱子。他坐下來，思索該怎麼辦。

然後，他看見了一隻漂亮的喜鵲。在狩獵民族的神話裡，有一些動物是智慧的象徵，像喜鵲、狐、藍背檻鳥和渡鴉都屬於這樣的動物。牠們都是薩滿（Shaman）偏愛的動物。接著，那喜鵲飛到地面上來，到處啄食。小姑娘的爹爹問他：「漂亮的鳥兒，我的女兒跟一頭野牛跑了，你看到過一個年輕姑娘跟一群野牛待在一起嗎？」

喜鵲回答說：「有，就在那邊的野牛群中間，我看到一個年輕姑娘。」

那爹爹就請求牠說：「你可以飛去告訴她，她爹爹就在這裡嗎？」

喜鵲往野牛群聚集的地方飛去，找著了女孩。我不知道女孩當時在做些什麼，但應該是織東西之類的，而一整群的野牛就在她後面打盹。睡在她背後的，就是那頭壯碩的大野牛。喜鵲飛到女孩腳邊，一面啄食，一面對她說：「妳爹爹在泥沼地等著妳。」

「啊，老天，」她說，「這是個很危險的地方。太可怕了。你叫他等一等，我會想辦法脫身去會他的。」

就在這時，睡在她背後的那頭大野牛醒來了，他拔下自己一隻牛角，對她說：「打些水來給我喝。」

她拿了牛角，往泥沼地走去，看見爹爹就在那裡。爹爹一把抓住她的手說：「妳來了。」

「不，不，不，這裡非常危險，」她打了水，帶回去給野牛。牠拿起水，嗅了嗅之後，氣呼呼地說：「唔，不對，我聞到了印第安人血的味道。」

她說：「沒有啊。」

牠說：「沒有才怪。」牠大吼一聲，所有的野牛都站了起來，豎起尾巴，一起跳舞，跳完舞就咆哮著衝到泥沼地去，把女孩的爹爹踩踏得體無完膚，屍骨無存。小姑娘在地上拼命擦拭，想把他的一點遺體找出來。

她哭了。那大野牛問她：「妳爲什麼要哭呢？」

「我當然要哭，因爲他是我爹爹。」

「對，妳是失去了爹爹。但妳知不知道，爲了餵飽妳的族人，我們犧牲了妻子、叔叔、兒女和一切。」

「就算你說得對，」她說，「他仍然是我爹爹！」

野牛動了同情心，就對她說：「好吧，如果妳能讓妳爹爹活過來，我就放妳走。」

女孩把喜鵲喚過來，對牠說：「你可以四處啄啄，看找不找得到我爹爹的一點點遺骸？」喜鵲照做了。牠在地上四處啄，最後找到一小片脊椎骨。

「來看，我找到一些什麼了。」牠說。

「太好了，」她說，「這就夠了。」她把骨頭碎片放在地上，脫下身上的長袍，把骨頭蓋住，然後開始念念有詞。她念的是一首有魔力的咒歌。慢慢地，在長袍底下，一個人形慢慢成形。她把長袍掀開來看，果然是她爹爹。但人形回復得還不夠徹底，她還得繼續唸咒。

她一直唸一直唸，直到她爹爹站起來爲止。那些野牛看到此情此景，都極爲激動。牠們問：「哦，妳既然有這樣的本領，爲什麼妳不對我們做同樣的事呢？爲什麼你們在把我們殺死以後，不用同樣的方法，讓我們死而復生呢？現在，我們要來教妳跳我們野牛的舞蹈，以後，當你們殺死了我們的族類，妳就跳這支舞和唱妳的咒歌，讓我們死而復生，我們就會每年回來，餵飽妳的族人。」

這個故事，源出於以野牛爲主食的黑足印第安人（Blackfoot）的神話。它記載在我小時候讀過一本叫《黑足人的傳說》（*Blackfoot Lodge Tales*）的書裡。作者格林內爾（George Bird Grinnell）是個很優秀的作家，也是印第安人材料的蒐集者。

如果你把目光轉到其他的民族，你會發現一個個類似的故事：人與動物立約的故事，生命吃生命的故事。這些人在吃掉他們的獵物之後，感激的可不是賜他們食物的上帝，而是那些被他們吃掉的動物本身。這是一個很恰當的做法。像西北部的印第安人，在每年鮭魚季開始的時候，都會舉行向鮭魚獻上感恩的盛大儀式。

這種做法背後所根據的觀念是：生命只有在表面上才是不可永續的。眞是一個漂亮的觀念，犀利而有力。叔本華曾經在他思考力最旺盛的時候說過一句話：「生命就是一種它不應該存在過的東西。」而如果生命是一種不應該存在過的東西，就代表它事實上存在過，代表你必須對它予以肯定，對它表現出來的一切予以肯定。那就是自然之道。

後來，當尼采在讀叔本華的時候，他對生命吃生命的事實採取了一種不同的態度。他認爲，對，這是一種實然，但卻不只是一種實然，還是一種應然。因爲事情不可能是別的樣子。當然，有些人會認爲，這是對「暴力」的一種肯定。只不過，那卻是大自然的本態。而三不五時，你就會碰到一些讓你不得不對此深思的情景。去年（一九九八年），《國家地理雜誌》（*National Geographic*）登了一幅讓我毛骨悚然的照片：三頭獵豹在吃一頭瞪羚。獵豹在瞪羚的肚子上大嚼的時候，瞪羚還活著，牠的頭舉起，一臉哀求憐憫的樣子。

我們要對此情此景予以肯定嗎？對，你必須要那樣，因爲你必須要amor fati，也就是「愛命運」。當然，要做到這一點，你必須有相當的勇氣。

生命是靠犧牲其他的生命維生的。這就是生命之所是。事實上，有些部族的神聖儀式裡還包含著吃人肉。不過，把你所吃的對象加以人格化，卻是一種不同的思考方式。

我們必須明白，在以採集和狩獵方式維生的部落世界裡，吃動物的嚴重性一點都不比吃人肉來得低，因爲，動物在他們心目中是神聖的。而他們最主要的儀式就是對被他們吃掉的動物感恩的儀式。這些儀式可以讓他們寬心，讓他們覺得自己是在參與自然的運行之道中。

布朗：這樣就可以消除他們的罪惡感？

坎伯：沒有罪不罪惡感的問題，因爲他們根本就沒有產生罪惡感的理由。當你取得與大自然協調一致，大自然就會不吝給予你賞賜。隨著環保運動的抬頭，現在人們已經開始意識到這一點：對環境暴虐，等於是在切斷自己的生命資源。反過來說，如果能以恰當的關係與環境相處，你就能促進環境的生命力。

對環境暴虐，等於是在切斷自己的生命資源

坎伯：美國大草原上，印第安人的一個大災難在於他們以野牛肉爲主食，他們的全部宗教重心，也是環繞這一點而展開。當野牛被滅絕以後，他們的生活就頓失魔力。在一八七〇年代和八〇年代征服西部的大計畫之一，就是滅絕野牛。聯邦政府派出殺手，把野牛殺戮殆盡——根本就是屠殺。只要你看看像卡特林（George Catlin）所拍的照片，就會知道，以前大草原上野牛的數目，簡直多得不可思議。有牠們在，你就別想鋪鐵路或把土地開闢來種植小麥。但在野牛從大草原上被剷除的同時，印第安人食物的供應來源也被切斷了，讓他們不得不搬到保留地去居住和接受政府的施捨。

聯邦政府殺野牛的方式與動機都迥異於印第安人。印第安人只是爲了維生才會

去殺野牛。然後，他們會對被殺的野牛祭拜。這是一種感恩的態度。印第安人最重要的節慶都是跟野牛有關的節慶。這是一種設法取得與大自然協調一致的表現。

譯註：

①愛爾蘭曾在一八四〇年代發生馬鈴薯（島上的主要作物）大歉收，導致一百萬人餓死。

②凱爾特人是歐洲大陸上阿爾卑斯山以北最早興起的史前民族，其中一支在公元前五世紀征服愛爾蘭。

③以描述傳奇中的亞瑟王爲中心的不列顛中世紀傳奇故事的總稱。中世紀的作家，特別是法國作家，對亞瑟王的出生、他手下騎士們的奇遇，以及他的騎士蘭斯洛與亞瑟王王后的姦情，各有不同的描述。

④古魯（guru）：印度教對導師的尊稱。

⑤德爾斐（Delphi）：古希臘最重要的太陽神廟的所在地，古希臘人認爲這裡是世界的中心。

⑥海岸邊高潮線與低潮線之間的地帶。

⑦希臘神話中的女海妖，專以美妙的歌聲迷惑航海者，使其觸礁。

⑧In one's element 和 out of one's element 這兩句英語習用語分別作「身處相宜的環境」和「身處不相宜的環境」解。

2 | *The Hero's Journey*

試煉之路

The Road of Trials

右圖為巴黎大學進修期間的坎伯（1928年）。

一旦跨過門檻，英雄就會進入一個奇怪的、變幻不定、模稜兩可、夢似的景象中活動，在此，他必須經歷一連串的考驗並生存下來。

——坎伯，《千面英雄》

一九二二至二七年之間，坎伯過的是身兼多重身分的生活：學生、運動員、爵士樂手和旅行者。他在哥倫比亞大學師從韋弗（Raymond Weaver）學習（一九二六年獲得中世紀文學碩士學位），在大學的爵士樂隊吹奏薩克斯風，爲哥大的田徑隊和紐約運動俱樂部跑出世界一流的成績。每年夏天，他都會隨家人出外旅行，廣泛遊歷中美洲和歐洲。一九二四年，在一趟這樣的旅程中，他認識了神智學大師克里希納穆提（Jiddu Krishnamurti），並「朦朦朧朧地」對東方學的研究產生了興趣。

一九二七年，坎伯獲得哥大一筆遊學獎學金，前往巴黎大學，研究亞瑟王的傳奇和學習古法語及普羅旺斯語。抵達巴黎以後，他發現自己正處於巴黎流浪藝術家的「瘋狂年代」（les annèes folles）高潮。畢卡索、布朗庫西（Brancusi）和克利（Klee）的現代藝術，以及喬哀思、葉慈和艾略特的現代文學，都讓他眼界爲之大開。誠如他後來形容的：「整個世界爲我打開了。」

在獎學金獲得展期以後，他在一九二八年前往慕尼黑（University of Munich）大學，重拾中世紀文學的研究，不過他這一次使用的材料，是德語的原始版本。就像從前一樣，他的興趣再一次分枝開來，從印歐語文學伸展到梵文，從中世紀文學伸展到印度教和佛教，並閱讀了弗洛依德、榮格和湯馬斯・曼的作品。在歐洲這段研究的歲月裡，他匯集了一生中的主要關懷：神話、夢、藝術、心理學、文學和人類學。

人生追求的是生命的經驗，而非意義

布朗：在預科學校唸書期間，你曾從事任何運動嗎？

坎伯：啊，當然，我不得不參加。後來，當我在同一所學校任教的頭一年，我就明白，如果你想教好一群男孩子，就必須先消耗掉他們過剩的精力，讓他們參加運動項目。你得把他們送到運動場上去，讓他們互相較勁。原始社會分派一些暴力行爲讓少年執行的目的，就是爲了馴化他們。年輕的雄性動物天生具有暴力傾向，你必須用方法讓他們把這種傾向宣洩出來。

一般人常說，人生追求的是意義，我卻認爲，人生追求的是生命的經驗。其中一個很值得追求的生命經驗就是一場好的搏鬥。有一句古老的愛爾蘭諺語說過：「這只是一場私人的拼鬥嗎？還是任何人都可以參與其中的？」這話概括地說明了，身在一場好的搏鬥，是什麼樣的經驗。運動的優點是，它是一種經過規範化的暴力行爲，對所有參與者都會帶來益處。至於那些實在沒有能力參與的人，他們至少可以坐在一旁，透過觀看別人的拼鬥，獲得部分的滿足。

我在預科學校時參加的運動是美式足球和曲棍球。我不喜歡棒球，所以沒打棒球。打曲棍球的時候，我打的是守門員的位置，而美式足球則是打後衛的位置。當

上圖　1925年美國一英里接力賽的全國冠軍：
坎伯、霍爾登(John Holden)、黑爾弗里希(Allan Helfrich)和特尼(Joe Turney)。
坎伯回憶說：「我想我當時對於生活所學到的，要比人生中任何時間都要多；我學會了怎樣面對贏，怎樣面對輸。」

下圖　坎伯（右三）在哥大爵士樂隊裡忘情地吹奏薩克斯風的樣子
（1921至22年）

時後衛的體重要比現在重。我少年時代有一百八十磅重，是個當後衛的好材料。

預科學校畢業、進入達特茅斯學院以後，我改打阻截的位置，一年後我轉學到哥大，又改打邊鋒的位置。我在哥大打美式足球的經驗相當有趣。我因爲入學的時間晚了，所以被編派爲邊鋒。在進行第一次隊內分組對抗賽的時候，大概是第二次傳球吧，球飛過了四分衛頭上，被我接住了，我抱住球，拼命跑拼命跑，竟然讓我跑過全場，達陣得分！於是教練把我調到先發球員之列。但我實在不是一個夠好的美式足球球員。我也從未想過有朝一日自己會成爲出色的運動選手。

不過，田徑卻出乎我意料之外找上了我。

我是個跑步從來不願讓別人跑在我前面的人。唸大學的時候，我們必須上體育課，而體育課又必須跑步，在室內運動場跑十圈到一英里之間。起跑以後，我發現我不管怎麼拼，總是有人在我前頭。當我們跑完以後，體育老師把我叫過去（他湊巧就是哥大田徑隊的教練），對我說：「你想過要當賽跑選手嗎？」我回答說：「沒有。」「你半英里的跑步速度肯定比整個校園裡任何一個人都快。那你爲什麼不來參加田徑隊呢？」（譯按：坎伯這一段話暗示教練慧眼看出他一英里跑步的速度雖然不夠快，但半英里跑出的速度卻無人能及。）

我的田徑生涯就是由此開始的。事實上，這段生涯是我人生中最棒的體驗之一。

布朗：你的田徑生涯相當搶眼。這段逐鹿田徑場的歲月教了你些什麼？

坎伯：那個年頭，田徑場上的年輕跑者對待競爭的態度都是十足的君子，他們表現出來的，是眞正漂亮的男子氣概。

從加入田徑運動開始，我就是屬於高檔次的。當時，我半英里賽跑的速度，不輸給世界上的任何人①。我的田徑歲月正好是處於一九二四年和一九二八年的兩屆奧運之間，所以，我的實際田徑生涯，只有三年的時間。我不得不把田徑生涯中

這本貼滿介紹坎伯剪報的剪貼本，是坎伯大學畢業時父親送他的禮物。

止，因爲我必須留一年時間去爲學位衝刺！

那眞是一段極美麗、極美麗的歲月。在紐約，我們一整個冬天都有室內的田徑賽要參加。那些在一九二四年奧運獲得金牌的田徑選手，全都到了紐約來參賽，努爾米（Paavo Nurmi）②就是其中之一。我看過他很多次的比賽。他是個成績很輝煌的跑者。我想，在我的大學階段，田徑對我的意義，比任何事情都要來得多。我想我當時對於生活所學到的，要比人生中任何時間都多；我學會了怎樣面對贏，怎樣面對輸。

塔納斯（Richard Tarnas）：現在，似乎有相當多的人開始投入某種體能或靈性的鍛鍊之中，如運動或麥可．莫菲（Michael Murphy）③所鼓吹的對於更高意識狀態的追求。不同的人似乎都從各自的修練中獲得類似的結論。

坎伯：的確有很多這樣的人。

塔納斯：這種追求極樂的觀念在我們自己的文化中哪裡可以找到？

坎伯：這是我們西方文化的一個難題。在西方文化裡，生活的不同部門是彼此區隔開的，所以，你就會失去一種全貌觀。現在，由於受到來自東方的影響，人們開始意識到，如果他們竭力焠煉自己的身體，那就會隨之而來一種神祕的喜悅感。我在大學時代跑步時就親身體驗過這一點。現在回想起來，有兩三次，我在參加半英里賽跑跑到最後的八十碼時，都會有這樣的感覺……就像是飄飄欲仙。如果有誰問我，我人生中有哪些時刻曾感受過高峰經驗的話，那些賽跑就是。它們比我一生中的任何時刻都要讓我接近高峰經驗。

現在出現於西方的鍛鍊風氣，乃是東方武術與亞洲的修練被引介到西方來的結果。事實上，你是不是能夠在戰鬥或競爭中駕馭好自己的身體，是你心靈的一個函數。你必須先找到一個靜止的中心點，那你的動作，才可能流暢地圍繞著這個中心點轉動。我曾經輸掉兩場對我而言很重要的比賽，原因就是我當時失掉了這個安靜的中心點。那兩場比賽太重要了，以至於我滿腦子想著的都是輸贏的問題，而不是怎樣把比賽跑好的問題。結果，事情就搞砸了。

我太太珍是個舞者，對運動員來說，跳舞似乎是件輕而易舉的事。然而，能不能跳得好，全部的關鍵仍然在於心念是不是能集中。在台上，一個能夠心志集中和一個不能心志集中的舞者，其表現是完全不同的，你會覺得，後者的四肢不是跟身體渾然一體，而只是黏在上面的附加物。

塔納斯：有些這一類自我鍛鍊的方式，看起來很像是蛇力（Kundalini）（譯按：蛇力是印度瑜珈學派訶陀瑜珈（hatha-yoga）的觀念，是指一種神祕的身心力量，它潛藏在人的脊椎底部，但卻可以透過修練，把它牽引出來。由於被「喚醒」以後，這種力量會像一條蛇一樣慢慢慢向上移動，故稱「蛇力」。《神話的智慧》中則譯爲「拙火」，乃根据《佛教大辭典》的譯註）的修練。）你讓自己的心思完全集中在你內在的某個部位，那麼，某種東西就會從你內裡流出，也許是一種深深的喜悅感，也許是某種更高的能量。這看來相當類似印度已經流行了幾千年的瑜珈觀念，只不過我們現在是以我們的方式把它體現出來。

坎伯：蛇力瑜珈（Kundalini yoga）④對超心理學的心靈轉化，有很系統的說明。它所說的三個力量中樞的第一個是在生殖脈輪（譯按：訶陀瑜珈認爲，人體是由許多的脈管和脈輪構成，人的生命氣息通過脈管進行循環，而宇宙的能量卻潛伏在脈輪裡。人體中的重要脈輪有七個：㈠脊根輪（位於脊椎底部）、㈡生殖脈輪（位於男性生殖器根部）、㈢臍輪（位於肚臍）、㈣心輪（位於心臟）、㈤喉輪（位於喉部）、㈥眉心輪（位於眉心）、㈦頂輪（位於頭頂）。訶陀瑜珈的中心關懷，就是把蛇力從脊根輪層層牽引到頂輪，每升一層，人就獲得一層提升，當蛇力到達頂輪，就達到完全的提升。每個脈輪都會橫向輻射出很多根脈管，形如車輪，故名脈輪）。它代表的是從膠著狀態向生命、色慾和侵略性的轉化。更高一個層次的力量中樞位於心臟，最高一個層次的力量中樞則會把所有這些能量轉化爲一種靈性狀態。

德雷森：在合氣道的鍛鍊裡，我們會使用某些語句來提醒自己，像「成爲此時此地的你自己」、「向它敞開」、「讓它發生」等等。那是一種非常幽微、非常難以達到的境界。我想，武術鍛鍊的整個目的是爲了讓人放下憂慮。成爲此時此刻的你自己，然後，放鬆的機制就會啓動，跟著，哇，它就來了。

布朗：「跑贏」一場比賽和「跑」一場比賽的視覺過程是不同的。但如果你不是爲贏而跑，跑的時候卻在心裡一直看著你跑贏，這跟你所說的蛇力現象學是不是有什麼關連呢？

坎伯：這是一種把強調重點由此移到彼的轉移，向著東方所稱的「氣」的轉移。能源來自最底層的力量中樞，也就是智慧鞘（the Wisdom Sheath）的中樞。那是身體意向、自然意向的中樞，你只需要安住在裡面和安住在你的展現裡——就像一棵樹的生長一樣。你贏得一場比賽，乃是身體的力量和能量的潛能展現。一旦你開始向其他位置轉移，你就會離開自己的力量中樞，你的能量也隨之消失。

有時候只因為某個人在你後面輕輕一推，就讓你走上這條路，而不是那條路

布朗：我在你的課堂和演講上都聽你說過，你覺得，你準備一堂課就像是……

坎伯：就像是跑一場田徑賽。對，眞的是這樣。〔笑〕兩個小時的講演眞的就像一場田徑賽！

柯西諾（Phil Cousineau）：談到田徑，你是怎樣跟奧運金牌得主舒茲（Jackson Schultz）成爲朋友的？

坎伯：舒茲是一個短跑好手，一個很棒的跑者，有著流暢的跑步風格。他跑的項目是一百和兩百公尺。我在兩次重大的田徑賽都跟他是室友。一九二五年我代表紐約運動俱樂部到舊金山參加美國體育聯盟錦標賽時，我的室友就是舒茲。他前一年才在巴黎奧運會贏得金牌，接著就跟著兩三個運動員到世界各地巡迴出賽。我聽到他們開口閉口談的都是夏威夷。那個時代，從紐約到舊金山，得坐上四天半的火車。回程的一路上，他跟我談的也淨是夏威夷。於是我想：嗯，夏威夷既然這麼棒，我何不脫隊到夏威夷走走。他聽了以後說：「去啊。」

這就是我第一次到夏威夷的由來。舒茲在夏威夷的時候，認識了卡哈那莫庫（Kahanamoku）一家人。他爲我寫信給他在夏威夷的朋友，請他們接待我。四天半後，我搭乘的輪船靠岸等待檢疫官時，空氣中飄浮著濃濃的花香，我整個人都被這座島吸引住了。當船駛進碼頭，皇家夏威夷樂隊開始演奏「阿囉哈」⑤。我看到接船的人群中有人舉著一面三角旗（象徵勝利的小旗），上面寫著：「阿囉哈，喬瑟夫．坎伯」。

由於我們在舊金山的賽程中大獲全勝，所以我想，這眞是個恰如其份的接待！

上岸後，舒茲的朋友把我帶到飯店去，那是考特蘭飯店（Courtland Hotel）。很多年以後，我才知道，原來我太太的家，跟飯店只有一條街的距離。當然，她當時還只是個小姑娘。而我住在夏威夷這段期間，她不時都會到我住的飯店裡上草裙舞的課！

那一整個夏天，我唯一要做的一件事就是等電車載我去威基基海灘（Waikiki Beach）和花一整天耗在杜克・卡哈那莫庫（Duke Kahanamoku）⑥的衝浪板上。這塊衝浪板由寇阿相思樹（koa wood）所製成，豎直的話，有我站著舉起手那麼高，現在被收藏在畢曉普博物館（Bishop Museum）裡。雖然是個田徑選手，但身上沒有裝推進器，我還眞的無法把它推到海中。我只好躺在上面，用划的把它划到有浪的地方。接下來一整天，我就只是這樣躺著，想方設法去抓住一個浪頭！

有一個晴天麗日，杜克的弟弟大衛划著衝浪板，來到我身邊說：「看來你抓不住浪嘛。」我回答說：「我不知道要怎樣讓這東西動起來。」他說：「好，讓我來推你一把。」就這樣，我從大衛那裡學會了衝浪。我可以告訴你們，站在一塊衝浪板上衝浪的感覺，就像站在「伊麗莎白女王號」一樣平穩。

我在一九二七年到歐洲去深造。因爲第二年奧運就是在巴黎舉行，所以舒茲先到巴黎來了解狀況。這段期間，他在我那裡住了幾星期。之後他再來參加奧運的時候，我們又有了更多相處的機會。

1925年夏天坎伯（最下面一人）與朋友合照於威基基海灘(Waikiki Beach)。旅行夏威夷期間，坎伯在有「衝浪之父」之稱的傳奇人物卡哈那莫庫的教導下，學會衝浪。

當你在多年以後回顧過去，發現到某些人在你生命中所扮演的角色時，會覺得很神奇，舒茲就是這些人的其中之一。有時候，只因爲某個人在你後面輕輕一推，就會讓你走上這條路而不是那條路。

自那以後，我就沒再見過他。他是一個很傑出的人。

所有的神明，都是人類心靈的投射，他們並不是外在於你，而是就在你裡面

柯西諾：你說過，你年輕時代曾經希望自己能成爲達文西和費爾班克斯

(Douglas Fairbanks)的綜合體。他們是你繼野牛比爾之後的偶像嗎?

坎伯:在我小時候,費爾班克斯是個很棒的演員,有過很多了不起的表演。在其中一齣電影裡,費爾班克斯飾演一個海盜,有個人在後面追著他,一路追上了船桅。爬到船桅頂以後,見無處可逃,他就拿起刀子,插入船帆裡,然後緊抓住刀柄,順著被劃破的船帆一路往下滑。眞是精采絕倫,我永遠都不會忘了這一幕!虧他想得出來!會想出這樣點子的人,一定是個……

打開《青年藝術家的畫像》(*A Portrait of the Artist as a Young Man*)的時候(我那本是一九二七年在巴黎買的),你會在書名頁上看見這樣的拉丁文題辭:「他把他的心靈轉向了未知的藝術(Et ignotas anuimum dimittit in artes)。」此書的主角名叫史蒂芬・戴德勒斯(Stephen Dedalus),他為自己創造了一雙藝術的翅膀,乘風翱翔。

——坎伯

在有關學術的研究上,我從來對細部、專精的研究不感興趣。我覺得這種研究會使人非人化。而由於達文西有奇妙的天份可以把一切轉化爲帶有人類價值的東西，因此讓我覺得他是一個値得仿效的楷模。

我在預科學校裡最感興趣的科目是生物和數學，而等上了達特茅斯學院當大一新鮮人時，我的興趣也是如此。但在大一結束那一年的暑假，有人給了我一本梅列日科夫斯基（Dimitri Merejkowski）所寫的《達文西傳奇》（*The Romance of Leonardo da Vinci*）。這本書讓我茅塞頓開。讀了它我才知道，老天爺，原來我對藝術、文化和文明的世界可謂一竅不通。我是懂得很多有關美洲印第安人的事情，但我對藝術和文明的事情

喬哀思攝於都柏林，時年20歲。
坎伯於1927年讀到喬哀思石破天驚的小說《青年藝術家的畫像》時，也差不多是這個年紀（23歲）。

他面對的難題，就是我所面對的難題，完全一模一樣。這個難題就是，如果你太執著於教義體系，你就會喪失掉信仰，那就一點都不好玩。

卻懵然無知。我的整個世界隨著這本書而有所改變。

柯西諾：你說過，對亞瑟王傳奇的研究，讓你對你的愛爾蘭天主教信仰有一種全新的觀照。這話怎麼說呢？

坎伯：亞瑟王傳奇是從凱爾特的世界脫胎出來的。它們的創作者是把凱爾特的英雄人物轉化爲中世紀的騎士。這些騎士的每一個都有著凱爾特的淵源。我對這些故事的親密感，顯然跟我自己的文化背景有關。然後，在讀了喬哀思的作品以後，我對這些材料又有了更深一層的觀照。亞瑟王傳奇所表現出來的奇幻想像力，是完全愛爾蘭式的。這種想像力活在喬哀思身上，也活在我身上。

柯西諾：你有沒有覺得自己認同於喬哀思小說《青年藝術家的畫像》那個主角，就是生活在「沈默、放逐和狡獪」中那個年輕而叛逆的浪漫主義者史蒂芬·戴德勒斯？

坎伯：他面對的難題，就是我面對的難題，完全一樣。這個難題就是，如果你太執著於教會的教義體系，你就會喪失掉信仰，那就一點都不好玩。我對教會的教義體系產生懷疑，是開始於我研究生物學的時候。生物學所談到的人類演化，以及動物和植物世界的演化，完全跟〈創世記〉裡說的話連不在一起。在我唸書的那個年頭，人們認定年輕人應該要絕對相信這一份時間可以上溯到公元前一千年、兩千年、三千年甚至四千年的愚蠢文獻。如果你認眞相信這東西，你要怎樣過生活呢？

別人也許做得到，但我自己就是做不到。

然而，它卻又已經是你的一部分了，那你要怎麼辦呢？方法就是把它說的事情看成象徵。喬哀思解救了我，因爲他讓我明白到這些都是象徵，包含著普遍的、人性的義涵；讓我明白到，我可以張著一雙藝術的翅膀，對它們作神話性的解讀。

也是因爲這個原因，喬哀思才會離開愛爾蘭的政治和宗教迷宮，前往巴黎。在巴黎，他成爲二〇年代巴黎風起雲湧的藝術運動的一員。當時我也正好在巴黎。

但最終來說，讓我擺脫這個困境的最大功臣還是印度教的《奧義書》。基本上，你可以說它所陳述的，是一個與〈創世紀〉一樣的神話，唯一不同的是它經過了知性的詮釋。也就是說，早在公元前九世紀，印度人已經了解到，所有的神明，都是人類心靈的投射，他們並不是外在於你，而是就在你裡面。從某種意義上、某種神祕的意義上說，你固然可以說祂們是外在的，其實祂們眞正居住的地方是這裡（指著自己的心臟部位）。

一本佛陀的小書，一個小小的接觸，改變了一切

布朗：你是從什麼時候開始有這種體認的？

坎伯：一九二四年我十九歲上下的時候。它以一種很有趣的方式臨到我。當時我正跟家人坐船要到歐洲旅行。我們坐的是慢船——不是那種能讓你五天就橫渡大西洋的大型輪船，而是那種需要十天航程的輪船。坐「哈丁總統號」或「某某總統號」之類第一流的輪船在海上慢慢晃，相當有意思。

從歐洲回程途中，我在甲板上看到三個膚色深棕的男人，坐在帆布折疊躺椅上。我注意到，有一位年輕女士認識他們。以前我從未見過像他們那樣的人，因爲在美國根本看不見印度人。印度人都只會到英國，不會到美國去。

湊巧，甲板上三個印度人中之一就是克里希納穆提（Jiddu Krishnamurti），另外兩個，一個是他哥哥尼蒂安南達（Nityananda），一個是他當時的秘書拉賈戈帕爾（Rajagopal）。認識他們，是我認識印度世界之伊始。那個爲我引見的年輕女士，送了我一本阿諾德（Edwin Arnold）寫的《亞細亞之光》（*The Light of Asia*），那是一本介紹佛陀生平的書，內容取材自佛經。這書是啓蒙了我，它像光一樣一直照耀著我。

後來，當我以學生身分到巴黎研究文學和語文學，到德國研究梵文的時候，我又再度接觸到這些亞洲的東西。那些年，我對亞洲的研究相當投入。不過，要追溯我這種興趣的源頭，卻是那本有關佛陀的小書。

眞奇怪，像那樣一個小小的接觸，就改變了一切。

克里希納穆提（1935年）

早先，我整個世界因爲《達文西傳奇》而有了改變，後來那本佛陀的小書，又爲我的改變增加了一個向度。

在巴黎首次接觸到現代藝術

布朗：你靠著哥大的遊學獎學金在歐洲學習那段期間，受到了些什麼樣的影響？

坎伯：我先去了巴黎，後來又去了慕尼黑，各待了一年，這段時間，整個世界都爲我打開了。那是二〇年代晚期，也就是一九二七、二八、二九這幾年，那時候的歐洲，可眞會讓一個美國人大吃一驚。你們知道，當時美國人對發生在世界其他地方的事情，可不像今天了解那麼多。我就是在巴黎首次接觸到現代藝術的。

我永遠也忘不了進入位於布隆公園（Bois de Boulogne）那個壯觀的畫廊那一刻的感受。畫廊爲那些「獨立畫家」（Indépendents）布置了一個大型的展示空間。所謂的「獨立畫家」，就是指不獲得官方畫廊青睞的畫家，其中包括了畢卡索、馬蒂斯（Matisse）、米羅（Miro）和布朗庫西……。

布朗庫西的「飛行中的鳥」（Bird in Flight），就是在這次畫展中首次展出的。我還記得，我看到這幅畫的時候，鄧肯（Raymond Duncan，譯按：荷蘭人，野獸派畫家）穿得像個希臘人那樣，在畫的附近走來走去。你們知道，那時的我，可以說是來自美國的一個鄉巴佬，這個展開在我眼前的前衛的、波西米亞人的世界，對我來說可以說

羅馬尼亞雕塑家布朗庫西在其工作室裡的自拍像（約1933年）。
畫家盧梭(Henri Rousseau)有一次對布朗庫西這樣說：「老小子，你把古人變現代了。」

是全新的經驗。我對藝術世界的敞開，還有它跟我生命的關係，就是從那時候開始的。

喬哀思為我引路

坎伯：我在巴黎大學唸書的時候，也是整個大發現臨到我的時候。之前，我一直都是走在一條又直又狹的學術道路上。當時我住在斯塔爾街（Rue de Staël）一個小房間裡。斯塔爾街位於蒙帕納斯大道（Boulevard Montparnasse，藝術家聚居區，位於巴黎市南區）的另一頭，所以，從我的住處到巴黎大學，得經過蒙帕納斯大道和拉斯帕伊大道（Boulevard Raspail）的交界，而那時，圓頂畫廊（La Coupole）、圓頂咖啡館（Le Dome）和其他奇奇怪怪的畫廊，就位於那一帶。我是才從美國來的，根本沒看過那樣的東西。我們對現代藝術，可是一點概念都沒有。當時在所有書店裡，都看得見那本厚厚的、藍色封面的書——《尤里西斯》（*Ulysses*）。但在美國，沒有人有這本書。回國的時候，我還得偷偷把它夾帶入境⑦。

我走到其中一家書店，問道：「你們有賣《尤里西斯》嗎？（Avez-vous *Ulyssess.*）」

「當然有，先生。（Mais oui, monsieur.）」

我把書帶回家去讀。第三章的一開始有這樣的話：「無可避免的視覺認知形

坎伯與妹妹愛麗絲 1928 年攝於法國的沙特爾(Chartres)。
這個教區，被坎伯視為是他的靈性原鄉。

態：如果沒有其他形態，至少透過視覺認識外界。用我的眼睛進行的思維。我在這裡辨識出來的、萬物那形形色色的標誌。」讀到這段話時，我心裡想，乖乖，這是什麼玩意？我本來以爲，我已經是個有大學學位的人，應該算相當有程度，沒想到卻被這段話打敗了。

於是我跑到歐德翁廣場（Place de l'Odéon）的莎士比亞書店（Shakespeare and Company），找到了席薇亞・比奇（Sylvia Beach）⑧。我以一副年輕學者的神態氣沖沖問她：「這算哪門子的寫作？」她告訴了我那是哪門子的寫作，而且推薦了一堆書賣給我。這件事改變了我一生的事業。

《尤里西斯》這本書如果不讀個三到四遍的話，你將不會知道自己身在何方。那是一本非常刺激的書，因爲裡面全都是蛋白質，沒有一點脂肪，也沒有碳水化合物。你從裡面得到的，會是一種很純粹的經驗，會讓你忍不住一讀再讀。從未有哪個作者的書讓我有過同樣的閱讀經驗，或讓我百讀不厭。我是一九二七年在巴黎買這本書的，此後我一直反覆重讀，每讀一次都覺得很痛快。

那之後沒多久，我認識了一個來自紐奧良的年輕女雕塑家，名叫安琪拉・格雷戈里（Angela Gregory），她跟大雕塑家布德爾（Antoine Bourdelle）一起工作。你們是知道雕塑家的，他們總是想有人給他們擺姿勢，好讓他們有事可做。安琪拉問我是不是願意坐下來，讓她爲我塑個頭像。

藝術的祕密在於愛……
藝術可以把大自然的宏偉線條給勾勒出來。

——布德爾

「哦，當然可以。」我回答說。於是我就去她的工作室，在那裡，我看到了那個魔法師般的人物布德爾。他當時大約是八十五歲上下。聽他談論藝術和藝術何所爲，眞是發聾震聵！他說過的一句話深印在我腦子裡，並成爲我以後的一句指導

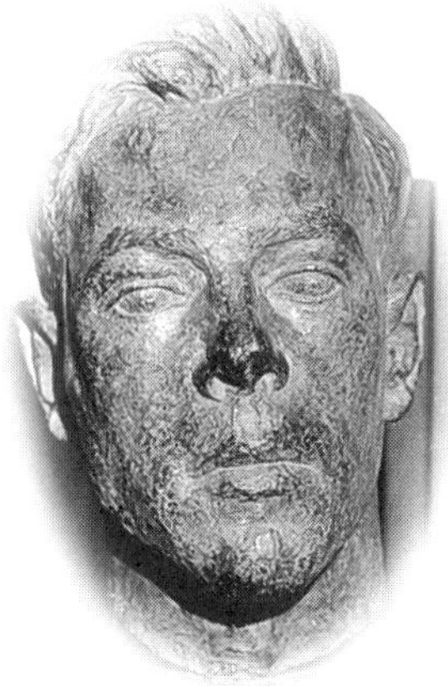

上圖為坎伯的頭像，安琪拉．格雷戈里所塑，1927年，當時坎伯23歲。

「你們是知道雕塑家的，」他這樣說過，「他們總是想有人給他們擺姿勢，好讓他們有事可做。安琪拉問我是不是願意坐下來，讓她為我塑個頭像。『喔！當然可以。』我回答說。」

語：「藝術可以把大自然的宏偉線條給勾勒出來。」（L'art fait ressortir les grandes Lignes de la nature.）事實上，這也是神話所做的事情。

就這樣，我平常都是在索邦大學（Sorbonne）裡埋首研究普羅旺斯語、古法語和亞瑟王傳奇的凱爾特淵源。我想，唉，我連在餐廳裡點一頓像樣的法國餐都不會。我只覺得尷尬。但卻突然有一天，在大學附近的克呂尼花園（Cluny Gardens）走著的時候，有一個如閃電的念頭掠過我心頭，它把我帶離了直而狹的道路，把我帶入了森林。我一點都不知道我將會走到哪裡，但我並不擔心，因爲有喬哀思爲我引路。

後來，席薇亞・比奇又介紹我看《過渡》（*Transitions*）雜誌，《芬尼根守靈記》一些早期的版本，就是以「創作中作品」的標題，在上面連載的。我可以舉一個例子，讓你們知道早期的版本和後來的版本有什麼不同⑨。現在你翻開《芬尼根守靈記》，會看到它的起首句是這樣的：「河流把我們帶回到霍斯堡及近郊。」不過，在我很多很多年後買的那本《芬尼根守靈記》裡，起首句卻不是那樣的，而是這樣：「水的奔流，流過夏娃與亞當的神殿，沿著逶迤的河岸流進曲折的海灣，並透過一個寬廣村落的再循環系統，把我們帶回霍斯堡與近郊。」這是喬哀思二十年來不同的體驗。

法國雕塑家布德爾站在他其中一件傑作「赫丘力士」(Hercules)旁邊。
布德爾認為，透過原型的使用，藝術家等於重新創造了世界。
「藝術的祕密在於愛，」他說：「藝術可以把大自然的宏偉線條給勾勒出來。」

《芬尼根守靈記》中有一句話，在我看來正是喬哀思整個人生態度的縮影。他說：「啊，主啊，你把一個又一個奧祕堆在我們身上，坐看我們在理還亂的線索中亂鑽時，笑彎了腰。」而這跟佛教裡的菩薩精神是一樣的：歡歡喜喜地參與世間的愁苦。

——坎伯

我在第二年（一九二八年秋天）轉到了慕尼黑大學。在那裡，我發現了當時美國尚一無所知的人物：弗洛依德、榮格、湯馬斯・曼。我也開始學習梵文。從哥倫比亞大學轉到被我的教授們稱爲「德國學術的城堡」，以及認識梵文，它們所帶給我的啓蒙，是外人無法想像的。它也讓我發現到我一直在研究的亞瑟王傳奇，其內涵有多麼深邃豐富，也讓我認識到，亞瑟王傳奇和我自小酷愛的印第安神話，是存在著相同主題的。

我小時候和後來在美麗的波科諾山所發現到的是，神話的功能和印第安傳說的功能在於讓人取得與大自然的協調一致。我在歐洲所發現到的，則是藝術的功能在於勾勒出大自然的宏偉線條。我所發現到的，是同一首恢宏的樂曲。

德語包含著詩的莊嚴，是最讓我著迷的地方。與德語邂逅是我生命中的大事件

柯西諾：語言的學習在你留歐期間扮演了什麼角色？

坎伯：你提到了一個我很想談的話題。我認爲，我們的教育系統相當乏善可陳，最少在我唸書的那年頭是這樣。我們花太多的時間學習語言了（我們那時學的是法文和西班牙文）。學外語不是壞事，問題是我們學歸學，卻從來沒有機會聽到道道地地的外語，而教我們某種外語的老師，又是不懂得說那種外語的人！你學來學去都是 je suis、tu es、il est、elle est 之類跟掌握一種語言一點都不相干的東西。

我從幼稚園就開始學法文，但直到我去巴黎留學的時候，我對法語的掌握，卻幾乎是零。到巴黎之後，才三個月的時間，我就能講能讀法文。我從未學過德文，但當我了解到歐洲所有眞正的學問家都在德國的時候，我就寫信回哥大，問他們是不是可以再給我一年的獎學金，讓我到德國去進修。他們的回答是：「可以，去吧。」於是第二年我就去了德國。我在德國只學了三個月的德語，就能讀和能講這種語言。當你身在一個語言環境，可以感受到它在你生活中的韻律，你就能輕輕鬆鬆學會這種語言。還記得從預科學校畢業的時候，我曾經想：老天，可別讓我再有

需要學習外語的時候。然而，後來我發現，能夠深入一個語言的世界，會給人帶來狂喜。每種語言都有一整系列與它單獨對應的經驗，想認識這種經驗，你就非得學會這種語言不可。

談到這一點，我有一個很有趣的經驗。我有兩三本著作現在已經譯成了德文，在德國出版。其中一本是《我們賴以生活的神話》（*Myths to Live By*），一本相當通俗易讀的書。一個月前，我拿出它的德譯本來讀，乖乖，我覺得我是在讀一本與英語版本完全不同的書！由於書中很多概念都是源於德語，所以，它們要重新滑入德語中，一點都不困難。但當它們回到德語去的時候，我卻發現它們多了一些不同於英語的特質。德語和英語是兩種很不同的語言，前者是一種詩的語言、一種神祕的語言，而後者則是一種實用性的語言。讀德譯本的時候，我突然發現，它說出了一些英文本所眞正想說而沒有說的東西，這是我原來沒有意識到的。與德語邂逅乃是我生命中眞正重大的事件。這種語言中包含著詩的莊嚴，是最讓我著迷的地方。我愛德語。

我去法國，本來是爲了研究中世紀的語文學、古法語、普羅旺斯語、亞瑟王傳奇和浪游詩人的詩歌的，但卻沒有想到，老天，一切都從我的四面八方打開了。然後在德國，我又遇到了梵文和梵文的語文學。德國人是世界上最先開發出梵文語文學這東西的，這在當時世界上任何地方都找不到。不過當然，我們現在對梵文的了解，已超過了當時不少。

碰到歌德、湯馬斯・曼、榮格……他們的作品包含著一個神話的向度

坎伯：當我在德國當學生的時候，我正在研究的東西的形而上面向突然向我顯明了。我一直研究的都是神話，特別是中世紀的神話，但我使用的方法，卻都只是西方學院派的方法。後來，我碰到了歌德，碰到了湯馬斯・曼，碰到了榮格。驀地，我明白到，他們的作品包含著一個神話的向度，這個向度，截然有別於學院裡的雜耍。也因此，我對德國懷有一份很深厚的感情。

一九三六年的時候，我碰到一個很逗趣的場面。那一年，湯馬斯・曼應邀在一個慶祝弗洛依德八十歲誕辰的聚會上演講。知道這件事以後，我覺得很納悶，因爲一個藝術家除了談他自己以外還能談別人，對我來說是難以想像的。果不其然，那一天的情境十分逗趣。

一開始，湯馬斯・曼就表示，他不明白自己怎麼會受邀來演講的，因爲他是個藝術家，是個創作者，而不是科學家，不是分析者。繼而又說，他想他之所以會被邀請，說不定是大家想體驗一下農神節（saturnalia）的氣氛。

我很榮幸能見過湯馬斯・曼三次，其中一次的見面時間還相當長。他是個很講究形式的人，舉手投足都彬彬有禮。不過他卻不會讓你覺得他拘謹。這就像寫十四行詩或進行日本的茶道儀式一樣，你要做得好，就必須掌握形式，而等你掌握了形式後，就會表現得從容。這是藝術的一個重點。沒有一個藝術家是沒有掌握技巧的。

——坎伯

你們是知道的，在農神節裡，一切都是顛三倒四的：僕人可以支使主人，小丑可能被任命爲法官。總之，一切都是倒過來的。因此，湯馬斯・曼會提農神節，就是預先警告聽眾，他接下來要說的話可能會有點讓他們無所適從。

他這篇演講，後來曾出版印行，題名是《弗洛依德與未來》（*Freud and the Future*）。但它的內容幾乎是跟弗洛依德完全無關的。在演講中，湯馬斯・曼指出，弗洛依德的最大成就，就是用醫學的辭彙把十九世紀德國浪漫主義哲學家的發現重講一遍。弗洛依德並沒有讀過這些哲學家的著作：沒有讀過叔本華，沒有讀過尼采，也沒有讀過齊克果。但出奇的是，他的無知反而讓他能夠用一套自己的方式，把這些人對潛意識的發現重構出來。

接著湯馬斯．曼又說，如果大家不介意他談自己的話，那他想顯示，早在他聽過弗洛依德的名字以前，他的作品裡就已談到潛意識的問題。他用來證明這一點的是他的短篇小說〈小弗里德曼先生〉（Little Mr. Friedman）。這篇小說發表於一八八六年或一八九七年，比弗洛依德的《夢的解析》（*Interpretation of Dreams*）要早上三、四年。事實上，你眞的是可以在這篇小說裡找到很多弗洛依德後來的主張，儘管弗洛依德用的是一套完全不同的語言與行話。

演講的中途，湯馬斯．曼提到了一個不該提的名字：榮格⑩。他說他目前正在撰寫的小說，靈感就是得自榮格。他指的是《約瑟和他的兄弟們》（*Joseph and his Brothers*）四部曲，當時他剛寫完第三部。

當時台下的聽衆是什麼表情，我眞是不敢想像。我提這件事，是想指出，湯馬斯．曼的一番話，很能說明二十世紀前半葉的潛意識研究領域是處於一個什麼樣的脈絡中。那眞是一個藝術大放異采的時代。當時，喬哀思和湯馬斯．曼雖然互不認識，但他們的小說卻不約而同經歷了一個轉化，那就是從十九世紀的自然主義，轉向對心理學的強調，並帶來對神話的突破。

湯馬斯・曼（1950年代早期）。

跟著，第一次世界大戰就爆發了（一九一四—一九一八），而接著，他們各自寫了一本里程碑式的作品：喬哀思的《尤里西斯》出版於一九二二年，湯馬斯・曼的《魔山》（*Magic Mountain*）出版於一九二四年。雖然這兩本小說擺出來的都是一種自然主義的姿態，但事實上，它們都有著一個神話的架構。這兩本書的書名本身——《尤里西斯》和《魔山》——就是你可以窺見它們神話架構的線索。而在接下來的作品裡——湯馬斯・曼的《約瑟和他的兄弟們》和喬哀思的《芬尼根守靈記》，兩人更是毫無保留地暢遊於神話的海洋。

喬哀思與湯馬斯・曼是相當有趣的對比：前者是個愛爾蘭天主教徒，而後者則是在德國新教的傳統下長大的。如果你是個認眞的天主教徒，你就會跟神話有一種很密切的關連，當你在寫小說的時候，面對的主要問題只是怎樣把世界的神話結構給表現出來。這就是喬哀思面對的問題。

但湯馬斯・曼面對的問題卻是反過來的。我認爲，基督新教的一個特徵就是否定宗教的儀式面和神話面，也因此，湯馬斯・曼要經歷一段很長的時間後，才慢慢意識到神話的深度和它的涵蘊。而喬哀思在這一點上可以說是佔了便宜，因爲從一開始，他就是一個神話思維的專家，而湯馬斯・曼則是慢慢才進入這種思維的。這一點，讓他們成爲一組異常有趣的對比。

坎伯：在《魔山》裡，湯馬斯・曼不斷向讀者解釋他的神話義涵。他給了你一個意象，然後又用這種或那種方式向你解釋，這個意象象徵的是什麼。但喬哀思卻沒有這樣做。他只是憑空把一個意象擺在你前面，要你自己花心思去琢磨。因此，我常常會在我的閱讀與思考裡，覺得他們是以極端有趣的方式形成互補。他們各自對藝術的方法也同樣有趣。

這兩個人同樣是在十九世紀的德國哲學家的影響下成長的。華格納是他們成長時期一個具有重要影響力的人物。他們都各自從華格納那裡吸取了某些觀念。華格納所使用的其中一個音樂技巧是主導主題（leitmotif），即透過一些細部的重複，讓同一個主題反覆呈現。而每次在它重新出現的時候，它的意義整體都會變得更加豐富。湯馬斯・曼把這種音樂技巧移植到文學上，任何讀過他《布登勃洛克一家》（*Buddenbrooks*）或他早期短篇小說的人，都可以體認到這一點。當他每次提到一個角色時，總會重提早些時他對這個角色的一點點形容或評論，這樣，做爲意義整體的主導主題就會再一次呈現。喬哀思是個音樂性很強的人，他也使用同樣的技巧，做爲反覆的副歌。（喬哀思人生中的一大憾事就是沒能在都柏林一場歌唱比賽獲勝；得勝者是麥科馬克⑪。）

藝術家最大的挑戰就是怎樣讓作品不封閉在自身之內，不與讀者產生距離。眞正會打動人的傑作，是那種會讓觀賞者有一種「我就是它」的感覺的。作品固然是對著我說話，但它要說的話，就是我要說的話，它輻射出來的能量，就是我的能量。用純經驗主義的術語來說，這種審美經驗叫「參與」（participation），但事實上它並不只是「參與」，更是「認同」（identification）。

湯馬斯・曼致力去做的，是要透過重新詮釋，把隱含在《聖經》的民俗觀念（ethnic ideas）裡的基始觀念（elementary ideas 編按：《神話的智慧》一書譯爲「基本觀念」係同一詞）⑫給挖掘出來。這是一件至爲重要的工作，因爲那是唯一可以把猶太教

——基督教的遺產翻譯（translate）爲全人類遺產的方法。

你們明白我的意思嗎？這是一件大事業。湯馬斯・曼爲之而努力，榮格爲之而努力，喬哀思也爲之而努力。他們都在想辦法保留這遺產中的正面成分，使之可以適用於一個全球性的生活格局，讓我們不再以爲我們拜的才是上帝，而別人拜的都是魔鬼。

我們現在必須致力的，就是去找出像喬哀思和湯馬斯・曼這些藝術家，是怎樣突破和表現這個奧祕的。他們借助的方法之一是文體的韻律。這是一種詩的方法。詩之爲詩，就是要逼著你越過意象、越過文字，向著一個不可言詮的國度而去。韻律在這一點上可以幫很大的忙。

我湊巧認識那位負責把湯馬斯・曼一家人接過來的女士尤金・梅耶太太（Mrs. Eugene Meyer）。她是《華盛頓郵報》老闆的太太。當我意識到的漢斯・卡斯托爾普（Hans Castorp，譯按：《魔山》一書的主角）的夢境就是尼采的《悲劇的誕生》（*The Birth of Tragedy*）的最後一段的複寫時，我問梅耶太太，她以前有沒有注意到這一點或湯馬斯・曼有沒有跟她提過這一點。她說沒

有，又說「下次看到湯馬斯，我會問問他。」大約三星期後，我收到她的來信，信中說：「我問了，他覺得很震驚。他從沒有自覺到這種關連的存在。」

這就是所謂的潛伏記憶（cryptamnesia）：腦子是不會忘記任何事情的，但你的注意力卻有可能從某件事情上轉開，讓你以為你已經忘了它。但事實你並沒有忘。如果你讀過《悲劇的誕生》，也一樣會感到震驚。

——坎伯

這就是湯馬斯．曼藝術的祕密之所繫：用一雙絕對不帶同情的眼睛，用最精確的文字，像一支箭一樣，去釘住一個人人格的缺點，但在這支箭上面卻附著愛的油膏。他稱這種技巧爲色情的反諷（erotic irony）。

按莎士比亞的說法，藝術的功能是「爲自然提供一面鏡子」。而我認爲，我們大可以說，藝術爲自然所提供的，是一面雷射光立體攝影術（holographic）的鏡子，讓你可以從個別中看到整體。每個個體其實都是整體的一種顯現。那些作家們就是用這種方式去處裡他們的角色的。

叔本華是第一個把東方術語引入康德式思維方式的人。這讓我們在十九世紀初就有了兩種哲學的綜合。而像湯馬斯・曼和喬哀思等作家也因此可以從這個寶庫中汲取東方對超越者的理解和對人格中摩耶（Maya）⑬一面的理解，並用西方式的詞彙，把這些由時間及空間的鏡影反射出的幻象翻譯出來。

所有這些人的作品，都受到了可以稱之爲心理或靈性的形態學（psychological or spiritual morphology）的啓發。葉慈的思想或詩作也表現出相同的成分。與此同時，叔本華也打開了整個潛意識的領域，然後又來了弗洛依德，用醫學的詞彙對這個領域做出重構。

這是個非常偉大、非常偉大的時刻。

最好的事務都是不能言傳的，次好的東西則都是會被誤解的

塔納斯：你的這番話讓我想起你很喜歡說的一句話：「對超越者透明化」（transparent to the transcendent）。

坎伯：幾年前，我從一個很棒的德國心理學家那裡得到不少教益。他的名字是杜克海姆（Karlfreid Graf Dürkheim），他的研究中心設在離弗萊堡（Freiburg）不遠的黑森林（Schwartzwald）。一九八一年的九月，我去了德國一趟，這是我闊別德國五十二年以後舊地重遊。我很榮幸可以跟這個奇妙的人共處一小時，他現在已大約八十五歲了。

德國心理學家暨作家杜克海姆
「對我來說，他就是北極星。」坎伯這樣形容。

他說，人生最重大的使命就是讓自己變得「對超越者透明化」，明白自己只是超越者的一個顯現。你是活在神話裡的，是活在內在神聖生命裡的。你本人並不是目的本身，而只是一輛載具：做爲意識和生命的載具。這是我從他那裡獲得的一個重要觀點。

當我把「對超越者透明化」引入我的語彙之後，我發現它似乎是我少不了的語彙。現在，我對神話的定義就是：一個對超越者透明的隱喻。

對我來說，他就是北極星（polestar）。

塔納斯：可否請你更精確地說明何謂「對超越者透明化」？

坎伯：神話可以開啓世界，讓它對某種超乎言說的東西——也就是超越者——變得透明。

如果隱喻是自我封閉的，並自詡「我就是我所要指涉的東西」，那它就會把超越者遮蓋起來。這時，它就不再是神話性的，而是一種扭曲、病態之物。

科學家告訴我們，宇宙的能源、生命的能源，都是來自次原子的粒子。但科學家對這些粒子的解釋，都是運作性的。它們是從何而來？往哪裡去？真有一個所謂的哪裡可以供它們來去嗎？

存有（being）的終極根基是超越於定義之外，超越於我們的知識之外的。當你探問終極存有的問題時，你就是在探問超出於所有思想範疇——包括存有（being）的範疇與非存有（nonbeing）的範疇——之外的東西。誠如康德在《純粹理性批判》（*The Critique of Pure Reason*）裡指出過的，「真」或「假」都只是我們經驗模態的函數。我們所能經驗的一切，都是侷限在時間、空間和範疇所組織起來的框架之中。

那麼，有什麼是超出這個框架之外的呢？但即使是「超越」這個字本身，也是一個思想範疇！因此，超越者名符其實是超越的——超越於我們所能知的界限之外。寫成於公元前七世紀的《由誰奧義書》（*Kena Upanishad*）就說得很清楚：「那是語言與思想都無法達到的。」舌頭永遠無法用一個名字來稱呼它，而不致使它被沾污。這就是「超越者」一詞的意義。神話的意象總是指向超越者，讓你感受到自己就像是馳騁在它的奧祕之上。合氣道和田徑比賽同樣可以讓人經歷這種馳騁的經驗。你可以說這是運動中的神祕主義。至於愛的神祕主義，則是馳騁在「二」之上的經驗——明白到「二」只是表面，「一」才是本質。這樣的經驗是一種對眞理的經驗，是用不著時間和空間的直觀性經驗。

叔本華寫過一篇很美妙的文章，名叫〈道德的基礎〉（The Foundations of Morality）。文中他提出一個問題：人爲什麼有時看見別人有危難時，會不顧自身的安危伸出援手呢？如果人天性中的第一原則就是自保，那這種捨身救人的行爲又要如何解釋？

他自己的回答是，那是一種比我們的人我分別感更深邃的形而上衝動使然。在這種體驗中，你了解到你與別人是一。人我的分別，只存在於時空的領域裡，但在一個更高的領域裡，即神話指向的領域——人我卻是沒有分別的。這個更高的領域，也是一個非領域。禪宗高僧這樣形容這個境界：「是者不是，不是者是。」這是一種隨說隨掃的方法。佛家所說的「空」，並不是空無，而是一種完全（pleroma）、一種豐滿（fullness），一種超越二元對立的境界。

在日常生活裡，我們並不需要爲這一類事情傷腦筋。然而，一旦你處於一個成敗的關鍵時刻或生命的危機時刻，有沒有這種觀照，就攸關重大了。

我的好朋友吉謨（Henry Zimmer）生前常常說，最好的事物都是不能言傳的，次好的東西則都是會被誤解的，這是因爲，在次好的方法中，我們都只能靠著座落在時空中的事物去指涉超越者。至於第三好的東西，則是談話。我們都是用第三好的東西來談論最好和次好的東西。

阿里恩：聽你說的這些話，讓我想起巴斯克人（Basque）的一個美麗神話。這個神話說有一條美人魚只會在有陽光閃爍的水面上游泳，久而久之，太陽愛上了她。他一伸舌頭（那是一條美麗的彩虹）就把美人魚捲到自己身邊。當他們結合時，天上降下了七滴歡樂的淚珠。之後，太陽把美人魚吐了出來。她一直飛一直飛，變成了一顆巨大的流星，愈來愈大，最後變成了月亮。

根據這個神話，我們之所以每逢黃昏結束都看不到月亮和太陽，是因爲那正是他們再次結合的時間。不過我們卻可以看得見他們所有子女，那就是天上的星星。

坎伯：好可愛。

阿里恩：那就是超越者！

坎伯：這是個美麗的神話。是來自哪裡的？

阿里恩：巴斯克地區。

坎伯：巴斯克的神話？他們本來就是一個很美妙的民族。能夠聽到這樣一個小神話，不是很美妙嗎？我以前沒有聽過這個故事，但一聽我就知道它是神話性的。類似的神話，在三、四個其他文化裡也可以找到。這樣的神話，並不是由誰刻意創作出來的，是自然而然從我們想像力和象徵力的中樞流出，所以是具有神話的性質的。它以某種形而上的途徑，向我們述說某個關於生命的美麗眞理。

聽眾發問：你談到「對超越者透明化」，但我認爲，問題是有些人並不把自己視爲是透明的，而是把自己視爲是不透明的，這是一種自我膨脹。這就是爲什麼他們會產生紊亂。

坎伯：我常常會從別人那裡獲得很好的意見，這就是一個例子。「我不是那麼透明的。」有些人會這樣說。但這句話中的「我」，只是一個「某人」，而不是眞正的我。印度教導師的一個教誨就是，如果你說的「我」是用來指涉一個現象我的話，你就不能談到阿特曼（atman），也就是透明的我。

因此，我們也許可以說猶太教和基督教是一種通俗的宗教，因爲最適合信奉這兩種宗教的信徒，都是那些還沒有準備好接受自身內在的超越者的人。我覺得，他們應該把自己調整得比現在更接近通向超越者的大門。

一個完全沒有神話的國家，只能算是一盤散沙，不能算是國家

布朗：心理學在當代的神話裡扮演的是什麼樣的角色？而神話又能對一個心理治療師或接受心理治療的人有什麼幫助？

坎伯：心理學家在人類心靈裡所找到的結構，對神話學的研究來說是最切要不過的。因爲神話學現在應該致力的，乃是把心靈結構和今日人類客觀的生存環境連結起來。神話可以給你一個線索。它是一個符號系統。神話裡的意象都不是事實，而是隱喻，是對超越者的指涉。它們把生活的事實抽取出來，與心靈的事實連接起來。這種雙重關係，你想用什麼字眼去稱呼它呢？「空」？「完全」？「豐滿」？這些字眼所指向的都是一個超出思議之外的領域，都是要點明同一個道理：就我們所知的整個嘆爲觀止的宇宙，它那億兆個銀河，都是座落在虛空中的。

沒有人知道那些小小顆的次原子粒子是從哪裡來、要往哪裡去，它們只是出現於偵測螢幕上的一個閃爍而已。同樣地，生命也是會來和去的，它們是落入時空場和因果關係之中的精神（spirits）。

神話必須考慮到它身處的時代的宇宙論。如果它依賴的是一種過時的宇宙論，它就不會是一個好神話。這就是我們今日的重大挑戰之一。我不認爲科學與宗教之間有什麼衝突存在。宗教必須接受它同時代的科學，並貫穿它，直達於奧祕。有衝突的只是公元前兩千年的科學與公元兩千年的科學。而〈創世記〉中的神話——一種源於閃族的神話——就是以公元前兩千年的科學爲根基的。

肯納德（David Kennard）：一個完全沒有神話的國家最後會變成怎樣？

坎伯：那根本不能算一個國家，只能算是一盤散沙。它連一個文明都夠不上。

肯納德：但今天不是有些國家……

坎伯：我不是社會學家，我也沒能跟上世界的最新狀況。所以對於你的問題，我只能回答說不知道。

布朗：你認爲弗洛依德與榮格對潛意識的觀點有什麼分別？

坎伯：弗洛依德從榮格那裡認識到神話與心理學是有關連的（這一點你可以從他已出版的書信裡發現），自此以後，他才開始用自己的心理學觀點去研究神話。弗洛依德式的潛意識，類似一個垃圾桶，專門給人放他們那些無法忍受而又不知道要怎樣處理的創傷。換言之，潛意識乃是人的生平遭遇的一個函數，你有過什麼樣的創傷經驗就會有什麼樣的潛意識。職是之故，我們不會有、也不可能會有相同的象徵系統。

而榮格的心理學則是奠基在生物學上的。這種觀點認爲，那種向我們身體發出信息的能量，也就是向我們夢境發出信息的能量。弗洛依德式的潛意識——榮格稱之爲個體潛意識（personal unconscious）——基本上是傳記式的而不是生物學式的。也正

榮格站在瑞士庫斯諾赫特(Kusnacht)自家的大門前。
門楣的石頭刻著一行語出伊拉斯謨(Erasmus)的拉丁銘文：
「你呼喚或不呼喚，上帝都會在那裡。」

因爲如此，弗洛依德才會企圖以歷史的重大危機去解釋神話。例如，在《圖騰與禁忌》（*Totem and Taboo*）裡，他用來解釋神話的鑰匙就是弒父情結。換言之，他是用歷史的和個人傳記的事件來解釋象徵的意義的。

榮格明白，心靈確實有這樣的面向，但他也知道，心靈還包含著另一個面向，也就是，我們的心靈會受來自器官能量的驅策，這種能量在我們所有人都是一樣的。它可以推動我們。這樣形成的潛意識就是所謂的集體潛意識（collective unconscious），一種我們共有的潛意識。神話的象徵是來自這個深層，而不是來自我們個人性的深處。當然，每一個神話都有特定的歷史時空脈絡，換言之，它會受到特殊社會文化的形塑，但是，它最根本的形塑力量，還是來自我們共有的本我（id）[14]的深層能量。

民俗觀念給你日常生活的指引，基始觀念給你內在生活的指引

坎伯：在這個觀點上對我大有啟發的人是德國人類學家巴斯提恩（Adolf Bastian），他在一九二五年前後過世。他把這一類來自集體潛意識的共通主題稱爲基始觀念（elementary ideas）。不過，人類的基始觀念雖然都是一樣的，但在把它們表達出來的時候，卻會因爲歷史、地理環境的不同，形成分化。巴斯提恩稱這些由基

始觀念分化而成的觀念爲民俗觀念（ethnic or folk ideas）。當你年輕的時候，民俗觀念引領你進入社會，讓你知道該怎樣生活。不過，當你遇到逆境，民俗觀念的硬殼就會打開，露出基始觀念，引導你回到你的內在。

印度的藝術評論認識到意象包含的這兩個方面，他們分別把民俗的一面稱爲desi（德西），把基始的一面稱爲marga（瑪加）。故事中涉及人與事物的部分或跟時間空間有關的部分，都是屬於「德西」，也就是民俗的部分。Desi這個字指的就是「地方性的」和「通俗性的」。另一方面，故事中屬於基始觀念的部分（由神明來象徵），則屬於「瑪加」的部分。「瑪加」意指「道路」，其字根mrg則意指動物留下來的足跡。追蹤那動物的足跡，你就可以找到牠的家。但那動物是誰呢？就是人的神性，也是你的靈魂自身。牠的家在哪裡呢？就在你的心裡。因此，只要追蹤基始觀念，你就會被帶到你內在最深邃的神性源頭。

因此，民俗觀念可以給你日常生活的指引，而基始觀念則可以給你內在生活的指引。神話是同時爲這兩個目的服務的。

基始觀念是不會變的。它們是打哪兒來的呢？來自靈魂，人的靈魂。

我們最重要的一點是不能跟它們失去了接觸。民俗觀念並不是永遠有效的，因爲當它憑依的那個社會結構被另一個結構取而代之以後，它就會變得無法發揮作用，我們的心靈就會隨之陷入紊亂。這正是現代人的困境之一。今天，社會系統、社會理想以至於物質環境轉變得如此迅速，使得人根本沒有時間去沈澱下來、結晶下來去發展。單是在我的這一生，人們對怎樣才是合宜行爲的看法的轉變，就大得驚人！

> 榮格曾問自己，他所生活於其中的，是什麼樣的神話，卻發現自己回答不出來。於是他說：「我將會把找出我所生活在其中的神話，視為我一生職志中的職志。」
>
> ——坎伯，依色冷，一九八二

坎伯：我還很小的時候，有一個下午，我叔叔來到我們位於九十八街與河邊大道交界的家，對我說：「喬，來吧，我帶你去看飛機，有個人要從奧伯尼（Albany）⑮飛到巴特里（Battery）⑯。」那是截至當時爲止最遠程的飛行。有一個叫柯蒂斯（Glenn Curtiss）的人，要騎一輛類似飛行腳踏車的東西，飛過哈德遜河。我還記得，整條街的屋頂都站滿了人，要觀看這奇景。在太陽西下、天光開始暗下來的時候，那東西遠遠地出現了。每個人都大喊：「他來了！他來了！」

那時候我還是個小孩，等到我離開哥大到法國和德國進修時（一九二七年），正是林白駕駛他的小東西〔「聖路易精神號」（The Spirit of St. Louis）〕飛越大西洋的同一年。這架飛機，現在應該還可以在聖路易機場看得到。

如今，人類甚至已經登上月球了，真是驚人！這個事件，不只標識著科技的重大突破，也標識著我們對意識的理解，對人與宇宙關係的理解，都行將改寫。

我們正站在一個大變遷的中央。

在波林根與榮格共進下午茶

坎伯：很多年前（一九五四年），我和太太曾極其榮幸，獲榮格醫生之邀，到波林根（Bollingen，波林根基金會名稱的由來）與他們夫妻共進下午茶。波林根位於蘇黎世郊外，地處蘇黎世湖的遠端。

我和太太落腳在一間小巧可愛的飯店，可以遠眺那一帶的美景。等到約好的時間快到時，我們就坐上車，尋找波林根的所在。我開出幾英里以後，問路旁一個農夫：「Bitte, wo ist Bollingen?」（請問，波林根在哪裡？）

「Bollingen ist hier entlang.」（沿著這條路一直走就是波林根）

開出了一陣子以後，我看到另一個人，便又問他：「Bitte, wo ist Bollingen?」

「Bollingen ist hier entlang.」

我就是靠這個方法找到波林根的。波林根前面有一條小路橫過，上面是一條鐵路路軌。你們知道，瑞士的火車都是又靜又快的，我車子才一開過鐵軌，馬上就有一列火車在後面掠過。我對珍說：「我們越過西姆普列加戴斯岩（Symplegades）⑰了！我們越過卡拉普費爾森（Klappfelsen）了！我們到達聖地了。」

我們一直開到那座榮格爲了潛心研究神話而親手建造的小城堡前面。下車後就走上小徑，但因爲小徑被太多人走過，路面上坑坑洞洞且泥濘不堪。我根本不知道要怎樣才能走到門邊。

但珍卻知道要怎樣繞過泥濘的部分，最後，她還找到了那個很不好找的門鈴。我們受到榮格夫婦的相迎，一起喝茶。他可不是個什麼大牌的醫生教授，而是一個親切的主人，一點架子都沒有。我跟他毫無溝通上的隔閡，因爲到當時爲止，我已經編輯出版了四冊吉謨的作品，而榮格跟吉謨就是朋友，也爲吉謨編輯出版過一冊德文作品，因此可以說，我們是吉謨的共同編輯者。

聽說我正準備要去印度，榮格就說：「你要到印度去？那好，讓我來告訴你『唵』（OM）（『唵』在印度教被視爲神祕聖音，凡欲解脫和與梵天合一者，都要勤誦與冥思此聖音）是什麼意思。」

我當然知道「唵」是什麼意思，但還是洗耳恭聽。

他說：「當我在非洲的時候，我和一群人一起散步，走著走著卻迷了路。沒多久，我們就發現被一群年輕戰士圍在中間。他們都單腳站立，手持長矛，鼻子上穿著東西。我們不知道他們是誰，他們也不知道我們是誰。我們都不懂彼此的語言。」

「然後，」他繼續說，「經過一陣尷尬的沈默以後，我們全都坐了下來。我們互相望著彼此。而當我們全都放鬆下來之後，你知道我聽到什麼嗎？我聽到了『唵』、『唵』、『唵』的聲音。」

「過了兩年，」他繼續說，「我和一群科學家一起到印度去。他們是一群不容易被主人敬畏的經驗所感動的人。

「我們去了大吉嶺，然後要到老虎山（Tiger Hill）。想去那裡，你就必須早早出發，趕在黎明以前。我們根本不知道將會看到什麼。開始的時候天還很黑，但等太陽出來後，無邊無際的喜馬拉雅山群峰就乍然出現了，在陽光的照耀下，它們的雪峰閃現出彩虹般的顏色。你知道此時我聽到那些科學家們發出什麼聲音嗎？『唵』、『唵』、『唵』。」

之後，他說：「『唵』就是大自然跟自己和諧一致時所發出的聲音。」我想，一點都沒有錯。離開瑞士以後，我就到印度去了。

榮格是個非常好相處的人。

回想你小時候最熱中的是什麼樣的遊戲，用自己的方式把自己的真正嚮往找出來

阿里恩：你提過，年輕的神話是邁向世界的神話。但如果你在年輕時選擇了某樣你不會在三十五歲時選的東西，你會回過頭再選一次嗎？你會堅持你原來的選擇呢？還是回轉向內在的探求？

坎伯：真有一個單一的原則是適用所有人的嗎？如果有，那要回答妳的問題就輕鬆容易。問題是，每個人在他的中年或晚年危機時所碰到的問題，都是相當個人性的。他對自己一直在做的事情投入有多深呢？他有其他不自覺的興趣沒有？有的話，又是哪一些？這些都是很個人性的問題。

榮格的第一本大著作叫《象徵與轉化》（*Symbols and Transformation*），是一本弗洛依德拒絕接受的書，處理的是一個患有深度精神疾病的婦人所看到的幻象。在研究的過程中，他發現到，那個婦人的幻象和基本的神話意象之間，存在著相通性。他告訴我們，當他寫完此書後，明白到什麼是活在一個神話裡，又什麼不是。他問自

己，他所生活於其中的，是什麼樣的神話，卻回答不出來。於是他說：「找出我生活中的神話，是我一生職志中的職志。」

你知道他怎麼做嗎？他試著回想小時候自己最熱中的是什麼樣的遊戲，有什麼遊戲是他玩了一小時又一小時，仍然樂此不疲的。

如果你可以找到那一點，你就可以找到一個重塑自己的原點。回過頭去想什麼是最讓你眞正入迷的事情。

榮格回憶過去的時候，發現他最愛玩的遊戲就是用石子砌成一個個小村莊。於是，他就在蘇黎世湖畔的波林根買了一片地，親手去建築他那個迷人的小城堡。

每個人都必須用自己的方式把自己的眞正嚮往找出來。如果一個人不承認自己有內在的問題，他就不會去做這樣的事情。但如果他自己不做的話，是沒有別人可以代勞的。

每個人都必須學習怎樣去認識自己心靈的深處。

譯註：

①：坎伯曾經是半英里賽跑的世界紀錄保持者。半英里賽跑相當於現在的八百公尺賽跑。
②：芬蘭田徑選手，曾在三次奧運共獲得六面金牌。
③：伊色冷研究所的主持人。
④：蛇力瑜珈並非正式的稱呼，而是指主張有蛇力這回事的瑜珈學派，特別是訶陀瑜珈。
⑤：夏威夷語中的招呼語。
⑥：美國游泳運動員，曾三次獲得奧運金牌。衝浪運動的重新興起，主要得力於他的倡導，被稱為「衝浪之父」。
⑦：《尤里西斯》當時在美國是禁書。
⑧：席薇亞·比奇（Sylvia Beach）：美籍女書商，她在巴黎開設的「莎士比亞書店」是作家們經常聚會的場所。她是喬哀思的賞識者與支持者，《尤里西斯》在美國遭禁後，她慨然在法國出版此書。
⑨：《芬尼根守靈記》經歷過很多次的改寫。
⑩：說榮格的名字不該提，可能是因為弗洛依德並不認同榮格的心理學，而當天的聚會，又是由一群弗洛依德的景仰者所發起的。
⑪：麥科馬克（John McCormack）：愛爾蘭二十世紀初最受歡迎的男高音歌唱家。
⑫：「民俗觀念」和「基始觀念」這兩個概念的含意，坎伯在幾節後面另有說明。

⑬：摩耶：印度哲學的概念，意指「幻」。

⑭：弗洛依德認為人的心理結構分為三層，他分別稱為自我（ego）、本我（id）和超我（superego）。本我相當於潛意識的層次。

⑮：紐約州首府，位於紐約州東部。

⑯：應是指巴特里公園，位於紐約市曼哈頓南端的公園。

⑰：西姆普列加戴斯岩（Symplegades）：典出古希臘神話金羊毛。勇士傑遜率眾乘船尋找金羊毛途中，遇見兩座可開闔的山岩（西姆普列加戴斯岩），一切從中穿過之物皆會被壓成粉碎。傑遜施巧計穿過之，此後兩座山岩即不再移動。坎伯因車子及時逃過火車撞擊，故有此說。接下來「卡拉普費爾森」不知何指，但應是與西姆普列加戴斯岩類似的險地。

靈視的追尋

The Vision Quest

右圖　坎伯教授1960年代在莎拉・勞倫斯學院授課的情景。

我過去的挑戰，是《千面英雄》；
我現在的挑戰，是在莎拉・勞倫斯學院給學生上第一堂課。

（令人難忘的）不是追尋過程的痛苦，而是獲得啓悟時的狂喜。

——坎伯

坎伯在一九二九年十月離開歐洲，返回紐約，但他回國才兩星期左右，華爾街的股市大崩盤就發生了。坎伯既無法找到工作，也不願意繼續攻讀博士學位，於是以二十五歲之齡，退隱到胡士托一間從朋友那兒租來的小屋裡，潛心讀書。和他同住的，還有他妹妹愛麗絲（俄國雕塑家阿爾西品科〔Alexander Archipenko〕的學生）。接下來兩三年，這個「稚嫩的年輕作者」（坎伯的自我形容）如飢似渴地閱讀，並嘗試創作短篇小說，但並不成功。

一九三一年，坎伯開著他媽媽的福特「T型」轎車，從紐約遠赴加州去找工作。透過朋友（一位年輕的女營養學家）愛黛爾．戴維斯（Adelle Davis）的引見，他認識了史坦貝克（John Steinbeck）和生物學家里克茨（Ed Ricketts），里克茨重燃起他對神話學與生物學關係的興趣。他與里克茨沿西岸坐船一路遠達阿拉斯加，蒐集潮間帶的生物標本。這期間，坎伯也曾和俄國的金礦工一起彈奏巴拉萊卡琴（balalaika）①。

一九三三年，坎伯接受了坎特伯里預科學校老校長休姆的邀請，回母校任教。不過，他只教了一學期就辭職，「回到經濟大蕭條去」。令人意外地，他寫的一篇短篇小說〈嚴格的柏拉圖式愛情〉（Strictly Platonic）找到了買主，得到了三百美元的稿費。靠著這三百美元的收入，他再次回到胡士托的森林去隱居，過了兩年多自我放逐的生活。這期間，他精讀那些他在歐洲時就已心儀的作家：喬哀思、史賓格勒、湯馬斯・曼、弗洛依德、榮格、佛雷澤（Frazer）和弗羅貝尼烏斯（Leo Frobenius）②。一九三四年春天，莎拉・勞倫斯學院（Sarah Lawrence College）邀他任教，他馬上就接受了。接下來的三十八年，他在莎拉・勞倫斯學院教授比較文學和比較神話的課程，大受歡迎。

潛居到森林去讀書

坎伯：我想，從歐洲回來之後是我最重要的一段學習和做學問的歲月。回到美國大約兩星期後，華爾街大崩盤就發生了。當時全世界都不可能找到一份工作。我回到哥倫比亞大學，打算繼續修完博士學位課程，我對他們說：「整個世界都為我打開了。」

「啊，不要，」他們說，「你不要學那一套。你照你去歐洲以前的樣子做研究就好。」

但我只是說：「想都別想。」

我父親所有的積蓄都沒了，但我倒是有一些，那是我在一支爵士樂隊裡演奏了幾年存下來的。靠著這筆錢，我就潛居到森林去。我跑到胡士托去住，什麼都不做，只管看書、看書、看書、看書，一共看了五年，既沒有工作，也沒有錢。這段經驗讓我明白到，一個沒有家累的年輕人是根本用不著錢的。

在經濟大蕭條那段歲月，我為自己訂了一個工作時間表。當你沒有工作，又沒有人告訴你該做什麼的時候，你就得自己管好自己。我把每天劃分為四個時段，每個時段四小時。其中三個時段都是看書，一個時段是自由時間。

我每天八點起床，到了九點，就坐下來，開始看書。八點到九點這一小時，我會做早餐和整理房子。其餘三小時都是看書。

接下來是一小時的午餐時間和另外三小時的閱讀時間。再來的四小時，我可以自己選擇，要把它用做讀書時間或者自由時段。通常，我都會用做讀書時段（三小時看書，一小時晚餐）。這樣，第四個四小時就完全是自由時段。我每天就寢的時間都是十二點。不過，要是我有雞尾酒會或之類的邀約的話，我會把看書時段放到最後，把閒暇時段調到下午，好讓我可以出外赴約。

這個日程表對我很有用，讓我每天有整整九小時可以閱讀。這樣的生活持續了五年。我讀了大量的書。在我到莎拉．勞倫斯學院任教和開始寫作以後，固然無法每天看書，但只要是週末和沒有外出，我就會按照同樣的日程表作息。

這就是我自我教育的方法：讀自己想讀的書，且一本接一本地讀。我這樣建議過很多學生：如果你覺得某個作者吸引你，就把他的作品全部讀過一遍，這樣會比你東看一點西看一點理解得更透徹，獲益更多。讀完這個作者的全部作品以後，你再進而讀影響他的作家的書，或是讀其他跟他有關的人的書。這樣，你的世界就會以一個有機方式被構築起來。但現在大學的教育方式卻反其道而行，它們更希望你知道的是，葉慈的十四行詩的出版日期，而不是它們的內容。

任教於莎拉·勞倫斯學院期間，我在女學生的配合下，徹底打破了這種學院式的教學方法。

住在胡士托森林的那段歲月，眞是棒透了。我還記得，有一次打開抽屜，發現自己只剩下一張一美元的鈔票。但我知道，只要這一美元還在，我就死不了。在到莎拉·勞倫斯學院教書的前一年，我幫住在胡士托森林的一戶人家照顧一隻狗。那是一隻很大的狗，體型介於警犬與德國短毛獵犬之間，名字叫弗里茨。我跟牠相處了一年，學到了相當多跟狗有關的事情。他愛上了路邊的一隻貓，我千方百計想去改變他，當然，一切辦法都落空了。只要我一個不注意，他就會溜出去找那隻貓。

這就是一個沒有錢而仍然能快樂生活的方式。

沒有博士學位

塔納斯：我想聽聽沒有博士學位有什麼好處？〔笑〕

坎伯：這個嘛，沒有博士學位並沒有什麼好處，不過，不去拿博士學位倒是有一個好處。唸博士學位，你等於是在星辰已經為你打開、你最應該去擁抱新思想新事物的時候，一頭擠進一條窄縫裡去。他們會把你置於某個教授的監管之下，他希望你去研究的，是他好幾十年以前曾經感到激動過的課題。他最關心的，是你的註腳有沒有處理好。那眞是太要命了！

因此，我有一個理論，那就是，在某些領域，博士學位是有意義的，但在文科或文化的領域，有博士學位只是無能的表徵。〔笑〕

這是我的由衷之言。因為正當你應該發展出自己的思想，向著一個新世界敞開的時候，他們卻拿一把斧頭把一切給砍掉。

在哥大唸書的時候，我有一個很棒的老師，名叫韋弗（Raymond Weaver）。他是二〇年代最先重新發現梅爾維爾（Melville）的價值的人，也重編過他的作品，但他卻沒有博士學位。當我告訴他我準備唸博士學位時，他說：「哦，你要唸博士？小心他們會把你搾乾。」後來，我有一個機會到中西部去教書，他知道以後又說：「如果唸博士學位不會讓你被搾乾，一份那樣的工作肯定會。」

讀書做札記

坎伯：因此我放棄了博士學位，因爲他們根本不想聽你談梵文，不想聽你談現代藝術，唯一想聽到的，只是凱爾特神話與亞瑟王傳奇的關係。但這個題目，我覺得我已經研究完了。

由於沒有人教我該讀哪些書，所以，我只有自己去摸索。這個時期，我發現了史賓格勒的《西方的沒落》和弗羅貝尼烏斯那些令人驚艷的作品。他們對歷史形式（historical forms）的談論讓我眼界大開，而我也看出，他們的作品，與榮格、弗洛依德、湯馬斯・曼和喬哀思的作品都是連得在一塊的。然後在加州的時候，我又發現了傑佛斯（Robinson Jeffers）③。他們都是我的偉大啓蒙者。那時候，我沒有寫論文的壓力，也沒有寫任何東西的壓力。我唯一要做的，只是在書上的一些句子下面畫線和做札記。做札記是一件很有趣的工作。我迄今做了整整四十年的札記。我總共有十四個檔案櫃，每一個抽屜裡都裝著滿滿的一疊疊札記。我的所有想法和作品，都是從裡面出來的。

當你不用工作而又可以讀自己想讀的書時，很容易會產生很深的心理問題，深得就像孩提時期的心理問題一樣。我本來一直以爲，我不想工作。不過，當莎拉・

勞倫斯學院邀請我任教，而我又看到那裡有那麼多漂亮的女學生時，態度就有了一百八十度的轉變。我對他們說：對，我想工作。任教後，一件有趣的事發生了：我的心理問題全都不翼而飛。

把研究方向保持在有生命力的事情上

布朗：在這之前，你有沒有預感到你將會成爲一位老師？

坎伯：我除了樂在閱讀和做我想做的事以外，我的腦子裡沒有任何想法。我沒有任何目的，就只是閱讀，它把我帶到哪裡，我就去哪裡。我不認爲我想要工作。不過有一天，我卻在信箱裡看到一封莎拉．勞倫斯學院的來信，邀我到他們學校當老師。向校方推薦我的人是我在哥大的老師勞倫斯教授（W. W. Laurence），早在三年前，他就對莎拉．勞倫斯學院提過，如果想找老師，我是適合人選。

由於我生平從來沒有上過班賺過錢，所以當華倫校長（Constance Warren）問我：「坎伯先生，你希望的待遇如何？」我就說：「啊，我不知道。兩千美元可以嗎？」但華倫校長卻說：「我們的薪水不會這樣少。」結果我的薪水是兩千兩百美元。現在當我聽到剛踏出校門的畢業生對薪水的要求有多嚇人，就會覺得自己當年很拙。

莎拉．勞倫斯學院最棒的地方——也是我接受這份教職的眞正理由——在於它是幾年前才建立的一所女子學院。由於它是新建的，所以並沒有一套成規需要我去適應。也就是說，我可以隨心所欲，愛教什麼就教什麼，愛怎樣教就怎樣教。而其創辦的理念是基於在一般以男生爲主的大專院校裡，課程的安排，並未能照顧到女性學生的需要，因此建立起這所女子學院。

這裡的教職員，是一個令人驚嘆的完美組合。這裡的男女老師都相當老練，知道應該怎樣配合學生的興趣去教學，並把她們帶入人文學的主流。

——坎伯

所以這所學院的宗旨是：教學應該以配合學生的興趣爲主。那是個極有意思的年代。當時有相當多的學術專才處於失業狀態。他們都是來自中歐，由於希特勒的緣故流亡到美國來。因此，這裡的教職員，是一個讓人驚嘆的完美組合。這裡的男女老師都相當老練，知道應該怎樣配合學生的興趣去教學，把她們帶入人文學的主流。

沒多久，一個具有創造性的人文老師團隊就建立起來了。在那個年頭，如果你在以男性爲主的大學裡唸藝術，你唸的只是藝術史。但我們這裡卻有藝術工作室。你想學舞蹈，瑪莎・葛蘭姆（Martha Graham）就在莎拉・勞倫斯學院這裡任教！那眞是一間讓人嘆爲觀止的學校。我能夠在那裡任教，把我閉門讀書五年期間所體認到眞正具有重要性的東西教給年輕人，對我來說眞是一種殊榮，很大的榮幸。

我接受了這個教職，而且一教就是三十八年。我在那裡教書，愈教愈覺得自己受益。因爲我只能教一定數目的學生，所以我只教高年級，以免去挑選學生的麻煩。我規定自己每兩星期要跟每個學生單獨晤談一次，所以無法教超過二十個以上的學生。在這些晤談中，我可以了解到，他們從我的教學中受益了多少。

身爲男性，我對神話的研究，自會比較偏重一些男性感興趣的方面。但在教書的時候，我不但得盡量配合學生的興趣，還得找出她們的興趣所在。從跟每個學生的單獨晤談（半小時到四十五分鐘不等），我得知她們收穫了多少和想要的是什麼。由於我教的都是女學生，這迫使我不得不從女性的角度去重新審視我的教學材料。而所謂女性的角度，意味著我必須問自己這樣的問題：這些材料對生命有什麼意義？這些材料對我有什麼意義？我變得不在乎一個神話爲什麼是出現在那裡而不是這裡的學術性問題。我只想知道，它對我的意義何在。

1960年代的莎拉·勞倫斯學院。

它是一所女子學院，其創辦是基於這樣一個想法：
在一般以男生為主的大專院校裡，
課程的安排，並未能照顧到女性學生的需要。

我教學的這些年，我班上的學生，幾乎是基督教徒與猶太教徒參半，偶爾也會有佛教徒、拜火教（或譯祆教）徒和其他信仰的信徒。我最初的想法是，上課的時候，我必須讓她們從她們的宗教裡先跳出來，但我很快就發現，這是適得其反的做法。我根本沒有必要這樣做，從我的教學內容裡，她們自會用一雙全新的眼睛去看她們的宗教。現在，每當碰到我過去四十年來教過的學生（她們現在都爲人母了），常常會聽到她們告訴我，我課堂上對於神話的解析，對於打開她們的眼睛，多麼的有裨益。它並不會讓你失去你的宗教。你信仰的東西依然在那裡，只不過，現在它會用它最初始的語言對你說話，而那是原先被神職人員所遮蔽起來的。

我找到了自己思想的明確方向，這一點我必須感謝我的學生。就是因爲他們，才讓我始終沒有偏離軌道，始終把研究方向保持在有生命力的事情上。

我覺得，現在男女不分的潮流是件憾事。男女兩性的分別，對人類生活具有關鍵的重要性。但現在，這種分別卻被拭去了。一切分別都被拭去了。你哪怕只是組織一個純男性或純女性的聯誼會，都會受到物議。如今一切的主張，只要看起來是在製造分別，都會被稱爲「菁英主義」，都會不受歡迎。

現在回顧起來，能夠閉門苦讀五年，能夠教導女學生有生命力的課題三十八年，眞是美妙、美妙極了。

坎伯教授上課情景（1950年代）。

由於我教的都是女學生，
這迫使我不得不從女性的角度去重新審視我的教學材料。
而所謂女性的角度，意味著我必須問自己這樣的問題：
這些材料對生命有什麼意義？這些材料對我有什麼意義？

是上天堂？還是聽一堂有關天堂的演講？

阿里恩：教女生教了那麼多年，那你應該對女性很有研究囉？

坎伯：雖然教了三十八年的女生，但我仍然不敢說我了解女人！

阿里恩：我看，在這個地球上，在這個文化裡，能夠說自己教女生教了三十八年的老師可找不到幾個。

坎伯：在教學的生涯中，我所學到的，要比我所教的多，但我學到的可不是關於女性的事情！

阿里恩：那是關於什麼的呢？

坎伯：那是有關教學的。她們的態度跟我有很大的差異。如果說我的作品是有用且重要的話，那應該歸功於這些年輕的姑娘。

布朗：你有需要處理來自女學生的心理投射④嗎？

坎伯：我知道投射是什麼，所以我知道，她們的投射，既無關於我，也無關於她們自己。那只是一種常常都會在你裡面蠢動的東西。所以，我一向都是用姓來稱呼女學生，直到我認爲我已經晉升爲祖父級的人物，才開始用名字稱呼她們。這個方法可以讓我們保持距離。

當然，我也碰過漂亮得像瑪麗蓮夢露般的女學生，就是那種有資格當明星，能讓任何人拜倒在她們石榴裙下的美女。我有過四個這樣的學生，每次她們走進我的辦公室，我都得趕緊收斂心神，以免自己的言談舉止會出糗。你們知道嗎，看到她們的出現，你幾乎會覺得是一種神聖之物顯現。但對一個老師而言，那卻是個詛咒。

布朗：喬，我知道有一個你的學生，現在已經四十多歲了，她發誓說她從未像愛你那樣愛過任何人——儘管她已經結過三次婚。

坎伯：她很可愛。

布朗：她告訴我，她碰到的都是很不錯的男人，但她就是覺得他們無法跟喬瑟夫·坎伯相比。對於這一點，你有什麼想法？

坎伯：教導女生的一大挑戰，就是她們不會讓我把她們帶到一個學術的角落。她們經常要求我的教學內容要能跟她們連得在一起，也就是能跟生活連得在一起。我的作品之所以會有一個通俗的面向，完全要歸功於這些女學生給我的訓練。她們給我的教益眞的很美妙。

布朗：但你怎麼有把握她們能接收到神話裡的信息呢？

坎伯：我的朋友吉謨說過：「WOB（譯按：佛陀的智慧）⑤電台是二十四小時放送的，但你得有一部接受器才行。如果你沒有接受器的話，你是不會接受得到信號的。」佛理是無法教的。開悟是無法教的。你唯一能做的，只是提供各種線索。但如果一個人不肯划他的獨木舟的話，他就無法過得了河。

有些人就是怎樣也無法接收到電波，但至少他們可以聽聽演講。我記得好像是王爾德（Oscar Wilde）這樣說過：如果你給一個美國人選擇，是要上天堂還是聽一場有關天堂的演講，他準會選擇聽演講。不過，如果不能上天堂，那聽一場有關天堂的演講也是不錯的選擇，因爲說不定它還可以拯救你。

有人說，你可以把一個女孩帶到瓦瑟（Vassar。編按：該學院位於紐約市，一八六一年建校），但你別想能教會她思考！這種話，可沒有人敢對莎拉·勞倫斯學院說！

不要害怕你會變成什麼樣的人

海華特（Jamake Highwater）：你在作品中的某個地方提到，你認爲，在非常遠古的時候，人類事實上是生活在一種夢的狀態之中。這種夢的狀態，這個我們都懷有巨大尊敬的藝術世界，一直以來都被我們貶抑爲次要的（secondary）。而我相信，你一直所致力的，就是還它以首要（primary）的地位。難道不就因爲它是第一性的，《伊利亞特》（*Iliad*）和《奧德賽》（*Odyssey*）才會至今仍然活力十足和具有重要性嗎？儘管這些史詩使用的象徵和意象有可能已經過時，但它們背後的動力，卻仍然是存在於我們身上的。

坎伯：儀式面對的基本問題，就在於打破意識的清醒狀態，好讓夢意識（dream consciousness）的領域得以敞開。

因此，總結地說就是：民間故事和神話中那些「怪異的、非理性的、不符自然的」主題，是從我們的夢和靈視（vision）的寶庫裡汲取出來的。在夢的層次，這些意象代表著夢者個人的心靈狀態總體。不過，透過詩人、先知和有眼力的人對人性扭曲的釐清和深化，它們就會成為微宇宙人（Man the Microcosm）的靈性規範的象徵。因此，它們乃是來自意象語言的語句，是形上學的、心理學的和社會學的真理的表述。

——坎伯，對《格林童話全集》所做的評論

我會說，儀式的主要功能就在於把人帶到夢意識的層次。那是一個最多產的意識層次，而根據《奧義書》的解釋，它屬於AUM⑥的第二個層次。夢意識是創造性的意識，而醒意識則是批判性的意識。它們有著完全不同的邏輯。在夢中，你就是夢本身⑦。

世界上現存最原始的民族（快要滅絕了）是南非的布希曼人（bushman），他們是大草原上的獵人。他們晚間的活動常常是跳舞。男性會圍成一個圓圈跳，女性則坐在圓圈中間，給跳舞的人拍手打拍子。那些男性僵直身體一直跳一直跳，期望可以進入出神恍惚的狀態。而他們其中一些，極為容易透過跳舞而進入這種被稱為薩滿式精神危機的狀態，那事實上是進入潛意識的狀態。

從這些人事後的描述，可以知道他們在出神恍惚狀態中所看到的事物——例如看到自己從太陽垂下來的繩索爬到天上去——完全是神話性的。布希曼人的全部神話，就是發源自這種內在的體驗，後來又擴大為一整族人的神話。並不是每個布希曼男人都能進入這種狀態，但那些沒有進入過這種狀態的人卻可以從進入過的人那裡獲得信息。

這種體驗，你在西伯利亞人和南美洲都可以找得到。而不管是西伯利亞或是南美洲的薩滿巫師，都有一個相通的地方，那就是，他們聲稱，他們之所以成為巫師，最初是因為聽到一首讓他們感到神魂離體的歌使然。這首歌，是他們在走過一片海岸或森林時突然聽到的。一聽到這首歌，他們就感到自己被攫住。

我曾在一本紀念舊金山精神醫師韓德森（Joseph Henderson）的紀念文集上，讀過一篇有趣的文章，名叫〈來自埃爾科的薩滿巫師〉（The Shaman from Elko）。文章探討的是一個住在維吉尼亞州西部礦區一位老婦人的心理現象。這位老婦人六十多快七十歲，她有一種極深的沮喪感：她覺得她失去了她的人生，覺得自己這一生未曾眞正活過，而遠處有一個屬於她，但她卻未曾度過的人生。在爲她進行心理分析的過程中，作者發現，老婦人在少女時（大概十三歲）曾經有過一次奇特的遭遇：有一次，當她走過森林的時候，聽到了一種很怪異的音樂，一首很怪異的歌。但她自己的文化卻沒有教過她怎樣去回應這種事，於是，她就跟這首歌失之交臂。此後終其

上圖　「飛行者」(The Flyer)，取自「維吉尼亞系列」(Virginia series)，懷特(John White)繪於英國（約1585至1590年之間）。

下圖　西伯利亞通古斯人的薩滿巫師。版畫，威爾森(Nicolas Wilsen)繪於荷蘭（1705年）。

一生，她都覺得自己沒有活過。薩滿式精神危機的一個重點是：如果一個人在聽到那首屬於他的歌而沒有去追隨它的話，他就會死掉，眞的會死掉。

這是一個很奇特的心理學現象。

葛羅夫（Stanislav Grof）：在我們的社會裡，很多這一類的薩滿式體驗，都會被歸類爲心理疾病。但很多薩滿巫師之所以會成爲巫師，就是因爲他們經歷過一些強烈的體驗、一些異乎尋常的意識狀態。他們會看見自己下到地府，受到攻擊和失去記憶，然後再恢復記憶、脫胎換骨，上升到天界。但因爲我們的文化給這類體驗貼上病態的標籤，那就很可能沒法完成他的轉化。

海華特：這樣的知識要怎樣才能應用在我們這個具宰制性的社會呢？怎樣才能應用在我們今日的生活呢？

坎伯：我想在我們的社會中有很多這樣的例子。你會看到一些很有方向感的年輕人，很希望可以追求自己的理想，但他們的爸爸卻說：「不，你最好還是去唸法律。因爲唸法律可以讓你賺錢。」

我不是在開玩笑。這眞的是一種與自己的歌失之交臂的例子。如果你在日後碰到這些人，你會發現，他們雖然都爬到了梯子的頂端，但他們的梯子，卻是靠在一道不對的牆上。他們形同沒有活過。

海華特：我們印第安人有一句話，意思跟你說的完全一樣：「不要害怕你會變成什麼樣的人。」

坎伯：對，就應該是那樣。

跟隨內心直覺的喜悅前進

安德森（Bette Andresen）：你說一個人在年輕時經歷心理危機，他就應該朝內心直覺的喜悅或歌聲傳來的方向前進。但如果他年輕時沒有這種勇氣，會有什麼後果？是不是他到了中年就會有中年危機？一個人是不是在三十五歲以前錯過了船，就永遠沒有機會了。

坎伯：福音書認爲，有心尋求救贖的話，永遠都不會太遲！妳問的是一個好問題。

阿里恩：眞的是這樣。不只是問了個好問題，而且也觸及了我們中間好些有相同心理危機的人心坎裡。

坎伯：完全正確。

安德森：幾年前，我認識的好幾個朋友都碰到這樣的危機。他們需要的就是很肯定地告訴自己，跟隨內心直覺的喜悅前進。不過，我記得小時候主日學課的老師說過，如果你發現你正在走的是一條艱難崎嶇、讓你覺得痛苦的路，那就表示你是走在正確的路上。

坎伯：那是條錯的路。

安德森：那是條錯的路，是因爲它是條痛苦的路？

坎伯：這一點，我是從梵文的一個觀念裡得來的，這個觀念就是超越者是超越的。梵文裡有一個與此相近的字眼：sat-chit-ananda。sat是存有，chit是意識，ananda是喜悅。三者之中，只有喜悅是你能體悟到的。跟著它走，你就會萬事大吉。你只要跟著它走，一切難題就會迎刃而解，即使你當初懷疑會行不通。

安德森：這一點，我的體驗愈來愈深。順著喜悅的道路向前走的時候，我發現到，很多原先看不見的門向我打開了。

坎伯：眞的是這樣。門會爲你開啓。

安德森：很多人都會在三十出頭或三十五歲上下感受到中年危機，這是不是表示，他們終於明白到，他們的梯子是靠在一面不對的牆上呢？那有可能是他們矯正過來的最後機會嗎？

坎伯：我想這有可能。中年危機就像其他較晚期的人生危機一樣，是因爲一組生活系統突然間解體，你得馬上接受另一組不同的生活系統所造成的。如果你原先的生活突然解體了，而你又沒有一個新的重心，你就會完全失去方向感。

我想，這正是人們在退休後碰到的最大問題。由於現在人們的退休年齡提得愈來愈早，這個問題也變得愈來愈嚴重。退休以後，你多年以來一直全心投入的生活突然不見了。那會有什麼後果？有人告訴我，藍領階級退休後的平均壽命是五年左右。這表示，他們的身體這樣說：「既然你已經沒事可以給我做，那就讓我跟你說拜拜吧。」

追隨內心直覺的喜悅而活，就是過一種我稱之為「被神話精神所激發的生活」（mythologically inspired life）。我教學生教了很多年，偶爾，我會看到某個女學生在我的施教下，突然覺醒了。這是我教育歲月裡的一些美妙時刻。不過，她們有些會貫徹到底，有些則會回復老樣子。當我在五年、十年或二十年後的校友會上再次看到她們的時候，就可以明顯看到一個追隨自己星辰的女學生和一個過典型結婚生子生活，完全脫離原先理想的女學生之間的分別。你一眼就可以看出這種分別，因為她們流露出來的生命力是大不相同的。那些有幸可以成為藝術家或從事需要想像力工作的女學生，據我的感覺，是過得最自在的一群。不過，這並不是你能過上福祐生活的唯一途徑。

阿里恩：你說的這一點非常重要。很多人都沒有在人生的不同階段追隨屬於他們的歌。他們想這樣做，但卻往往在社會的壓力下低頭。

坎伯：社會的壓力是人的大敵！這種例子我看多了。如果一個人老是按照社會的吩咐去做事，那他又怎能指望找出屬於自己的軌道？我曾經在一家預科學校教過一年書，看過一群想立定志向依自己的熱忱、依自己內心直覺，喜悅生活的年輕人。他們後來有些貫徹到底，結果就能過上一種高尚、美好的生活。但也有一些因為聽了爸爸的話而選擇了一條安全的路，沒能貫徹到底。那是個大不幸。

人生對你的苛索，常常超過你所願意付出的

坎伯：我想到的一個意象是拳擊比賽。有些時候，你會希望鈴聲趕快響起，因為你正處於下風。處於上風的人是不會去想鈴聲不鈴聲的事情的。你有活力與勇氣去面對人生嗎？人生對你的苛索，常常超過你所願意付出的，這時，你很容易會說：「生命是不應該發生過的東西（譯按：這是叔本華說過的話，見第一章）。我不打算再比賽下去了。我準備要沉思。我準備要喊停。」

對於人生，我們有三個可能的立場。一個是去面對它，也就是不管輸贏，從頭到尾把比賽比完；一個是拒絕它，說「我不想再參加這種狗咬狗的打鬥了。」這是絕對的出局。第三種立場則是說：「人生是善與惡的混合體，而我站在善的一面。

我願意有條件接受這個世界。」這可能就是我喜歡的態度。我認爲，它對我和我的朋友都有好處。對於人生，只有這三種可能的立場。

我小時候看過一條毛毛蟲。先前有一隻姬蜂在牠身體裡產了卵。卵孵化而成的幼蟲把毛毛蟲當成食物，在牠體內蠶食牠。

這就是自然之道。

如果我們能把自己放在生命的一邊，而不是放在保護性觀念的一邊，我們將會變得煥然一新。當我們對生命所執持的所有保護性觀念都瓦解以後，我們就會了解生命是多恐怖的一回事，並且了解到，我們就是這生命本身。這就是希臘悲劇之所以能帶來狂喜的原因，因爲它可以發揮亞里士多德所說的淨化（catharsis）的效果。「淨化」是一個儀式用語，其作用是消去狹隘的個人觀點：拭去他的自我系統，拭去他的理性結構。搗碎它，好讓生命可以長出來。戴奧尼索斯式的狂歡就是要搗碎你一直生活在其中的那個價值判斷系統。

這時，一個新的意識觀念就會開始浮現，一種全面性的觀照就會產生。我們會發現，在我們意識的最深處，人我是一體的，而且我們也是跟全體（totality）是一體的，因此是個潛在的全知者。但我們的腦子卻把我們的注意力偏向此時此地，讓我們的生活只能侷限在特定的時空中。腦是一個禁錮者。它會收縮我們的知識。不過，一旦我們的腦被迷幻藥之類的東西炸得粉碎，那些禁錮的東西就消失了。

我們固然都是得生活在此時此地，侷限於我們特殊的觀點，但如果我們想成爲一個像湯馬斯．曼、喬哀思、克利和畢卡索那樣的藝術家，就必須要能夠進入其他的觀點、其他的可能性，進入全體的全幅度裡。這是一個很深邃的挑戰。

如果這些人不是具有可以讓生命震慄的深度，又怎會窮畢生之力去迎接這種挑戰？這個問題就是藝術與生活的關係問題。

那是生命的殺手還是促進者？是促進者。

生命本身即包含痛苦，你不能因此就對它說「不」

坎伯：關於共產黨鎮壓西藏的這件事，也很值得我們深思。我曾經花了三年時間幫助一個西藏朋友〔指羅桑（Rato Khyongla Nawang Losang）〕寫自傳。當共產黨邀達賴喇嘛到他們的軍營去，意圖藉機挾持他的時候，我的這位朋友也在拉薩。其時，達賴喇嘛才剛通過拉然巴（lharampa）考試（可以說是相當於他的博士考試），而我的這位朋友，就是其中一位主考老師。達賴喇嘛住的是夏宮，也就是羅布卡林宮，位於距拉薩一個半小時左右的路程。當拉薩的居民知道共產黨邀達賴喇嘛到軍營去一事後，就紛紛跑出來，擋在羅布卡林宮與軍營之間的路上，以防達賴喇嘛會赴約。

其實，當時達賴喇嘛已動身逃亡。共產黨發現以後，就砲擊羅布卡林宮，接著就是一九五九年的大鎮壓行動，導致大量的西藏人出逃。

我的那位朋友雖然寺廟被毀，師父遭到殺戮，但我從來沒有聽到他對中國人或對發生過的事有過怨氣。這就是佛心。發生在西藏的事情固然讓我感到痛苦，也固然讓他感到痛苦，但生命本身即包含痛苦，你不能因此就對它說「不」。

這是一種很了不起的態度。

而這一點讓我認識到什麼叫宗教。我認識他已有七、八年，但從未聽過他有一句怨言。

能贏得一場比賽很棒，如果輸了，也一樣棒

聽眾發問：如果我們接受暴力，會不會有向施暴者而不是向受害者認同之虞？

坎伯：不是這樣，你必須同時向兩者認同。當你在畫室裡作畫或坐在書桌前寫作時，都應該是這種態度。但當你走到街上，看到某個惡人欺負別人時，我不反對你上前跟他打一架。這是藝術家的立場與個人立場的分別。

我想到的類比是打網球。打網球的時候，你只能站在網的其中一邊。你必須出盡全力，務求把對方打敗。不然，你根本沒有打網球的必要。但裁判卻是不應該在

乎誰輸誰贏的。在你生命的其他方面，你也應該是這種態度。這是眞正的體育精神。你是盡力求勝，但如果你輸了的話呢？

愛斯基摩人有一句諺語：「能贏得一場雪橇比賽，很棒，如果輸了，也一樣棒。」這就是比賽的眞義。人生也像比賽，你有可能是贏家，也有可能是輸家。如果你贏了對手就覺得自己很棒，而輸了卻覺得對方沒有什麼了不起，這不是可笑又愚蠢的想法嗎？我們都說納粹是惡魔，但我們卻在日本扔了兩枚原子彈——落在長崎那一枚把整個城市夷爲平地！

藝術是從幻覺經驗產生的？

葛羅夫：我想借用一個稍微不同領域的材料來談談我們正在談及的問題。我是個精神醫師，一直對不尋常的意識狀態感興趣，其中之一就是致幻藥物造成的幻覺狀態。在這種狀態中，人們會看到很多幾何形狀或抽象形狀的意象，它們有時候相當簡單，但有時候也相當複雜，複雜得就像清眞寺或哥德式大教堂裡的花紋圖案。

如果當事人的幻覺深化，他們就會經驗到出生、垂死和死亡的過程，這跟喬瑟夫剛剛提到過的一些澳洲原住民在通過儀式（rites of passage）⑧中所經歷的體驗，剛好是顚倒過來的。不過接下來，他們就會經歷到一些可以反映出心靈浩瀚一面的體驗：神話情景。但最讓人訝異的並不是他們會經驗到神話情景，而是他們所經驗到的神話情景，有時是打破文化藩籬的。例如，即使是猶太教徒或基督教徒，有時也有可能經驗到前哥倫布時期的神話情景。

我從羅桑身上，上了最深刻的一課，明白了何謂被佛陀教誨灌注的人生。

——坎伯為《我的一生與諸生》（*My Life and Lives*）所寫的序

坎伯：有些人告訴我，他們吃過中美洲那種有致幻作用的洋菇以後，看到了類似阿茲特克人（Aztec）⑨神祇的形象。你們有聽過這樣的事嗎？

海華特：有，我有聽過。

坎伯：當然，我自己是沒有吃過這東西，所以不敢說會不會有那樣的幻象。

海華特：我是聽說過，但我懷疑這裡面是不是有自我暗示的成分。

坎伯：不過告訴我這一點的，是個相當嚴肅的人，他就是迷幻藥（LSD）的合成者霍夫曼（Albert Hofmann）。托爾提克人（譯按：Toltec，先於阿茲特克人在墨西哥中部興起的印第安人）的神祇造型非常獨特，因此很難讓人相信。不過，既然告訴我這件事的是個有信譽的權威，那我自是不能不信。我一直試著把這一點跟你所說的事情關連在一起：某些致幻的藥物可以引起這種影像，而另一些致幻的藥物會喚起另一些影像。

例如，在惠喬爾族印第安人（Huichol）裡，佩奧特仙人掌（peyote）⑩被認為是一種善的致幻劑，而曼荼羅（jimson weed）則是不好的致幻劑。這一定是跟兩者會喚起的影像不同有關。

吉耶曼（Roger Guillemen）：在研究幻覺經驗時，綠茶似乎也值得我們留意。綠茶是包含著咖啡因或類似咖啡因的成分的，而咖啡因會對人體功能產生很大的影響，已是眾所周知。

日本學生之所以那麼優秀，會不會跟日本人常喝綠茶有關？雖然這很難斷定，但牛奶或汽水不會有這樣的效果，卻是可以肯定的。

海華特：我前面所說的，只是想表示，中美洲和南美洲之所以有那麼多奇形怪狀的神祇，說不定和他們文化的藥癮傾向有關。

坎伯：對，一點都沒錯，這些文化可眞的是有藥癮傾向的。〔笑〕

海華特：對，因此我想，說不定他們的藝術，有一些就是從他們服了致幻藥物之後的幻覺經驗產生的。但我很懷疑，我們是不是可以因此就認定，弗洛依德的觀念就是對的。也就是說，是不是因此就可認定，藝術不外是一種心理迷亂的副產品。

我覺得，從藝術可以存在於集中營裡這一點，就可以反映出，藝術對人類是很基本的，並不是什麼心理迷亂所能完全解釋的。有人在集中營裡寫出過音樂，也有人在集中營裡寫出過歌劇。我們常常認為，這一類東西，都只會出現在一個有錢有閒的社會裡的菁英階級，但集中營的例子卻可以做為一個反證。誠如你所說的，藝術是那麼基本的一種人類表達方式，因此，它的存在，跟我們有沒有吃曼荼羅是無關的。致幻藥物對某種藝術經驗來說，也許會是一種潤滑劑，但就藝術的整體來說，不管是從心理學和生物學的角度，都是先於幻覺經驗。

坎伯：我也認為是這樣。事實上，大部分藝術家都是沒有嗑過藥的。至於會嗑藥的藝術家，你從他們的作品裡就可以看到痕跡，因為藥物對創作是有特定方向的影響的。在英國文學中，柯立芝（Coleridge）就是一個例子。他開始抽鴉片之後，曾經經歷一個極盛產的時期，但那之後，他的文思就枯竭了。

吉耶曼曼：韓波（Arthur Rimbaud）⑪看來也是如此。

坎伯：完全一樣。

吉耶曼曼：我們一直在談的，是所謂的藝術在最開始的時候是怎樣發生的。這個最開始，甚至要比人類形成部落生活還要早上許多。我個人不會完全反對一個純然經驗主義的觀點，也就是，某個人在吃了某種能致幻的種子以後，會畫出某種別人沒有畫過的東西，而這種創新，後來成為他所身處文化的一部分。

一旦有了這個開始，那日後其他人即使沒有啓動同樣的機制，一樣可以做出各種藝術上的創新。因爲這種創新的動機，是可以從環境的暗示而來的。

所以說，我看不出來，爲什麼從一開始，藝術不可能是從幻覺經驗產生的。

最早有關人類儀式生活的證據

坎伯：目前最早有關人類儀式生活的證據來自尼安德塔人（Neanderthal）⑫的時期，時間介於公元前的五萬年至一萬五千年之間。這些證據顯示在兩個方面。一是墓葬。在尼安德塔人那裡，我們第一次看到有葬禮存在的證據，因爲墳墓裡找得到一些陪葬品和石器，這明顯表示，死亡的觀念已經在人們心裡出現。他們碰到的問題是，某個人明明是會走來走去的，他的身體明明是溫暖的，但後來他卻躺下來了，變得冰冷，一動不動。他到了哪裡去呢？「到哪裡去了」這個想法是通向神話思維的第一個線索。

下一階段的重要證據來自法國西南部和西班牙北部的克羅馬農人（CroMagnon）。

他們一共有兩類藝術品。一類是雕塑藝術，最具代表性的是一種小小的女性人像：都是裸身的，站姿，沒有五官，也沒有腳。它們其中一些是在小神龕裡發現的，看來是跟家庭生活有關的女神。

再下來還有那些偉大的洞穴。在座有人進去過嗎？

沒有人會願意住在這些山洞裡頭，因爲那裡頭全都又冷、又危險，又黑。記得我在法國梅爾勒（Pech Merle）的洞穴群參觀時，導遊一度把手電筒關上，你頓時陷入有生以來最黑的一片黑暗中。你根本完全失去方向感，整個意識完全被抹去了。而這些山洞，正是那些史前時代的動物圖形出現之處。你可以判斷得出來，這些動物圖形並不是雜亂地畫在那裡的，而是有秩序性的，其中一些代表的是某種力量。這些山洞，幾乎可以肯定是跟男子成年禮有關。在那裡面，一個參加成年禮的少年不只將學會怎樣向那些被他們吃掉的動物禱告，也將學會怎樣從小孩變成男人。當然，在這些恐怖的山洞裡接受成年禮的歷練，絕對是很辛苦的。

其中一個史前洞穴——位於庇里牛斯山的三友洞（Les Trois Frères）——需要穿過一條很長的山溝才能進到它的主洞裡。那山溝就像一條大型的污水管，長度有一百碼上下。你必須用匍匐的方式才能爬過去。這樣的事我可做不來，因爲我有幽閉恐懼症。我無法想像身在其中會是什麼樣的感覺。但孔恩（Herbert Kühn）和另一個人卻爬進去過。據他們形容，那是一個極其巨大的山洞，四面的石壁上畫滿數以百計的各種動物圖形。在正前方的是一隻跳舞的動物，被命名為「三友洞巫師」（Sorcerer of Les Trois Frères），牠有一對鹿角、一雙貓頭鷹的眼睛和一個獅身。這些動物都跟死亡的奧祕、生命吃生命的奧祕有關。牠們都是受到膜拜的，有時候，還會被認爲擁有超出於人類以上的能力。

吉耶曼：喬瑟夫，你是不是認爲，這些都是神話的起源，或最少是人類意識到神話向度的開端？我會這樣問，是因爲根據榮格一派的觀點，神話是跟實相（reality）的肌理交織在一起的，或者在某個意義上是先於實相的，而不是從人類的經驗中抽繹出來的。

坎伯：我只會追隨哲學家到他們腳尖還沒有離地的前一刻爲止。（笑）

三友洞的「跳舞的巫師」壁畫，屬舊石器時代的馬格德林文化(Magdalenian)之物。轉摹自布日耶(Henri-Edouard-Prosper Breuil)的臨摹[藏於法國的阿列日(Ariège)]。

我所談的是最早的證據。還有一小件更早的證據，它來自直立人（*Homo erectus*）的時期（直立人比智人（*Homo sapiens*）和尼安德塔人出現得要早），大約是公元前五十萬年的東西，出土地點是泰晤士河。那是一柄很長的手斧，頗有對稱之美，但卻大得很不實用。

它所表現出的，就是傑佛斯（Robinson Jeffers）所說的「神聖滿溢的美」（divinely superfluous beauty）。它是我們所知第一件人類不是爲實用目的而造的工具，但卻是一件漂亮的石頭器物。動物是不會造這樣的東西的。所以，它的用途，極有可能跟儀式有關，說不定跟殺牲獻祭的儀式有關。

阿舍利文化期(Acheulean)的手斧，出土於英國薩里(Surrey)的法納姆(Farnham)。坎伯認為，它是迄今所知最早一件具有藝術象徵功能的人類器具，表現出加州詩人傑佛斯(Robinson Jeffers)所說的「神聖滿溢的美」。

現代科學的推理包含著異乎尋常的美

吉耶曼：你所談到的藝術的生命義涵，是完全可以在現代科學裡面找到的。我極感遺憾的一件事，是現在很少人認識到，現代科學的推理包含著異乎尋常的美，也因此，很少人了解它有著異乎尋常的生命義涵。就像繪畫、寫詩、作曲或聆聽音樂這些活動會帶給人喜悅一樣，科學推理也是如此，它確實會帶給你完全一樣的喜悅。

科學的推理和創造，其輝煌一點都不亞於藝術創作。我提這個，是因爲希望最少可以讓那些以後接觸到我們今天談話紀錄的人，能知道這一點。

布朗：有一個晚上，吉耶曼來找我，把我帶到他在索克研究中心（Salk Institute）的實驗室。看著他做實驗的時候，我只覺得有如聽到蘇莎蘭（Sutherland）或卡拉斯（Callas）在獨唱。在他向我解釋他正在做什麼的時候，我也覺得猶如是在看一齣歌劇。那眞的是一種很美的藝術形式。

吉耶曼：聽到你這樣說，我覺得很開心。

當代文學批評的一大災難，就是把科學和藝術視為完全分離的兩個世界

肯納德：科學有可能發展出自己的神話嗎——一些就像古代神話一樣有力、可以支撐我們走過人生各階段的神話？

吉耶曼：這是個有趣的問題，讓我不期然想到兩個字：預測。科學可以預測事情，神話可以嗎？

坎伯：我認爲可以。神話可以直觀到有機體的生命過程，可以預測出你會變老，預測出你有朝一日會死。

吉耶曼：這不公平！〔笑〕這不公平！

海華特：杜斯妥也夫斯基不是發現了潛意識嗎？藝術家能夠預測事情的例子不勝枚舉。立體主義者對事物的看法，不就跟當代物理學家的看法相同嗎？

吉耶曼：我想他們相同的一點，是認爲事物並不是就像照相機照出來那樣只有一個樣子，我們看同一件事物，可以有很多種不同的方式。

坎伯：希臘羅馬的廟宇是被當成身體的樣子構築起來的。它注重的是外部，至於內部，則幾乎乏善可陳。至於希臘羅馬人心目中的宇宙，你與其說它是一個宇宙（universe），不如說是一個多宇宙（multiverse）。

希臘和羅馬人的科學從未能擺脫身體的意象。對他們來說，原子猶如一塊小小的大理石，最高的藝術形式就是站著的裸體像，而即使是帝國，也被他們想像爲一個巨大的身體。史賓格勒曾經比較過這種文化觀念跟哥德式大教堂和我們文化背後的觀念不同處。原子現在被看成一種能量，這種觀念跟我們的太空探險一樣，都是一種單邊性（single-sided）的意識結構表現，藝術是它的一個表達，而科學則是它的另一個表達。

但如果像塞尚所說的，藝術是與自然有共通性的一種和諧，那麼，探索自然所能帶給人的靈性獲益，就一點都不會輸給藝術的探索。如果一個人內心直覺的喜悅是在科學方面（很多年輕的學生就是那樣），那科學的探索就一定會帶給他靈性上的獲益。在唸預科學校的時候，生物是最吸引我的科目，而我現在認爲，神話乃是人的生物構造的一個函數。神話不是頭腦構築出來的。頭腦構築出來的只是虛構，但神話卻是來自這裡的（指著心臟）。它們是全然不同的東西。

所以，我會對你剛才有關科學的一番話表示贊成。我覺得，當代文學批評的一大災難就是把科學和藝術視爲完全分離的兩個世界。

葛羅夫：科學和藝術類似的，還有其他地方。例如，在構設一個科學的假設時，你有可能需要藉助一個神話的形式，像演化的觀念就是一個例子。很多科學的重大發現，都是在夢境般的狀態中得到的。很多時候，一個科學家在做了很多觀察、蒐集了很多資料和進行了各種分析以後，仍然找不出答案。然後突然有一天，他卻會在夢中、在早上醒來的一刻或生病發燒時，豁然想出答案。當所有的理性形式都被懸置，神話的形式就會突圍而出。

阿里恩：說不定，在科學裡被稱爲預測的東西，在神話裡就被稱爲神諭。

吉耶曼：但神話的預測能力有多大呢？有沒有這方面的統計數字？神話所預測的事情，都一定會發生嗎？

海華特：你可以用結婚蛋糕去蓋一座摩天大樓嗎？〔笑〕這是完全一樣的問題。

吉耶曼：答案當然是不可以。

海華特：你的問題，完全無損於神話的基礎。從經驗的層面看，你提的質疑是完全成立的，但神話所涉及的領域，卻是無法言詮，無法測度，無法用航空動力學去處理的。如果神話的領域是可以用經驗性或實用性的方式去處裡，那根本就不會有我們現在的討論了。

坎伯：人類的太空探險事業一直很吸引我，從一開始就讓我深深著迷。有一次太空飛行讓我印象特別深刻。我不記得那是第幾次的太空任務了，只記得是阿姆斯壯踏上月球表面的前一次。當幾個太空人都離開太空艙以後，休士頓的地面控制中心問道：「現在是誰在駕駛？」

傳回來的回答是：「牛頓。」

這回答帶給我極強烈的感受，而我馬上想起了康德在《形而上學導論》（*Prologemena to Metaphysics*）說過的一段話：「我們憑什麼能夠帶著確然性（apodictic certainty）知道，我們在此情境所做出的關係陳述，可以適用於彼情境？」

太空船和地面中心的通話，完全印證了我們是有這種能力的。阿姆斯壯踩上月球表面時，他的腳會陷入土中多深，是我們不能預先知道的，要到它實際發生以後才會知道。那是後天（postiori）知識，一種需要透過經驗得來的知識。但科學家卻可以預先知道，一枚火箭從地球飛到月球，要花費多少燃料，也可以預先知道，太空艙回程時要怎樣飛，才能著陸在太平洋一個誤差不超過一英里的預定地點。太空的定律明明是我們腦子裡想出來的，卻可以適用於太空上面，這眞的是神奇。

所以，某個意義下，我們都是太空之子，而且是來自太空的其中一件產品——

地球，環繞著太陽轉動。我們都來自地球，而我們都是地球，是地球的耳朵和眼睛和諸如此類的。所以說，太空探險帶給我們一種非常重要的知解。

談到太空，還有一件事情值得一談。大約一年半以前，我跟一個太空人（施韋卡特〔Russel Schweickart〕）一起站在一個發射平台上。他告訴我，有一次，他被派到太空艙外面進行一項任務。他穿著全套太空衣，用一根臍帶式管纜與太空艙相連，進行拍照之類的工作。但忽然間，太空艙裡的儀器不知哪裡出了毛病，讓他有整整五分鐘的時間無事可做，呆呆地待在太空艙外面。

他就一個人在太空裡，以時速一萬七千英里的速度飛行著⑬。四周沒有半點聲音，連呼吸的聲音都沒有；地球在他的上方遠處，月球在他的身旁。

各位不妨摀住兩隻耳朵一分鐘，想像一下當時他是什麼樣的感覺。

「之後，」他說，「我禁不住問自己：我這輩子是積了哪些德，讓我可以享受這種經驗？」

尤里西斯聽到塞壬（sirens）的歌聲時，一定就是這種感覺。他回到太空艙裡面以後，費了好大一番力氣才收拾起心神，重新投入工作。這是一定的，因爲他剛剛經驗的領域，跟日常的生活工作領域，是兩個相衝突的領域。那是兩個極不相同的世界，極爲極爲不同。

註釋：

①：一種形狀類似吉他的樂器（但基部呈三角形），通常有三根弦，在俄羅斯農民中極爲流行。

②：弗羅貝尼烏斯（Leo Frobenius, 1873-1938）：德國探險家、人種學家，認爲文化的進化分爲三個階段。

③：傑佛斯（Robinson Jeffers, 1887-1962）：二十世紀美國最有爭議的詩人之一。

④：指女學生對坎伯的暗戀。榮格主張，愛情是人把內心的異性原型意象投射到異性身上的結果。

⑤：WOB指Wisdom of the Budda。

⑥：AUM是印度教聖音「唵」（om）的三個音節，被認爲各有特殊的義涵。

⑦：這表示，在夢中，主客體是同一的。

⑧：人類學用語，指爲人生進入一個新階段（如出生、命名、成年、結婚、患病、死亡等）而舉行的儀式。

⑨：墨西哥印第安人的一支，具有高度文明，曾在墨西哥中、南部建立帝國，後爲西班牙人征服。

⑩：一種產於墨西哥的仙人掌。

⑪：韓波（Arthur Rimbaud, 1854-1891）：法國詩人，象徵主義運動的典範人物，創作生涯始自十

五歲，二十歲後即輟筆。

⑫：尼安德塔人（Neanderthal man）：透過出土化石而被認證的一支古人類，據信生活於距今三萬至八萬年間。

⑬：應是指環繞著月球旋轉。

施韋卡特在進行太空漫步。
「之後，」他說，「我禁不住問自己：我這輩子是積了哪些德，讓我可以享受這種經驗？」

～英雄～

The Hero

被我所稱為的「英雄的旅程」、「夜海之旅」(the night sea journey)或「英雄的探求」，就是這麼一回事：一個人出發去把他此前從未見過的東西揭示出來。

——坎伯

蘇格拉底之死。大衛(Jacques Louis David)繪於1787年。

加拉哈爵士(Sir Galahad)*。休斯(Arthur Hughes)繪於約1868年。
*《聖杯故事》中的英雄。

查理七世加冕典禮上的聖女貞德。安格爾(Jean Auguste Dominique Ingres)繪於1854年。

上圖　黑足部落的巫師白野牛(Wun-nes-tow)。卡特林(George Catlin)繪於1832年。

下圖　居禮夫人攝於巴黎的放射線研究所（Institut du Radium，1925年）。

上圖　歐姬芙(Georgia O'keefe)攝於她的鬼魅牧場（Ghost Ranch，1968年）。

下圖　畢卡索攝於他位於法國坎城附近的別墅「加利福尼亞」（La Californie，1956年）。

黑天與拉達陶醉於愛的狂喜中。十八世紀南印度的畫圖。「其時，從世界的一頭到另一頭，情慾神祕主義都瀰漫在空氣中。」

「蘇達馬(Sudama)走近黃金城克里希納(Krishna)。」
《薄伽梵往世書》(Bhagarata Purana)插圖，印度旁遮普山(Punjab Hills)。繪於約1785年。

4 | *The Hero's Journey*

與女神相會

The Meeting with the Goddess

在神話的圖像語言中，女人代表的是能被認識的全體。英雄是前來求知的人。隨著英雄在人生緩慢啓蒙的過程中逐漸進展，女神的形象也因爲他而經歷一連串的變形：她絕不會變得比他更偉大，但她所許諾的，總是可以超出他迄今所能理解的範圍。

——坎伯，《千面英雄》

坎伯的一個早期學生珍・厄爾曼（Jean Erdman），她也是瑪莎・葛蘭姆舞團的一名舞者。她利用參加莎拉・勞倫斯學院的一個前衛導師課程之便，修了坎伯一門有關美學的課。坎伯日後回憶說：用不了多久，他就發現，「我被迷住了。」

得知珍要隨同家人環遊世界旅行一年時，坎伯給了她一本史賓格勒的《西方的沒落》，以確保她回來後會去找他——哪怕只是爲了想了解此書隱含的微言大義也好。這一招奏效了。一九三八年珍從國外回來沒多久，他倆就結婚了。而接下來的五十年，他們夫妻倆攜手一道，爲各自雖不同但卻有交集的事業衝刺：每天傍晚，坎伯都會唸他當天寫的東西給珍聽，而珍則會要求他給她創作的現代舞蹈提供意見。他們夫妻倆的合作，以一九七二年在紐約成立的「大開眼界劇場」（the Theater of the Open Eye）而臻於高峰。

一九四一年，坎伯透過女學生蘇珊・洛（Sue Davidson Lowe）的介紹，認識了尼基蘭南達上師（Swami Nikhilananda），他是紐約的拉瑪克里希納——維韋卡南達中心（Ramakrishna Vivekananda Center）的主持人。接下來幾年，坎伯都致力於與尼基蘭南達合作，把《奧義書》和《拉瑪克里希納福音書》（*The Gospel of Sri Ramakrishna*）從梵文譯成英文。一九五四年，在完成了吉謨三冊有關印度藝術和哲學講演錄的編輯出版工作後，坎伯到印度旅行了六個月，由尼基蘭南達和印度學者沙蒙尼（Alfred Salmony）導

珍・厄爾曼與坎伯攝於檀香山（1946年）。

遊，參觀印度的聖地。期間，珍則在印度舉行了個人的舞蹈表演。

布朗：珍，可不可以請妳談一下，妳的藝術觀和妳的舞蹈是怎樣結合在一起的？特別是夏威夷對妳有什麼影響？

珍・厄爾曼：我是個徹頭徹尾的夏威夷人。我是生長在這裡的，我們家定居在夏威夷已經有三代。能夠回來這裡住，眞是美妙極了，因爲所有童年的回憶，就像洪水一樣向我席捲過來。我從未想到我們會搬到夏威夷來住，從沒想到喬會想住在夏威夷，但我們畢竟搬來了。喬常常開玩笑說，我出竅的靈魂是住在莫庫萊亞（Mokuleia），而我想，這是事實。

我從小到大，熱中的事情跟每個夏威夷人沒有兩樣：跳舞。我們每個人都跳草裙舞。唸書的時候，我們也跳鄧肯風格的舞蹈。你們是知道的，她的舞蹈，是模仿古希臘人的，也就是說是以發自自然的肢體運動爲依歸的。

這兩種舞都是赤腳跳。當我去到紐約之後，我發現了現代舞蹈和瑪莎・葛蘭姆。她也是個赤腳的舞者，所以我自始至終都是個赤腳的舞者。她的舞蹈世界，相當能跟我來自的那個舞蹈世界相合。當然，就風格而論，瑪莎・葛蘭姆的舞蹈和我

珍・厄爾曼彎曲成一個「半月形」的姿勢。這種舞姿，是受瑪莎・葛蘭姆的啓發（約1936年）。

原有的舞蹈世界差異極大，不過這種差異最後反而讓我摸索出自己的特色來。

珍之於舞蹈，猶如韋瓦第（Vivalda）之於音樂。

——瓦特（Alan Watt），《我自己的路》（*My Own Way*）

我一直對什麼是舞蹈的問題深感興趣。我研究過不同風格的舞蹈——各種傳統舞蹈、西班牙舞、芭蕾舞我都研究過。我用了一整個夏天去研究這些舞蹈，就是第二次世界大戰快要結束時我和坎伯在楠塔基特（Nantucket）①度過的那個夏天。當時大家都不敢到楠塔基特，因爲怕坐船時會受到德國潛艇的攻擊。但我們卻沒管那麼多。我們住的是一間攀緣著玫瑰的漂亮房子。喬當時正在寫《千面英雄》的第五版稿子，而我則利用這段時間思索舞蹈藝術的本質爲何的問題。我比較了各種傳統舞蹈，並分析西班牙舞蹈是憑著哪些元素，讓它可以表達出文化特色和感情。我對芭蕾舞等等的舞蹈也做了類似的分析。使我明白到，舞者和舞蹈藝術表現力的關鍵，正是舞蹈元素的取捨。

當我開始編舞的時候，這就是我依循的方針。我編舞時會保持絕對的肅靜，因爲只有這樣，我才能夠聆聽到肢體動作的傾吐。編舞的時候，我還會在心裡面想著一個雛形意象，然後慢慢把它所蘊含的發展出來。我到現在還會用這種方法，而且教其他舞者使用這種方法。我編的第一支舞蹈，使用的意象是古希臘的神話人物美杜莎（Medusa）。

喬曾經告訴我，美杜莎起初是神廟裡一個漂亮的女神媒。但她由於太專注了，以致只能看到一個方向。因此，當她要移動時，只能從一邊移動到另一邊。換言之，她是不會做圓形移動的。「看」這個觀念，讓我深深被吸引。之後，我又想像她面對鏡像時的情景，然後，經過多次的移動，我就從中釋放了出來。在你能夠找到一個中心點以前，你總是處於對立的兩極之中，而一旦你進入中心點以後，就能夠隨心所欲地移動。

每編一隻舞，就是把宇宙重新創造一次

布朗：喬對你的舞蹈創作影響力有多大？

珍・厄爾曼：我覺得編舞是一種很美妙的經驗，因爲它讓我可以經歷情緒的發展，經歷一連串生命的轉化。我把我編的每一支舞稱做一個「房間」，因爲它們每一個都收藏著我曾經經歷過的一個存有狀態。我每創作出一支舞，喬就會爲它命

珍・厄爾曼在戲劇「六座位的四輪馬車」中的演出（1962年）。

名。他爲其中一支舞蹈取名爲「美杜莎」，那是我從有機生命的觀點創作出來的。編舞的一大挑戰，就是找出那些能顯示不同存有狀態的分別的肢體動作。每一支舞蹈都應該有它自己的語言，因爲每編一支舞，你就是在把宇宙重新創造一次。你創造了時間的經驗、空間的經驗，創造了動力、流動和控制的經驗。編舞眞的給了我非常美妙的時光。

布朗：妳離開了瑪莎．葛蘭姆的舞團以後，是怎樣開創自己的舞蹈事業的？

珍．厄爾曼：有一段時間，我既爲舞團編舞，也爲自己的單獨演出編舞。事實上，那段時間，我曾經以個人舞者的身分，在世界各地巡迴演出過。一直要到我從《芬尼根守靈記》的女主角普魯蓓拉（Anna Livia Plurabella）那裡得到激發，要創作一齣以她爲主題的戲劇，我跟瑪莎．葛蘭姆舞團的合作才告結束。

說到《芬尼根守靈記》，你們不知道，我曾經很氣這本書。因爲在剛結婚時，我丈夫正埋首鑽研它。新婚期間，他一隻手抱著我，另一隻手抱著的是《芬尼根守靈記》。他花在這本書上的時間，一點都不比花在我身上的少。這件事，我要經過幾年時間才能夠釋懷。時間可以撫平一切，不是嗎？

不管怎樣，我還是從它那裡得到了靈感。我發現，如果我想要在戲劇中照顧到普魯蓓拉的各個方面，就得使用喬哀思的語言。那表示，我所使用的演員，最少是有能力駕馭莎士比亞的戲劇的。喬來我的工作室朗讀過兩次《芬尼根守靈記》。我們把所有別人推薦的舞者邀來聽喬朗讀，看他們是不是願意參與演出。

那是一九六一年的事了。當時，還沒有人嘗試過在舞蹈裡發展故事情節，所以我不知道自己是不是正在做一件很不尋常的事。不過，很幸運的是，我們找到了一家外百老匯（off-Broadway）的劇院願意演我們的戲劇，並在一九六二年進行了首演。在演出了整整一季和獲得過兩三個獎項以後，我們先後被邀請到斯波萊托（Spoleto）③、愛爾蘭、日本演出，之後，又應邀到美國與加拿大的不同地方表演。

由於我們演出的是劇情劇，所以在義大利、法國和日本演出時，都引起當地人對他們自己的劇情劇、自己的總體戲劇的聯想：在日本是歌舞伎，在義大利是即興喜劇（Commedia），在法國是滑稽劇（mime）。又由於我們的戲劇是以《芬尼根守靈記》爲藍本的，所以它的語言，在每個地方都獲得相同高度的理解。這齣戲把我帶進了總體戲劇（total theater）的領域，它提醒了我一個幾乎已經遺忘了的理念：眞正的戲劇，是一種能結合所有表演藝術在其中的戲劇。

布朗：你們怎麼會有創立「大開眼界劇場」的構想的？

珍・厄爾曼：這個劇場是喬多年來的講學心得和我多年來從事總體戲劇創作的結晶。這個劇場成立迄今，已經有十四、五年的時間。在我們公演過的戲劇中，有一齣是以高更在大溪地的生活爲主題，而我會對這個題材感興趣，跟我的波利尼西亞血緣有關。另外還有一齣以夏威夷神話——火山女神皮莉（pele）的傳說——爲主題，名叫「閃耀之屋」（The Shining House）。目下我正在籌備一齣以希臘神話爲藍本的戲劇，說不定它會在希臘公演——在雅典戲劇節上演出。

婚姻的真諦就是婚姻

科克雷爾（Robert Cockrell）：喬，可以談談你對婚姻的看法嗎？據我所知，你把它看成一樁具有神話性意義的事件。

坎伯：我對婚姻的看法是，如果你不是把婚姻看成人生的第一要務，就不應該結婚。婚姻是一個攸關重大的抉擇，因爲它要求你要完全順服於兩個人所構成的關係中，並以這種關係做爲你一切行動的原點。我常常告訴那些害怕婚姻義務的人，他們爲另一半所做的犧牲，並不是爲對方而犧牲，而是爲雙方的關係而犧牲。夫妻關係是一種需要做出犧牲的關係，而如果夫妻雙方都能夠關連到這種關係上，那就能夠合二爲一，完完全全就像「陰陽」（如果你只想做「陽」或只想做「陰」的話，那千萬別結婚）。從你結婚的一刻開始，你人生的一切，就都與這個關係有關連。如果你能在做任何抉擇時都能夠把這個關係念茲在茲，你就算是結了婚。

婚姻有兩個階段。第一個階段可以稱之爲生物性婚姻，它會帶來子女。接著來到的，是我稱爲神話性婚姻或煉金術婚姻的階段。但很多人的婚姻就是沒有進入第二個階段。聽到哪個朋友離婚的消息，我都會很驚訝。往往，他們不只已經有了子女，而且在外人看來非常美滿。不過沒多久以後，你就聽到他們對你說：「我們分了。」

但如果夫婦眞的能協調一致的話，他們的一體感就會慢慢成熟。我覺得很好笑的是現在常常會聽到人們說婚姻的眞諦是這個、婚姻的眞諦是那個。但婚姻的眞諦就是婚姻，而那表示結爲一體。

能不能把激情轉化為恩情，是婚姻的最大課題

阿里恩：有沒有一種愛情並不是出於投射的？還是說所有的愛情都只是自己內心理想異性形象的投射，我們想藉著被投射的對象而跟這個理想的形象連結在一起？

坎伯：我從浪漫式愛情裡找到的就只有這個理想異性的形象，也就是阿尼瑪（anima）④。阿尼瑪就是你攜帶在內心的理想異性形象，你會把它投射到不同的人身上，以圖透過與對方的結合與它連結。不過用不了多久，你就會發現那只不過是個

投射。接下來會發生什麼，大家都很清楚。

安德森：有可以持之永久的偉大愛情嗎？

法夫羅（Lawrence Favrot）：這是個好問題。因爲你讀榮格的時候，會覺得他的理論裡根本沒有可容眞正愛情立足的餘地，一切愛情都只是阿尼瑪（anima）或阿尼瑪斯（animus）的投射。我懷疑……

坎伯：婚姻的磨難可以讓人的這種投射解體和接受生命的眞實。如果你做到這一點，就能夠跟配偶建立一種非常豐富的愛的關係，而且可以一直一直延續下去。

阿里恩：這跟你的「一閃一閃」（twinkle-twinkle）原理是一貫的嗎？

坎伯：〔笑〕我是想試著透過脈絡來……

一般來說，每個人都是生長在某一個社會群體裡的，當你能夠默然接受這個群體的價值標準和理念的時候，你就可以過得相當自得。不過，你一旦覺得不自在，你的觀念和理念就會開始發生轉變，然後，你的心靈就會發生全幅的轉化。你的自我（ego）和它的目的性會變得鬆動，而潛意識的理想就會冒出來。

這有兩個可能的方向。一個是有威脅性的，榮格稱爲「陰影」（shadow）。我則稱之爲「叩叩」（knock-knock）原理，這是一個人在害怕他自己的自我（self）時會發生的。我記得一個年輕的紳士對我說過：「如果我不是好的基督徒，我就會是一個很嚇人的人。」這就是「叩叩」。讓這種意義的潛意識內容浮現是有危險性的。另一個方向則要有趣得多。那就是情慾的誘惑。我稱之為「一閃一閃」原理。

當你開始對你的道德立場失去信心時，你就會往這兩個方向的其中一個移動。在一見鍾情的場合，你會對某個乍然出現在你面前的人驚艷。你會想：就是她，她就是我的生命。這就是發生在很多羅曼史裡的事情。不只歐洲人會這樣，亞洲人也會這樣。我自己也有過這樣的經驗。

那你愛上的是誰呢？你並不知道你愛的這個她是誰，不知道你愛的那個她是誰，總之，你對你愛的人根本一無認識。如果你愛的只是一個你投射的幻象，那這個真相遲早都會向你顯現。到時，你要怎麼辦呢？當然你是可以對自己說：嗯，我要把我的愛收回來，另找眞愛。

但你還有另一個選擇，那就是對自己說：好吧，我接受這個事實。這樣的話，你的態度就會漸漸改變。你的投射就會消失或是收回；不過，到了你三十五歲或四十歲（我媽媽喜歡稱之為「危險的四十歲」），它又會重新冒出來。這時，你必須再一次處理這個問題。

阿里恩：你認不認為，出於需要的愛，要多於出於愛的愛？因為如果你的愛只是出於投射，那你就很難說眞的是在愛。

坎伯：這就是方才我說過的。這也是爲什麼我稱婚姻爲一種煎熬的磨練。

阿里恩：這就是你會說激情假以時日就會變成恩情的原因嗎？

坎伯：對，這是婚姻的唯一出路，但激情卻是不同的。激情會讓人不安於現狀，想要繼續冒險。能不能把激情轉化爲恩情，是婚姻的最大課題。

阿里恩：在愛的層面上，你會怎樣定義道德？

坎伯：跟著社會告訴你的去做，這就是道德。所以道德是每個社會都不同的。

阿里恩：那道德應該是愛的一部分嗎？

坎伯：應該嗎？如果你覺得應該，那就是應該。但道德「是」愛的一部分嗎？我會說不是。所有跟愛或戰爭有關的事情，都是不在道德的框架之內的。夫妻的最大課題是怎樣能夠在一起而又不致產生碰撞。嚴格來說，我們都只是半個人，都是孜孜屹屹地追尋著另一半，好讓自己恢復完整。如果你夠明智，你就會找到正確的另一半；而如果你的目標夠正確，那你找到的自然會是對的另一半。

如果對性關係有正確的了解，你就會知道，性關係並不是以生物性爲基礎的，而是以文化爲基礎的。但文化卻不是固定不變的。它會經歷一連串的轉型，因此我們根本沒有理由認爲自己應該忠於某一個道德系統。我認爲非常重要的一點是，我們不必等待社會的覺醒。一個人應該自己去找出他的路。

社會有可能連續好幾個世紀都在錯誤的道路上打轉，但個人卻可以在他自己裡面找到老天編派給他的特質。那是無條件性的，我們可以從我們的內在找到這樣的東西。

崇高與美

科克雷爾：我讀了康德的一篇文章〈美與崇高〉（The Beautiful and the Sublime）。他其中的一個論點是，女性是美的，而男性是崇高的。他又說，男性的其中一個功能就是把崇高植入女性中，讓崇高可以在她們身上發展起來，讓她們的美褪去，變得崇高。

我的想法則要比康德走得更遠。我覺得，如果我們把男性與太陽相連，把女性與大地相連，那正是男性對女性的施肥（不只施在她們的子宮裡，也施在她們的心靈裡），可以喚起她們內在的崇高。

坎伯：我要說的第一點是康德一輩子都沒有結過婚！要知道，「已婚的哲學家」是一個自相矛盾的說法。我還記得你提到的這篇文章，其中一句話，我的印象特別鮮明，那是跟但丁對美與崇高的看法有關的，這句話讓我覺得康德是個有潛質的詩人。

他說，藍眼睛是美的，而黑眼睛是崇高的。這點出問題的所在。這個問題就是美與崇高。美是賞心悅目的，而崇高則是讓人戰慄的。崇高的經驗經常產生在一個極爲浩瀚的空間或一個表現出巨大力量的環境。舉例來說，如果你身在一個正在受到激烈空襲的城市，說不定就會體驗到崇高。我是說眞的！你身在其中多久，就會感受到崇高多久。你會覺得戰慄，會覺得被巨大的力量攫住。

身在自己控制不了的力量中，卻假裝自己控制得了，這就是崇高情緒的由來，每次喝多了酒，我也是用這一招。我幾乎都要走不出大門了——但這就是生命。說到這個，不知道你們知不知道，威士忌在愛爾蘭文中叫 usquebaugh，翻譯成英文就是「生命之水」。尼采把戴奧尼索斯（Dionysian）⑤與醉相聯繫，認爲他代表的是原則的打破，而阿波羅則代表著形式的保留。

崇高是一種恐怖的神祕（mysterium tremendum），而美是一種迷人的神祕（mysterium fascinans），這就是它們的差異所在。由於女人的本質是迷人的，所以康德會把「美」分配給女人。男人是摧毀者和殺戮者，因爲他們的行爲，多是指向摧毀和殺戮。職是之故，康德才會把「崇高」歸屬於男性。

女人總是說：我們一點也不神祕。事實可不是這樣。

法夫羅：美與崇高的分別，可以用納瑟西斯（Narcissus）和約伯（Job）⑥爲例子嗎？他們一個因爲迷戀自己的水中倒影憔悴而死，一個則在歷盡上帝的考驗後感到了「恐怖的神祕」？

坎伯：對，他是那樣。

法夫羅：你經驗到崇高，不是因爲你擁有超越善與惡的能力，而只是因爲你所面對的是超出人類可理解之外的力量。

坎伯：沒錯。

肯納德：我們聽到的愛情故事常常都有一個模式：男孩愛上女孩，男孩失去女孩，男孩重獲女孩的歡心。這只是一種西方人的老套嗎？還是說你失去了什麼之後再做出巨大的努力把它爭取回來，是一種非常英雄式的行爲？

坎伯：不，那只是一個很好的故事橋段罷了。〔笑〕任何研究過故事創作的人都知道，你的故事要吸引人，就要有一個逆境時刻。故事的主角會走向災難，然後，某些暗含在故事第一段或第二段的線索會浮出枱面，把主角從危難中拯救……

肯納德：這樣的橋段可以溯源多遠？印第安人的愛情故事也是這樣嗎？

坎伯：不是，只有少部分的印第安人愛情故事是這樣。我想，這類模式的故事可以溯源至《週六晚報》（*Saturday Evening Post*）。〔笑〕

默然接納生命所向你顯示的實相，就是所謂的成熟

哈利法克斯（Joan Halifax）：喬，我跟你共事已經好些年，所以很想知道，女性對你的生命有什麼啓迪？你與其他女性——也就是純的阿尼瑪（男性心中的女性原型意象）——相處時，獲得了什麼樣的經驗。

坎伯：阿尼瑪從來都不是純的。〔笑〕

塔納斯：一語中的。

哈利法克斯：怎麼說？

坎伯：你可以說，那是生命被一個偏頗的例子所污染的意思。

哈利法克斯：例如呢？

坎伯：阿尼瑪的形象是變動不居的。在你找到一個對象可以寄託你的阿尼瑪之前，你不會知道它是長什麼樣子。但如果你比較一下被你投射過阿尼瑪的對象，就會發現她們彼此的差異很大。

那什麼又是純的阿尼瑪呢？它總是有一個歷史指涉和一個心理根源的。生命的眞正問題跟這兩方面都有關連。你具有一個心理學上的過去，又身處一個歷史情境裡——這都是你無法擺脫的。所以，它會以很不同於你期望的方式出現。婚姻的難

題正是在這裡：你跟一個你投射阿尼瑪的對象結了婚，但事實上，她卻是一個她自己。這種想像與實際的差距最終會讓你的投射解體。也就是說，你必須把投射出去的阿尼瑪收回來。你當然是可以把收回來的阿尼瑪再找另一個人投射出去，但你這樣做，只是讓問題一再重演吧了！

現在各種資訊管道都告訴我們，婚姻乃是愛情的延長，可以讓人從中得到許多樂趣。事實上，結婚能帶給人的樂趣，不會超過十分鐘。你必須直面這個事實，並接受它的磨練。

純阿尼瑪是你必須去掉，使之消失的東西。你與之結婚的只是一個假相，並不是你以爲你會得到的東西。默然接納生命所向你顯示的實相，就是所謂的成熟。

神話之於生活

哈利法克斯：你知道的，在我的世界裡，我會稱那些無能接納自己本性中的阿尼瑪的男性爲病號。

坎伯：不，不是那樣。你必須把阿尼瑪扔掉，必須把它從你裡面溶解掉。它會在你結婚大概五年後再度出現，那時你就必須處理它。

哈利法克斯：但據我知道，在你的人生裡，在你的發展中，阿尼瑪扮演著極重要的角色。

坎伯：我教女生教了三十八年了！我到處都碰得到它！

哈利法克斯：做爲神話，它有很多不同的歷史名字。她是一個角色，一種呈現，是你的知性生命賴以成形的動力。

坎伯：它的名字是珍、珍妮或珍娜⑦。

哈利法克斯：她對你有什麼啓迪嗎？她給了你什麼？

坎伯：這是傳記的事情，而我這個人一向不喜歡傳記。

哈利法克斯：這不算太傳記吧。

坎伯：我的本行是比較神話學。

哈利法克斯：喬瑟夫，我今天才聽你說過，在莎拉．勞倫斯學院教女學生，讓你認識到，你必須不只是用你比較神話學的觀點去了解神話，還必須用它跟生命的關係的觀點去了解。

坎伯：謝謝你省去我把這一點重說一遍的工夫。這正是我準備要說的。神話是一個非常龐大的學術領域，有無數多的事實需要你去蒐集、考證、研究。你可以是用一種純學術的方式去研究它，然後把心得寫成文章，登在不同的期刊上。但在教導女學生時，我卻發現，她們總是問我神話材料和她們的生活之間有什麼關係。而這種對生命本身的興趣，是比男性對註腳的興趣更加值得強調的。男性對那些機械性細節的興趣都嫌太強了。我能夠一直保持在正確的軌道上，就是拜女學生所賜的，她們教會了我認識神話形式的生命價值。

每個藝術家都在用自己的方式去完成自己，藝術不是一個競爭的領域

祖凱特（Rozanne Zucchet）：你是認爲，今天的女性應該更加看重自己，還是說社會應該改變或重估它的某些價值觀？

坎伯：不。我認爲女性唯一要做的，是不要一心只想著跟男性看齊，一心想著跟男性一爭長短。她們只要知道自己能對男性發揮多大的影響力就夠。我在莎拉・勞倫斯學院教的是比較神話學。在我教書的最後一年，有一個女學生到辦公室來，坐下之後說：「坎伯先生，你一直談的都是英雄，但女性又怎樣呢？」

我回答說：「女性是英雄的母親，女性是英雄的保護者。妳們還想知道些什麼？」

她說：「我想成爲英雄。」

我很慶幸那一年就退休，不用再教更多的女生。（笑）

聽眾發問：你對那些出於愛而選擇她們事業的女性有什麼看法？

坎伯：在我們的文化裡，女性這樣做已經有很長一段時間了。她們有極爲敏銳的生命嗅覺，知道哪個領域是自己最能發揮所長的。這就是你要問的嗎？

聽眾：不，我是指那些出於對某件工作的愛才會從事該工作的女性。譬如一個愛小孩的女性會去當老師之類的。

坎伯：我認爲，任何人出於愛之外的任何理由去選擇一份事業都是傻瓜。選擇你的工作，就等於是在選擇你的人生。如果你不愛你正在做的工作，你是不可能會投入的。

聽眾發問：既然這麼說，如果一個女性對成就的追求也是出於愛，那就沒有什麼好非議的？

坎伯：我不是反對女性追求成就。女權運動一開始所追求的目標是男女同工同酬，這是完全合情理的要求。問題是，她們後來卻變得完全忽視家庭生活，任由自己在家庭事務上的天賦糟蹋了，把教養子女的責任完全推給了州政府和學校。

祖凱特：對於在藝術領域工作的女性，你有什麼觀感？

坎伯：我太太是一個舞者，而從事舞蹈藝術的女性都沒有這方面的問題。我認識很多從事藝術工作的女性。藝術並不是一個你要與別人競爭的世界，而是一個讓你發展自我、發展與自己的關係的領域。

阿里恩：我想這一點同樣適用於男性。

塔納斯：你是認爲，女性應該愛藝術而不是愛成就？

坎伯：一個藝術家要做的事情不是要獲得成就或表現自己，而是要去自我完成。對藝術的追求和對成就的追求是完全不同的兩回事。

阿里恩：所以說應該時時保持與你自己直覺的聯繫？

坎伯與羅珊・祖凱特攝於依色冷研究所（1982年）。

坎伯：正是這樣。你在公衆的眼光中是第一名、第二名還是第三名，是無關宏旨的。就我所知，每個藝術家都在用自己的方式去完成自己。藝術不是一個競爭的領域。

阿里恩：那你的藝術就是你的人生嘍。

坎伯：對。但商業藝術要另當別論。我一直談的都是直接的、創造性的藝術。

布朗：有沒有可能，一個不認爲自己是藝術家的普通人事實上是個藝術家？

女神象徵的是自然，男神象徵的是社會。如果一個神話強調男神多於女神，那你就知道，它背後的宗教，是一個強調社會多於自然的宗教。如果神話裡再加入人類犯罪墮落這個主題，自然就會遭到詛咒。

——坎伯

坎伯：問題是當藝術家的一個必要條件就是掌握技巧，而技巧是需要鍛鍊才會獲得的。我太太珍是個職業舞蹈家，也教人跳舞。你想成爲舞者，就得先做很多繁瑣的肢體動作的訓練，像是抬腿或扶著欄杆做動作之類的。

有一年，珍跟我一道到依色冷研究所去授課。我負責一個神話的課程，她則負責教人跳舞。第一天傍晚，她回來的時候一臉沮喪的表情。我問她：「小珍，怎麼回事？」

她說：「他們只是想得到『依色冷』體驗⑧！」

第二天還是第三天早上，當我推開窗戶的時候，看到珍和她的學生就在遠處。她要求學生伸開雙臂面向太陽和在山坡上滾來滾去之類的。

這件事情，向我指明了有關藝術很重要的一點。讓珍覺得惱怒的是她的學生把隨隨便便的肢體動作視爲是眞正的舞蹈，視爲是創造性的藝術。那根本不是。那只是治療性的。這裡是一些脫離了軌道而希望藉著藝術而重新回到軌道上去的人。但藝術家卻是本來就在軌道上的。那是完全不同的兩回事。你喜歡把藝術當成矯治性的工具，這本身並無不妥，但你卻不可以不知道箇中的差異。

要求一個專業舞蹈家去教會一些不願意鍛鍊技巧的人跳舞，根本就是強人所難。舞蹈家是最了不起的藝術家。在我的看法裡，舞蹈和歌唱都是最困難的藝術，因爲他們的表現媒介就是自己的身體，而這等於是說，他們無時無刻不讓自己的身體處於巔峰，無時無刻不在練習。

聽眾發問：我個人常會把英雄和藝術家相提並論。因爲我覺得，他們同樣是在同一條輝煌的道路上勇往直前的人，而他們的目標同樣是發現自我。因此，一個人算不算藝術家，似乎除了有沒有掌握技巧以後，他是不是有著內在的尋求精神，似乎也非常重要。

坎伯：你這可是在製造異端了。〔笑〕我覺得你的說法有點籠統。

肯納德：看起來，在過去的很多社會裡，女性都是沒有機會成爲藝術家的，也沒有掌控社會的權利。

坎伯：事實上，有很多的藝術領域都是一直由女性主控，而我們之所以沒有察覺到，只是因爲我們認爲那些領域僅是工藝而非藝術的領域。像編織、編籃子、塑陶和刺繡都屬於這一類。

肯納德：但你認不認爲，男人會比較愛不從事些什麼的女人？

坎伯：呃，那只是程度上的問題。在傳統的社會裡，有三種理想的女性典型：一是賢妻良母，一是高級交際花，一是女戰士。

阿里恩：阿蒂密斯（Artemis）⑨屬於何者？

坎伯：神話中的女神可分爲兩大類型。一種是象徵宇宙、象徵天地的女神。她們就是全體，是全體型的神祇（total god）。

阿蒂密斯塑像。
位於丹麥哥本哈根國立美術館(Statens Museum For Kunst)的花園。

另一類的女神則是男神的配偶。在女神取向的神話裡，男神是從屬於女神的，但在男神取向的神話裡，女神只有次要的地位。

至於妳所提及的阿蒂密斯，是青銅時代的神祇，而據古典宗教神話學的權威尼爾遜（Martin Nilsson）判斷，她屬於一個全體型的女神。

不過，當有幾個全體型的女神湊在一塊時——這種事常常發生在文化與文化發生交流的時候——她們的功能就會被區隔化。

也就是說，全體型女神所擁有的各種功能，會被拆開來，歸屬到不同的女神身上。以阿蒂密斯爲例，在公元五世紀的時候，她就被從原來的全體型女神，縮減爲一個狩獵女神。

在很早期，女神和她們所代表的動物是沒有區分的。阿蒂密斯代表的是鹿：她就是鹿，鹿就是她。但後來，隨著阿蒂密斯身上的人類成分愈來愈受強調，鹿變成只是她的同伴。

泊瑟芬（Persephone）和狄密特（Demeter）則是代表豬的女神。在青銅時代，豬可是重要得不得了的動物。瑟西（Circe）就是其中一個被變形爲豬的女神，她也是一個誘導者。尤里西斯就是在她的誘導下，得到冥界和光之領域（即太陽，也就是她的父親）的智慧的。

當全體型女神被區隔化以後，她們的力量就削弱了。

海華特：蘇格拉底或柏拉圖說過⑩：有兩種完全不同的思考方式，一種他稱爲厄洛斯（Eros），一種他稱爲邏各斯（Logos）⑪。它們一個是永恆不變的，是邏輯的，是陽性和善的，那就是邏各斯。而厄洛斯則是直觀的、變動的、陰性的，而且是不太好的。我想我們西方人一直都困在這種二元論的框架中。

阿里恩：我們眞的是被這個二元論——邏輯性思考和直觀性思考——的框架給困住的。依我看，我們最需要的就是在兩者間架起一道橋樑，也就是開啓一種全新的思考方式。

布萊（Robert Bly）：那我們要怎樣看待喬瑟夫所認爲的，生命的能量來自兩極化？

海華特：你說到了一個重點。我們常常都說應該致力把心靈重新連結起來，但我們又常常說二元論是一種推力，可以把我們提升到一個更高的境界。

哈利法克斯：只要二元論中的二元不是對立的，這就有可能。

海華特：對。

阿里恩：我想，這個提升可以藉一個美麗的神話來闡明。這個神話說，有一個致力發現自己是誰的人；他的頭髮是黑色的，身邊跟著一頭豹子。

當他開始發現自己是誰的時候，他的頭髮由黑轉褐，而身邊的豹子，也變成了一頭美洲虎。而當他完全發現了自己是誰，他的頭髮就變成了刺目的紅色，而美洲虎則變成一頭漂亮的獅子。他一把捏住獅子的生長疤（Growth marks），因為他不想失去他所來自的黑暗地方的記憶。

我想這是一個我們想追求的過程。我想我們都感受到一種推力，想要超越或捏住二元性或兩極化，進入更高的境界。

坎伯：我得承認，我對二元性相當情有獨鍾。（笑）二元性其實不是問題，問題是你怎樣去解釋二元性。在可以回溯到青銅時代的舊大陸神話裡，有兩個非常相反的系統。在歐洲和中國及日本這些地區，「陽」和雄性都是被視為與天、太陽、溫暖和行動相關連的，而「陰」則認為是與黑暗、潮濕和水相關連的。一者是乾，一者是濕。

但一般而言，男性都被視為是主動者，女性都被視為被動者。我認為，這是一種在歐洲和中國都是具有主導性的思維方式。

做為一個成長於藍色牛仔褲出現以前未受到其心理制約的人，我有一個觀察。舊時，男性都是打黑領帶的，這代表男性是內斂的；但女性卻穿得花枝招展，務求搶眼。這是西方文化一直到最近期才出現的特徵。反觀東方或原始的社會，女性的服飾都相當保守，而男性卻花枝招展，情形和鳥類一樣。在我們的社會裡，唯一會穿得很耀眼的男性只有軍人，而女性都會戴羽毛，務求能搶眼。

這一點讓我感到極大的興趣。在鳥類的世界和傳統的社會裡，男性都是花枝招展的，而女性都是相當內斂的，只以支撐者的角色而存在。印度人把鼓分為兩類，那些聲音深沉的鼓會被認為是屬於雌性的鼓，而聲音洪亮的鼓則被認為是屬於雄性的鼓。

不過，現在發生在西方社會的事情卻相反：女性都是被放在前面的。例如，你進入電梯時如果見到一個女的，你會脫帽致敬（最少以前是這樣）。又像如果有女的走進一個房間的時候，你會站起來讓座。不過，現在女性開始穿起男性的服裝，而男性的服裝卻始終未變。男女的差異性模糊了。我們甚至有了男女共用的理髮店。這是很荒謬的，因為生命的能源正是靠著兩極化去維繫的，如果你放棄了它，留給你的只會是一個泡泡。〔笑〕

如果你去過印度旅行的話，一定會大吃一驚。因為在印度，代表主動原則的是女性〔體現在「性力」（Shakti）這個觀念〕，而男性則被視為是被動的。

看到這種現象時，我心裡想：這系統是源於哪裡呢？為什麼它會和我們的完全相反呢？它們都是完全可以成立的。它們一個反映出男女生理上的分別，一個反映出男女生理上的分別。男性從心理上來說，都是希望獨處的！據我觀察，這是一種非常非常強的傾向。

然而，跟著那隻一閃一閃的（twinkle）蟲子就會飛過來——就像《芬尼根守靈記》裡的那個普魯蓓拉那樣。

她說：「讓我們把這個世界重新再創造一遍吧，那一定會很好玩。」

這時你會想，唔，老天爺，眞的會很好玩。男性就是靠這種推力而活躍起來的。

海華特：你是不是認爲，女性永遠都不會變得有侵略性？

坎伯：不，她們是有侵略性的，不過那是一種有別於男性的侵略性。女性的力量是心理上和魔法上的，而她們的侵略性，就是一種魔法上的侵略性。老天，她們簡直是天眞得可愛。當她們穿著低胸露肩的晚禮服出現在你面前，害得你心頭小鹿亂撞的時候，她們會說：啊，這不干我的事，我只是路過的。

聽眾發問：喬瑟夫，你曾經說過，現代的男性都在童年期裡待太久了。後果之一就是有滿街三十多歲的女性都找不到適合的對象，因爲跟她們年紀相當的男性都還沒有長大。我想這是今日我們文明的危機之一。

坎伯：當你從一個文化進入另一個文化的時候，其中一個會讓你感到文化震撼

（culture shock）的項目就是男女關係。我到印度的奧里薩（Orissa）遊訪時，就有過這種經驗。當時我研究印度哲學已經有很多年，但對印度的男女關係卻一無所知。當我走在印度的大街上時，我想：咦，怪了，這情景我好像在哪裡看過？放眼望去，除了賣蔬菜之類的女攤販以外，一個女人也看不見。你可能會看見兩個警察手牽著手從街上走過，但你絕不會看到一男一女牽著手走在街上。

然後我開始想起來，上一次我身處在這一種純男性的環境，是在預科學校唸書的時候。那是一間男校，沒有一個女的，清一色都是男性。那是跟我們習慣的世界完全不同的世界。所以在奧里薩的時候，我受到很大的震撼。

所以說，印度就如同是一間預科學校，女性都是看不見的。在奧里薩的時候，我住在飯店裡，有幾個年輕的印度紳士很熱誠地接待我。有一天下午，他們其中一位帶我去逛海灘，走著走著，我發現自己的手不知道什麼時候已經被他牽著。當時我想，珍要是看到這情景，不知會做何感想！

我對他說：「嗯，我必須感謝你抽空招待我。」他說，「不，這是我的榮幸。而且今天是我的假期。」我說：「今天是你的假期？那你還陪我來逛海灘？你不會想要利用假期帶太太和家人到哪裡去消遣消遣嗎？」他說：「不，我們不幹這樣的事。帶著家人到任何地方去都是麻煩事一樁。」

這樣，我就知道了，在印度，男性和家人的生活是完全脫節的。這對我來說是個很訝異的經驗。

布萊：喬瑟夫，我可以問你一個問題嗎？你說莎拉·勞倫斯學院的女學生給你上了很重要的一課，就是讓你認識到，應該丟開你本來純男性的關注，轉向關注生命本身。如果現在要你對一些美國的年輕男孩講話，給他們一些建議，你會建議他們盡力發展他們身上男性的一面還是女性的一面。

坎伯：我會告訴他們，努力找出他們生命的職志，並學習怎樣把它做好。這就是我的建議，不管對方是男是女都一樣。我對教育的整個態度就是：學好一種技能。那不是一個週末就可以學會的事。你必須把整個人投注進去。你在這件事情上盡了多少力，就會決定你人生的品質的高低。

布萊：所以你是走向了葉慈所說的「激情」。你的興趣是在找出一個人的激情所在，然後鼓勵他去跟隨它走？

坎伯：對，我會鼓勵他勇往直前。

塔納斯：在你談到神話裡的兩性角色的分別時，我想到了厄洛斯（Eros）與賽琪

（Psyche）是怎樣相遇的，也想到了希臘神話裡的男性英雄何其多，而女性英雄是何其少。像賽琪這樣的女性英雄，在希臘神話裡只是是鳳毛麟角。你可以談談這個分別嗎？

坎伯：神話總是離不開它的社會環境。而我們的社會環境，則走到了跟從前截然不同的階段。現在的女性，已經從各種的家務事中被釋放出來，而過去，這些家務事會吸去她們全部的時間與精力。如今，女性已經有機會去發展自己的事業了。一直以來，西方文化中只有男性有權利說我想要做這個想要做那個。而現在，女性也有了相同的權利。不過，這也產生了一些難題。其中之一是女性所選擇的事業，

厄洛斯與賽琪。古羅馬雕像。

都是以男性的模式爲模式的。很多女性因此喪失了女性之爲女性的意識，她們都把人生的價値放在追求表現、追求成就上，這導致了非常嚴重的問題。

塔納斯：你認爲追求成就是一種較男性的價値取向……

坎伯：絕對是。從最開始就是這樣。這一點，你只要看看最早期的藝術，也就是舊石器時代的藝術，就心裡有數了。女性的人像一律是站姿的裸體像，因爲她們的力量就存在於她們的身體、她們的存在和她們的呈現本身。很多傳統社會都認爲，魔法最初只屬於女性所有，而後來男性之所以擁有這種力量，是從女性那裡偷來的。

再來看看男性的人像。他們總是在做些什麼，總是代表些什麼，換言之，男性的人像都是動態的。一般來說，在原始文化裡，女性都被視爲是物種和自然的孕育者，而男性則被視爲是社會的孕育者。這就人類最主要的二元論，它從遠古一直傳遞到現在。

婚姻是充滿煎熬的磨練，不是愛情的無限延伸

法夫羅：這樣說，今天社會面對的一個問題就是，由於一些女性追求成就的心理太強烈，以致跟具有相同心理的丈夫形成競爭關係。這就是現在夫妻關係常常維

持不了太長久的原因嗎？

坎伯：我認爲，問題倒不在於夫妻在追求成就上相互競爭，而在於做丈夫是不是懂得用什麼方式去對待他那個——也許可以這樣說——站在網球場網子對面的另一半。我從我的學生身上就有這種體會。在我的教學生涯中，我不時都會看到一些學生因爲我的施教而變了一個人，變得滿懷理想。這些都是我教學生涯中的美妙時刻，因爲它讓我看到一條生命的拋物線正要開始上升。

不過，她們之中，固然有些人會在畢業後繼續執著於理想，但有些卻會半途而廢。過了五年、十年、二十年、三十年之後，你在秋季的校友聚會上碰到她們的時候，一眼就可以看出來，她們之中哪個人的丈夫允許妻子發展成爲一個完整的人。

夫妻不是不可以發展各自的事業，但應該以丈夫的事業爲主，妻子則不應該忽略對小孩的照顧。如果在同一個屋簷下有兩份事業同時在發展，而這兩份事業又是沒有交集的話，要把婚姻關係維持下去，就需要相當多的愛。我的意思是，先生必須要有讓太太發展成爲完整的人的意願，並有把婚姻關係維持下去的意願。在這種情況下，婚姻關係能否維持下去，端視乎你是不是把這種關係放在最前頭。應該把這個關係看成是彼此發展自我的沃土。要知道，當你做出犧牲的時候，你並不是爲對方而犧牲，而是爲你們的關係而犧牲。而這個關係，是你的人生得以成長向前的關鍵。

但凡把婚姻視爲愛情的無限延伸的人，最後總會陷入麻煩。因爲婚姻根本不是愛情的無限延伸。精確來說，婚姻是充滿煎熬的磨練。〔笑〕這是一個會帶給人成長的磨練。如果婚姻不能帶給人成長的話，那結婚將一點好處都沒有。

如果一個女的認同於「阿尼瑪斯」，她會是一個很好的經理人才。不過，她在認同於自己生命的男性面向的同時，卻會失去她的女性面向。她會變得只對追求成就有興趣。不幸的是她並沒有意識到，她的這種偏重對她的處境將會帶來什麼負面影響：她的婚姻將會日走下坡。

坎伯：不會，但那個把愛情謳歌看得比婚姻更高一等的傳統吟遊詩人（troubadour）卻會。這樣的事情發生在法國的南部，在普羅旺斯的詩歌裡。跟愛情有關的整個難題，就是在那裡第一次浮上檯面的。我們的心理學傳統之所以熱中於分析愛情是什麼，也是淵源於此。

在大約十二世紀中葉，出現了一個偉大的詩人，名叫波那伊爾（Guiraut de Borneilh）。在他之前，人們對愛情是什麼的問題，已經有過很多的討論，但波那伊爾卻是第一個能把所有人的說法具體而微地體現出來的人。他這樣寫道：「眼睛是心的哨兵，它會出發去尋找意象，介紹給心。」如果眼睛找著了意象，而心又是一顆溫柔的心的話，那愛情就會誕生。這裡的「溫柔」是很關鍵的形容詞，因爲它表示，這顆心並不是只有色慾，還有愛的能力。愛情和色慾是完全不同的事情，而正如我曾經說過的，色慾只是兩頭互相嫉妒的獅子。

而「崔斯坦與伊索德」的故事，正是謳歌這種愛情的奧祕的高峰之作。馬克國王從沒有見過伊索德（Iseult），而伊索德也從沒有見過馬克國王。讓馬克國王得知有伊索德這一號美女的，正是崔斯坦。話說有一次，崔斯坦在戰爭中被一把沾了毒的劍所刺傷，爲了解毒，他跑去找製毒的那個人，並從她那裡獲得治療，而對方就是伊索德的媽媽（也是名叫伊索德）。療傷期間，他愛上了伊索德，不過，他這種愛是不知不覺的，就連他自己也不知道——眞是個蠢傢伙。他回國之後，就告訴他叔叔馬克國王，自己在都柏林遇到了一個無與倫比的姑娘。

馬克國王聽了以後大爲動容，說道：「一個國王就是應該娶這樣的絕色女子爲妻。」他派崔斯坦去把伊索德迎娶回來。沒想到，崔斯坦這一去，卻遇上一連串匪夷所思的歷險。

伊索德媽媽爲了讓伊索德與馬克國王能夠深深相愛，特別配製了一種愛情魔液。不料，崔斯坦和伊索德卻在船上誤把魔液喝了，墮入了愛河。但他們的愛情，卻是有違禮法的私情。這正是「崔斯坦和伊索德」故事所要突顯的主題：愛情和婚姻是不相容的。

當然，此中還涉及一些其他的問題。例如，他們算是犯了罪嗎？如果是，他們犯的，是不是不可饒恕的大罪？不過，既然崔斯坦和伊索德的相愛不是出於自由意志，而是誤飲了愛情魔液的結果，那顯然不能算是犯了不可饒恕的大罪。

後來幾個詩人曾經改寫過這個故事，把愛情魔液的效力說成只能維持兩到三年。在藥力未失效之前，崔斯坦和伊索德犯的只是普通的罪，但在那以後，他們犯的卻變成了不可饒恕的大罪。不過這是題外話。

就這樣，愛情與婚姻的緊張關係便成了一個有待解決的問題。在普羅旺斯語裡，愛這個字是Amor，而如果你把它倒過來拼，則會變成Roma，也就是婚姻。這從另一方面反映出，當時的人們認爲愛情與婚姻是相反的。

在埃莉諾（Eleanor of Aquitaine）⑫、瑪麗（Mary de Champagne）、布朗歇（Blanche de Castille）⑬和她女兒們的時代，女人每一年都有不同的婚外情並不是什麼新聞，而這一類的事，遊吟詩人的詩歌裡多有記載。這些記載的其中一些，讓我們很清楚看到，當時的人眞的認定愛情與婚姻是不相容的。例如，據他們記載，有一個婦人死了丈夫以後，他的愛人跑去找她，說：「嫁給我吧。」婦人卻說：「不，不，我愛我的丈夫。」那人生氣地說：「那是不可能的，因爲妳說的話根本是自相矛盾的。」那男

崔斯坦在作戰中受傷。徹特西修道院(Chertsey Abbey)的磚畫（約1270年）。

崔斯坦教伊索德彈豎琴。徹特西修道院的磚畫（約1270年）。

的訴諸法庭，法庭竟然判決，那女的必須嫁給她！吟遊詩人的作品裡有很多這一類讓人嘆爲觀止的故事。

你的生命正是你痛之所在

布朗：你是說當時大部分人都有類似的愛情經驗？

坎伯：我不打算說每個人都是這樣，但有這樣經驗的人卻相當多。崔斯坦和伊索德的故事會讓那麼多人感興趣，正緣於此。在中世紀，爲愛情與婚姻的緊張關係找出解決之道的是沃夫蘭·馮·伊斯金巴哈（Wolfram Von Eschenbach）所寫的《帕西法爾》（*Parzival*）。在這個故事裡，愛情與婚姻首度被連在一起來講。那是我最喜歡的其中一個故事。

肯納德：你可以說給我們聽聽嗎？

坎伯：那可是相當長的一個故事……

沃夫蘭·馮·伊斯金巴哈所寫的聖杯傳奇⑭，可說是爲「崔斯坦與伊索德」這個極偉大的傳奇故事劃上休止符。他致力解決的難題是愛情與婚姻的兩難式。這是中世紀人的普遍觀點。他們認爲，愛情會爲生命帶來大災難，因爲愛情的懲罰就是死。

這一點，很具體表現在斯特拉斯堡（Gottfried von Strassburg）所寫的《崔斯坦》（*Tristan*）的其中一幕。據斯特拉斯堡描述，當伊索德媽媽派來看管愛情魔液的女僕發現魔液被崔斯坦和伊索德喝掉以後，備感震驚，她對崔斯坦說：「你已經喝下了你的死亡。」

崔斯坦聽了後說：「我不知道你在說些什麼。」

這種劇痛——愛情的痛、生命的痛——是中世紀人極感興趣的主題。你大可以說，你的生命正是你痛之所在；而生命的本質，正是靠劇痛的經驗去維繫的。

接著崔斯坦又說：「如果你所說的死亡是指我們的私情被發現後會面臨的懲罰，我坦然接受，而如果你說的死亡是指在地獄裡的永恆死亡，我也坦然接受。」

這可是一句很大無畏的話，因爲在那時代，人們眞的相信地獄的存在。

就我所能想到，對女僕的話最好的回答，是愛克哈特（Meister Eckhardt）⑮的一句話：「愛是不知道痛苦爲何物的。」因此，即使是下地獄，只要有所愛的人相伴在側，就沒有什麼好怕的。這就是沃夫蘭・馮・伊斯金巴哈寫《帕西法爾》時面對的氛圍。事實上，中世紀之所以能夠克服以「崔斯坦和伊索德」故事爲表徵的愛情與婚姻的兩極化，靠的就是《帕西法爾》。

聖杯故事要述說的是上帝就在你心中。基督則成了一個隱喻，成了支撐你自我生命的一種超越力量的象徵。

——坎伯

坎伯：聖杯傳說所要處理的是荒原的問題。什麼是荒原？你可以從艾略特的〈荒原〉（The Waste Land）一詩裡找到線索。它所提出來的問題就是：要怎樣才能把荒原轉變爲一片繁花盛放之地？荒原是一個人們過著不忠於自我的生活的所在，一個行屍走肉的所在。「生命要怎樣才能從這個瓦礫堆走出來呢？」艾略特在別處又這樣問過。

而在中世紀，人們所面對的處境是：被要求相信他們並不信的信仰，被要求去跟自己並不愛的人結婚。他們的地位都是繼承而來，而不是靠自己雙手掙來。所以你可以說，他們過的是一種不忠於自己的生活。沃夫蘭·馮·伊斯金巴哈在其中看到了一片荒原。

但要怎樣才能讓荒原成爲一片沃土呢？沃夫蘭·馮·伊斯金巴哈認爲，辦法就是豎立一個榜樣——一個忠於自我的人的榜樣——讓其他人起而效尤。

《帕西法爾》的故事開始於帕西法爾的父親加莫瑞（Gahmuret）。加莫瑞是個騎士，也是個冒險家，起初爲巴格達的哈里發⑯效力。從沃夫蘭·馮·伊斯金巴哈會把加莫瑞寫成一個爲伊斯蘭君主效力的基督教騎士這一點，就可以反映出，他的思考格局是跳出基督教傳統的圈圈之外的，並認識到，伊斯蘭教和基督教其實是姊妹宗教。加莫瑞在哈里發麾下效力期間，曾到過一個叫札札曼克（Zazamanc）的地方。札札曼克由一個黑人公主所統治，她的名字是貝爾卡妮（Belkarne）。在扎扎曼克的時候，加莫瑞在一次比武中得到冠軍，又擊退了來犯的敵軍，因而獲得貝爾卡妮青睞，成爲她的丈夫。他讓貝爾卡妮懷了孕，不過，小孩還沒有出生，加莫瑞就不告而別了。

他回到威爾斯。當時，威爾斯的女王是赫斯蘿德（Herzeloyde）。加莫瑞在一次武士比賽中獲得了勝利，成爲了赫斯蘿德的丈夫。換言之，現在他是兩個女王的丈夫了。不過，在赫斯蘿德懷孕以後，加莫瑞又跑回哈里發的麾下，後來戰死沙場。

他生在近東那個兒子因爲是個黑白混血兒，所以被取名爲費羅費斯（Feirefiz）。而他生於威爾斯的兒子就是帕西法爾。換言之，帕西法爾這位基督教的騎士，事實上還有一個伊斯蘭教的兄弟，只是他並不知情罷了。

帕西法爾的媽媽不想他重蹈父親的覆轍，決定不讓兒子知道任何有關騎士的事。爲此，她搬到康乃迪克或之類的地方，隱姓埋名，務農維生，扶養兒子長大。因此，帕西法爾從不知道有騎士這回事。然而，他卻與生俱來就流著騎士的血液，擁有一顆如同他父親的高貴心靈。儘管他自己不知道，但他天生就是一個騎士。

大約十五、六歲的時候，有一天，他在田裡看見有三個騎士騎馬經過。他以爲他們是天使（她媽媽都是這樣告訴他的），於是馬上跪下。三個騎士對他說：「起來，你用不著跪拜我們。我們是騎士，來自亞瑟王的宮廷。」

他問：「什麼是騎士？一個人要怎樣才能成爲騎士和進入亞瑟王的宮廷？」

對方於是把有關騎士的事情告訴了他。

他跑回屋裡，告訴媽媽：「我想當個騎士。」他媽媽一聽就氣得昏了過去。醒來以後，她決定要讓帕西法爾得到教訓。她做了一套小丑服裝，讓他穿上，再給他穿上一件裡面已經生鏽的胄甲，讓他到外面闖蕩。帕西法爾離開的時候，她尾隨在後，不料，在一個轉角處，她卻從馬上摔了下來，就這樣摔死了。這就是帕西法爾騎士生涯的開端——殺死自己的媽媽。這可不是一個好的開端。

他騎了一天的馬，晚上的時候去到一座鄉間的小城堡。城堡的主人是個名叫古內曼茲（Gurnemanz）的騎士，他本來有三個兒子，但都在武術比賽中喪生了，現在只剩下最小的女兒陪伴在身邊。

當帕西法爾出現時，城堡的人以爲他就是大名鼎鼎的紅騎士，所以熱烈歡迎他。不過，當帕西法爾脫去冑甲，準備接受沐浴的款待時，他的身分就揭穿了，因爲他身上佈滿鐵鏽，而等城堡的人幫他把鐵鏽抹去後，發現他竟穿著一件小丑裝。

不過，古內曼茲卻看出帕西法爾是個不凡的人，所以就繼續招待他，並教他騎士的格鬥技巧、駕馭馬匹的技術和騎士的格鬥規則。而其中一條規則是：不問多餘的問題。不過日後證明，這條規則對帕西法爾來說不是好事。

古內曼茲既然那麼欣賞帕西法爾，自然會想要把女兒許配給他。他這樣做有兩個好處：一是讓自己有另一個兒子，一是讓女兒有丈夫。

但帕西法爾聽說後卻心想：我不要別人給我一個太太，我要自己贏得一個太太。這是一種新的哲學的開始。你們明白嗎？他想擺脫只是由社會加給他的東西。因此，他離開了城堡。不過，這時候的他已經脫胎換骨，成爲眞正的騎士。他並沒有操控馬韁，而是任由馬匹隨意而行。這個放任馬匹隨意而行的意象，是中世紀神話和許多其他神話裡的一個重要意象。馬匹象徵的是自然的力量，而策騎者則象徵操控的心靈。帕西法爾讓馬匹隨意而行，表示出他已能完全控制自然——他自己的自然（本性）⑰。那是一匹高貴的馬，擁有一顆跟帕西法爾一樣高貴的心。

馬匹載著他走了一整天，在黃昏時把他帶到另一座城堡。城堡的女王是個年齡只跟帕西法爾一樣大的女孩，名字叫康薇拉茉（Condwiramurs）。（這個名字暗指conduire amour，意即「愛的嚮導」）。在城堡裡，帕西法爾理所當然地脫下了胄甲，接受沐浴的款待，沐浴完後又換上一襲柔軟的袍子。而到了該休息的時候，他就被帶到一張床去。

睡到半夜，嗯，有事情發生了。在朦朦朧朧裡，帕西法爾看到康薇拉茉跪在他的床前，哭著。「妳跪的應該是上帝，而不是我。如果妳想要這張床的話，我可以馬上讓給妳。」但康薇拉茉卻說：「如果你答應不侵犯我，我願意到床上把我的故事告訴你。」

對於康薇拉茉當時的穿著，沃夫蘭．馮．伊斯金巴哈這樣形容：「但她身上穿的是打仗的服裝：一件半透明的睡袍。」

康薇拉茉躺到床上，一面哭，一面訴說她的故事。「我的城堡正在被圍攻。有一個世界上最強的騎士，名叫克拉密特（Clamide），他想要佔有這座城堡和強娶我爲妻。」看到沒，同一個主題又再次出現了：康薇拉茉就像帕西法爾一樣，想要反抗命運的安排。

「但你看到的，」她繼續說，「我的城堡有一座很高的塔。我寧可從塔上跳下來，也寧可不嫁給那個人。」那騎士派了一隊軍隊來逼婚，爲首的是他手下的大將軍。

帕西法爾說：「不必擔心，我明天早上會殺死他的。」

「那就太好啦。」

第二天早上，隨著城堡的吊橋被放下和一陣號角聲響起，就看到一個紅騎士騎著馬，從城堡裡衝了出來。他一直往前衝，深入敵軍之中，直衝到爲首的大將軍前面，幾下交鋒，就把對方打倒在地。帕西法爾一個膝蓋壓在對方胸上，一手掀去他的頭盔。在他要把對方的頭斬下來的時候，對方說：「我投降！」

帕西法爾說：「好，那你到亞瑟王的宮廷去。你說你是我的人，是我派你去的。」

同樣的事情發生過好幾次以後，亞瑟王就開始想：唔，這樣一號人物，我們不應該錯失！於是，他就派人去找帕西法爾，想要把他網羅到麾下。

帕西法爾在聖杯城堡接受國王賜劍。中世紀古卷上的插圖（約1330年）。

不過那是後話。話說帕西法爾打敗對手回到城堡的時候，看到康薇拉茉已經把頭髮梳理成已婚婦人的模樣。換言之，她已經認定自己是帕西法爾的太太了。他們都是自願選擇對方的。當晚他們一起就寢。

不過，對於當晚的情形，沃夫蘭·馮·伊斯金巴哈卻是這樣說的：「恐怕現今不會有幾個小姐太太樂於過一個那樣的夜晚。」原來，帕西法爾連摸都沒有摸康薇拉茉一下。他根本不懂男女之事。連續兩個晚上，他們都是同床共枕，卻沒有發生任何事。到了第三天晚上，帕西法爾記起了母親告訴過他有關擁抱這回事，而康薇拉茉也向他解釋，夫婦應該是一體的。

對接下來發生的事，沃夫蘭·馮·伊斯金巴哈說了這樣的話：「請各位恕我對當時的情形直言不諱：他們的手與腳都糾纏得緊緊的，緊得就像是要這樣子纏著一輩子。」

這個故事要傳達的觀念是：肉體的結合是愛的最高表現，而讓肉體的結合得以聖潔化的就是愛，其中無須神父的介入。在這個故事裡，愛是在婚姻裡被完成的，而婚姻則是愛的巔峰。就這樣，沃夫蘭·馮·伊斯金巴哈把愛情與婚姻的關係帶到了一個全新的境地。中世紀的騎士被認爲應該有五種美德：克制、勇氣、忠誠、禮貌和愛。帕西法爾一身兼具這五種美德。

法夫羅：這故事對當時的歐洲帶來什麼樣的影響？有很多人讀過它嗎？還是說它的影響力只是你研究它時所下的判斷？

坎伯：亞瑟王傳奇的書寫，有如一股巨大的浪潮。它最先是出現在傑弗里（Geoffrey of Nonmouth）用拉丁文寫成的《不列顛諸王史》（*History of the Kings of Britian*）裡。那是一部記述盎格魯—撒克遜人還沒有來到之前的不列顛諸王的傳奇。最早的一個國王名叫布魯特（Brut），不列顛（Britian）的名字，就是由他的名字而來。在書中，亞瑟王被描述爲一個抵抗盎格魯—撒克遜人入侵的英勇國王。

這一本書，引發了一波又一波書寫凱爾特英雄與凱爾特題材的浪潮。現在，重要的並不是這個傳奇是不是影響了當時很多人，而是它乃當時整個思考傾向的一個體現。這些以亞瑟王傳奇爲題材的作品，所致力的都是讓當時的歐洲，可以同化於基督教。基督教是來自世界的另一頭的；它來自近東，是一種外來的宗教，而歐洲是從十一、十二和十三世紀初期開始同化於它的。在十三世紀的時候，曾經有一個叫約阿希姆（Joachim of Florence）的人（他可能是個主教或修道院的院長），寫了一篇稱爲〈精神的三個時代〉（The Three Ages of The Spirit）的宣言。

文中他指出，精神的第一個時代是伊斯蘭教和聖父時代，其任務是爲了基督教的出現與基督的道成肉身做準備。精神的第二個時代是聖子和教會的時代，其任務是要爲世人帶來天上的信息。精神的第三個時代是聖靈的時代，它會在十五世紀的時候展開，屆時，聖靈將直接對百姓說話和教導他們，而教會的制度將趨於式微。

這樣一種理論會被斥爲異端和受到譴責是很自然的，但它仍然引起了相當大的注目。聖杯古堡正是一座參與到這種新經驗去的古堡。而聖杯騎士——不管是帕西法爾或加拉哈（Galahad）——都被描述爲穿著一襲散發著火焰的紅色冑甲，在聖靈降臨節（Pentecost）當天抵達亞瑟王的城堡。所以說，聖杯騎士的意義相當於基督，也就是說，他們都是聖靈的載具。

這個轉折，是這本書的最大特色，那是一個離開正統基督教模式的轉折。

坎伯：「崔斯坦與伊索德」的故事出現於十二世紀下半期，大約是一一六〇年至一一七〇年之間。有趣的是，印度的黑天崇拜（Krishna cult）也是出現在同一個時期。據神話傳說，天神黑天（Krishna）與一個有夫之婦拉達（Radha）陷入熱戀。

黑天與拉達的戀情，就像崔斯坦與伊索德的戀情一樣，是打破禮法禁忌的，代表著跳出理性的藩籬，進入非理性的領域中。而「黑天與拉達」故事的一個特殊之處，是這一次涉入這戀情中的，甚至是個天神。

歌頌這段羅曼史最有名的作品是《牧童歌》（*Gita Kovinda*），其作者是個年輕的婆羅門，遭遇與黑天有點類似，因爲他與自己古魯（老師）的女兒也是陷入了熱戀。他借黑天的角色爲自己代言，借拉達的角色爲他的愛人代言。這部作品，跟崔斯坦的故事完全是同一個時期的產物。

另外，如果我們把視線往前推一個或半個世紀，就會看到，在日本，也有類似的作品，那就是一位宮廷女史紫式部所寫的《源氏物語》。這部作品，固然也是一個愛情故事，但它也是作者對「事物的嘆息」的喟嘆，這種喟嘆，呼應了佛陀「人生皆苦」的教誨。因此，在差不多同一個時期，從歐洲以至中國海的一整片地區，你都可以看到一種把愛情提升到靈性境界的貴族式愛情。

而在伊斯蘭世界，這種愛情觀是跟蘇菲派（Sufis）一道出現的。在《一千零一夜》

（*The Arabian Nights*）裡，你可以看到不少跟絕對的愛情有關的故事，而其中讓人發狂的女主角，都是一些身價非凡的婦女。

當時，整個世界都是這一類的東西。

現在的蘇菲派教徒會告訴你，這種觀念是歐洲人從他們那裡抄襲過去的，而抄襲過去以後又作出了誤讀。但這卻不完全是事實。因爲即便這個觀念眞的是歐洲人抄襲自蘇菲派的，但他們卻沒有誤讀，只是重新詮釋罷了。在東方，故事中的女主角都是女性特質的一個象徵。而通常，故事中的女主角，社會地位都要比男主角低一等。但在西方，故事女主角的社會地位卻是平起平坐的，而且代表的是某個個人，而非某個女神。

所以說，雖然是同一個觀念，但它在東方和歐洲的表現卻有著很重要的差異。不過，即便是在歐洲，這觀念在普羅旺斯的吟遊詩人（troubadour）與日耳曼的抒情詩人（minnesinger）之間，也存在著一個差別——儘管兩者的原意都是「愛情的歌者」。在法國，一個被戀慕的對象通常是一個上流社會的貴婦人，但在日耳曼，情形卻不是這樣。日耳曼抒情詩人的態度，可以從最偉大的一位抒情詩人福格爾魏德（Walter von der Vogelweider）的一句話反映出來：「女人」是比「仕女」更高貴的字眼。被他的詩謳歌的，盡是些平凡而可愛漂亮的女孩子。

因此，中世紀的愛情觀念是往不同的方向延伸的。不過，同時，從世界的一頭到另一頭，情慾神祕主義（erotic mysticism）都瀰漫在空氣中。

譯註：

①：楠塔基特是位於麻省科德角外海的島嶼。

③：義大利城鎮。

④：阿尼瑪（anima）：榮格心理學中的觀念，指男性心中的女性原形意象。它會出現在夢境和幻想中，而且會投射到異性的身上，這時，就會產生戀愛的經驗。女性心中的男性原形意象則被稱爲「阿尼瑪斯」（animus）。

⑤：希臘神話中的酒神。

⑥：納瑟西斯（Narcissus）：希臘神話中的美少年，因爲迷戀自己水中的倒影，徘徊不去，最後憔悴而死；約伯（Job）：《舊約・約伯記》的人物，上帝爲了考驗他的信心，把各種巨大

的苦難加在他身上。

⑦：這是玩笑話，珍、珍妮或珍娜都是指他太太。

⑧：依色冷研究所是一個以提升人的意識或靈性爲宗旨的成人教育機構。這裡說的「他們只是想得到『依色冷』體驗！」暗示珍的學生只想透過舞蹈很快獲得意識或異性的提升，而不想重複練習肢體動作。

⑨：希臘神話中司野生動物、狩獵、植物、貞節和生育的女神。

⑩：柏拉圖在其對話錄中常常藉蘇格拉底之口陳述自己的主張，故某些主張是蘇格拉底本人的意見或柏拉圖的意見，並不確定。

⑪：邏各斯（Logos）爲古希臘的哲學觀念，指的是宇宙的規律。由於古希臘人認爲宇宙的規律是理性和邏輯的，故柏拉圖以邏各斯一詞來命名邏輯性的思考方式。厄洛斯（Eros）則是古希臘神話中的愛神，愛是非理性、感性和直觀的，故柏拉圖用它來命名直觀性的思考方式。

⑫：埃莉諾（Eleanor of Aquitaine, 1122-1204）：法王路易七世和英王亨利二世的王后，當時最有權勢的女人。

⑬：布朗歇（Blanche de Castille, 1188-1252）：法王路易八世的王后，路易九世的母后。

⑭：指的就是《帕西法爾》。聖杯傳說原是與亞瑟王傳說各自獨立的故事，後來卻被整合到亞瑟王傳說之中。《帕西法爾》同時包含這兩種成分。

⑮：愛克哈特：十三、四世紀萊因蘭（今屬德國）神祕主義哲學家。
⑯：中世紀伊斯蘭國家或帝國元首的稱號。
⑰：英語中自然（nature）與本性是同一字。

左圖　坎伯與太太蜜月期間攝於胡士托（一九三八年）。

恩賜

The Boon

右圖　坎伯與《打開《芬尼根守靈記》的萬能鑰匙》合著者羅賓遜合照（1944年）。
這照片是羅賓遜給坎伯的，他在照片背後寫道：
親愛的喬，這一張是給你的——很適合鑲框後擺出來。
它把你照得很英俊，卻把我照得像個莽漢子。
——朗多。

單一神話（Monomyth）的整個週期或標準模式，需要英雄帶著他所獲得的智慧神祕符號，或金羊毛，或睡著的公主重回人類的國土，用他所得到的恩賜使社區、民族、行星或大千世界獲得新生。

——坎伯，《千面英雄》

一九四三年，在坎伯的朋友兼導師吉謨推薦下，波林根基金會邀請坎伯爲他們的第一本出版品——茉荻・奧克斯（Maud Oakes）的《兄弟同來見父親之處：納瓦霍印第安人一個戰爭儀式的研究》（*Where the Two Came to Their Father: A Navaho War Ceremonial*）——當編輯和作註的工作。坎伯指出，這件工作讓他「繞了一個大圓圈，再回到了野牛比爾。」第二年，他生平第一部著作出版了，也就是與羅賓遜（Henry Morton Robinson）合著的《打開《芬尼根守靈記》的萬能鑰匙》（*A Skeleton key to Finnegans Wake*）。另外，他也撰寫了一篇對《格林童話全集》（*The Complete Grimm's Fairy Tales*）的評論。

吉謨在一九四三年死於肺炎後，坎伯承擔了把吉謨在美國的講學內容編整成書的艱鉅任務。這工作一共花了坎伯十二年的時間，而成果則是四大冊有關印度文化與神話的作品。這期間，坎伯也致力於撰寫那本日後會讓他獲得很多藝術家掌聲和很多學院派噓聲的大作：《千面英雄》。在波林根的叢書系列中，這本書的銷售量僅次於衛禮賢（Richard Wilhelm，來華傳教士，一八七三—一九三〇）所譯的《易經》。

在一九五〇和六〇年代，坎伯除在莎拉・勞倫斯學院任教、撰寫大量的學術性論文和書評以外，還爲「神話與人」系列編輯了《簡明本一千零一夜》（*The Portable Arabian Night*），爲波林根基金會把榮格會議的論文編成六冊文集。此外，他還是創意電影基金會（Creative Film Foundation）主席。

茱荻・奧克斯，攝於瓜地馬拉（1946年）。

打開《芬尼根守靈記》

布朗：可以談談你早期的寫作生涯嗎？

坎伯：我從閱讀當中學到很多東西，也體驗到很多東西。至於寫作，雖然我在預科學校唸書的時候已經開始寫作，但卻沒有在這方面抱什麼大志。我絕大部分的時間都只是看書、看書、看書。

《芬尼根守靈記》是一九三九年在美國出版的，但我早在巴黎的時候就讀過。它早期的版本曾經以「創作中作品」爲標題，在喬拉斯（Emile Jolas）主編的《過渡》（*Transition*）雜誌上連載。它讓我相當著迷，因爲我覺得它的內容觸動了我裡面的一些什麼。當此書終於以完整的形式出版之後，我馬上買了一本，花了一星期時間從頭到尾讀了一遍。在你已經多少有準備的情況下讀這本書，哇塞，那眞是一種很過癮很過癮的經驗。

在哥大唸書的時候，我認識了一個名叫亨利・羅賓遜的年輕教授。他常常到田徑場旁邊踢球。在經濟大蕭條那段期間，我隱居到胡士托（Woodstock）讀書，而朗多（大家都這樣暱稱他）則沒有了工作，但又有一家人要養，生活很吃力。最後，他終於有所突破，在《讀者文摘》找到一份工作：每個月爲別人代筆寫三、四篇文章。所以說到寫作，他是個眞正的行家。

有一天，他和太太到胡士托來，跟我和珍一起用晚餐。吃飯的時候他說：「你研究《芬尼根守靈記》研究得怎樣了？」我說：「很不錯。」他說：「應該有個人來爲它寫本解讀的，你看我們來做這事怎麼樣？」

我說：「唉，算了吧。」

但他說：「別這樣嘛！我們來做。」

最後我同意了。我們做好分工的安排後，又決定要寫一篇導言。我相當起勁，把整本《芬尼根守靈記》一段段拆開來，詳加分析，一口氣寫了大約四萬字。當我把寫好的東西帶給羅賓遜過目時，他說：「拜託，你以爲我們要出的是《大英百科全書》嗎？」

被歸類為「通俗」作家

如果你打算跟某個人合作寫一本書的話，你負責的是哪一部分，對方負責的又是哪一部分，必須從一開始就講得一清二楚。如果你們把這條分界線界定得夠清楚，那你們就會合作愉快，否則，只怕會不歡而散。

我和羅賓遜就做到了這一點。他是個很出色的喬哀思研究者，但是，每逢我們對喬哀思某段話該怎樣解釋而意見相左的時候，對的人總是我；如果碰到的是該怎樣寫一本書的問題時，對的人總是他。

他看過我寫好的第一批稿子後對我說：「喬，你讓我覺得很妙，因爲你寫的東西，全都是前後顚倒過來的。應該是寫在開頭的地方，你卻把它寫在最後面。差不多你每一段甚至每一句都有這個問題。」

晚上回家之後，我把他的話回想了一遍，並思索我寫的東西爲什麼有這種毛病。最後，我想到了理由：一直以來，我所接受的都是一種學者的訓練，設定的寫作對象都是學者。而學者寫東西有一個特色，那就是喜歡東引西引，說這個人說過什麼，那個人又說過什麼，不過，對於被他引用過的意見，他都會用簡簡單單的一兩句話加以推翻。最後他又告訴你，想要獲得定論，有多麼困難。結果，你看完整本書，會發現作者眞正說過的話，加起來就只有一丁點兒。

我的朋友羅賓遜又說：「聽好，如果你寫的東西是要給文明人看的話，你就是權威。從一開始你就要告訴他們，你是怎樣想的，接下來才去闡明你的想法。這樣，他們才會有方向感，不會昏頭轉向。」

這番話很有啓發性，此後，我寫作的時候都會以此爲方針。只不過，這樣做卻讓我的學院光環失色不少，讓我被歸類爲一個「通俗」作家。

《萬能鑰匙》我們一共寫了大約五年。寫完之後，根本沒有誰想出它。我們曾經把它寄給出版喬哀思作品的布雷斯出版社（Harcourt Brace），他們卻把稿子退回來。

然後，就來了懷爾德（Thorton Wilder）①的《我們牙齒的皮膚》（*The Skin of Our Teeth*）這齣戲。有一個星期六晚上，我和珍一起去看這齣戲，坐的是樓座的第一排。看著看著，我不禁吃了一驚。因爲我發現我聽到的對白，很多都是出自《芬尼根守靈記》。我對這本書熟得不能再熟，所以絕不會聽走耳。於是我問珍說：「妳有帶鉛筆嗎？」她帶了一個女用袋子，裡面應有盡有。我拿著鉛筆，每聽到一句出自《芬尼根守靈記》的對白，就趕緊在節目單上記下來。這張節目單，我到現在還留著。

第二天早上，我從胡士托打電話給羅賓遜。「嗨，朗多，我想我們應該寫封信給《紐約時報》。老天爺，你知道《我們牙齒的皮膚》這齣戲有多過分？它的內容完全是抄襲《芬尼根守靈記》。」他說：「我星期一休假，我們到時候再談。」

星期一碰面，他聽說了是怎麼回事，就打電話到《週六評論》（*The Saturday Review*）給卡曾斯（Norman Cousins）。我們花了一整天寫文章，傍晚送去《週六評論》。看了以後，卡曾斯問我們：「這篇東西要用什麼標題？」

「用〈誰的牙齒的皮膚〉怎樣？」於是，我們就把文章發表了。不過，當時珍珠港事件已經爆發，美國參戰，懷爾德從軍去了。他當的是上尉，不久之後晉升爲少校，沒多久又晉升到更高的軍階。所以，我們文章登出來的當晚，一大群報童就像一群俯衝轟炸機一樣，從各個角落蜂擁而至報社，要知道詆毀他們的戰爭英雄的那兩個人是誰。「這兩個愛爾蘭佬是誰？那可不是我們要爲之作戰的文明。」

得知此事以後，我對羅賓遜說：「我們先把這件事緩一緩。他總有一天會出書的，到時候再修理他不遲。」

當劇本終於以書的形式出版之後，我用一把很細緻的牙刷把它從頭到尾刷過一遍。劇中最少有四百個句子是抄自《芬尼根守靈記》。每個角色都是從《芬》書走出來的，它探討的問題，也徹頭徹尾是《芬》書的問題。有一句抄自《芬》書的句子甚至長達四行，每個字分毫不差。我們先是寫了〈誰的牙齒的皮膚，第一部〉，接著又寫了〈誰的牙齒的皮膚，第二部〉。

《千面英雄》被拒絕兩次才出版

坎伯：寫完《打開《芬尼根守靈記》的萬能鑰匙》之後，我寄了一份副本給邁耶女士，她又寄了一份副本給湯馬斯．曼，後者爲此回了她一封信。這信後來被收錄在《湯馬斯．曼書信集》（*Collected Letters of Thomas Mann*）裡。當我把《湯馬斯．曼書信集》買回來之後，翻開索引，看看有沒有我的名字。果然有，那表示，他在其中一封書信裡提過我——就是他感謝邁耶女士寄給他《打開《芬尼根守靈記》的萬能鑰匙》那一封。

我以前見過湯馬斯・曼，所以我想他應該知道喬瑟夫・坎伯是誰。他的信是這樣說的：「謝謝妳寄來喬瑟夫・坎伯的書。我非常欣賞此書，因爲沒有它，我不可能讀得懂《芬尼根守靈記》。而在讀過《芬尼根守靈記》後，我覺得一個我好些年前的猜測獲得了證實：喬哀思是二十世紀最偉大的小說家。」

無論我們是以淡淡的興趣聽某個紅眼睛剛果巫醫的夢一般的咒語，還是以有素養的狂喜閱讀神祕的老子的詩行譯文；無論是試圖弄懂阿奎那（Aquinas）的艱深論證，還是突然理解了愛斯基摩人怪異童話的精采含義：我們所看到的總是那個形式雖然千變萬化，內容卻始終如一的故事。使人深思的是這個故事暗示著許多尚未為人所知的東西需要我們去體驗。

——坎伯，《千面英雄》

布朗：你怎麼會想要寫《千面英雄》的？就我所知，雖然你正式動筆寫它時，是到莎拉・勞倫斯學院當老師之後，但這之前，你早已有了腹稿。

坎伯：當時羅賓遜已經出了書，替他出書的是「西蒙／舒斯特出版社」（Simon & Schuster）。因爲他經常在出版社的人面前提我的名字，他們就問他：「這個叫坎伯的傢伙是何許人？」羅賓遜回答說：「他是最棒的。」他們就說：「我們可以找他寫本有關神話的書。」

於是羅賓遜打電話給我：「嗨，喬瑟夫，西蒙／舒斯特出版社想找你寫一本有關神話學的書。你姿態可別太高。如果事情搞砸了，我以後就不再跟你說話。」他安排了我跟出版社的人共進午餐。

「我們想出一本有關神話的書。」

「你們希望它是怎樣的內容？」

「一本現代版的《紅腹灰雀》（*Bullfinch*）之類的。」

「沒有一根十英尺長的竿子，我可搆不著它。」

「那你想寫些什麼？」

「我想寫本教人怎樣讀神話的書？」

「你是說類似自助手冊之類的書？」

「對。」

「寫個大綱過來吧，之後我們再談。」

回到家以後，我花了一個通宵把大綱寫好（當時珍去旅行了），拿到出版社去。事情就這樣一拍即合。我獲得了一份優厚的合約：簽約後拿兩百五十美元，完成一半拿兩百五十美元，出書後再拿兩百五十美元。

就這樣，我為寫這本書工作了四、五年。

《千面英雄》是我獨力寫成的第一本書，動筆於我完成《打開《芬尼根守靈記》的萬能鑰匙》之後。

在這本書裡，我只是想闡發一個我得自喬哀思的觀念：單一神話（monomyth）。它要說明的，是世界上的所有神話都是同一個神話、同一個循環的體現。這個觀念，我有取自喬哀思的，有取自湯馬斯・曼的，有取自奧維德（Ovid）的，有取自史賓格勒的。所以說，它是多重影響下的結晶。儘管如此，我的這個觀念，最主要還是得之於喬哀思。

——坎伯

我過去的挑戰，是《千面英雄》；我現在的挑戰，是在莎拉・勞倫斯學院給學生上第一堂課。在撰寫《千面英雄》導論的時候，每寫完一個段落，都會唸給珍聽。等聽完整個導論，她說：「你這個導論眞夠長的。」我把稿子重新整理了一遍，並沒有刪節，只是把原來的導論拆開，分成好幾章。就這樣，我就有了半本《千面英雄》。

五年後，我把《千面英雄》的稿子寄給西蒙／舒斯特出版社。但過了幾個月都沒有一點下文，我就打電話去詢問。對方說：「我們的出版社改組了，現在對出版你的書並不是那麼感興趣。如果你堅持，我們還是會出版，但只怕會對編輯的品質有影響。」

我回答說：「等我過去跟你們談談再說，如果談不攏，我會把稿子拿回來。」結果，我把稿子拿回家。

我打電話給羅賓遜，告訴他這件事，又說：「既然已經把稿子拿回來了，我打算把錢退還給他們。」

但他卻說：「要是你敢把錢還給他們，我就抓你去釘在十字架上。你這個人眞是……。他們要你工作了五年，現在卻一腳把你踢開。眞是一群王八蛋！」

後來，有另一個出版商——萬神殿出版社（Pantheon）的沃爾夫（Kurt Wolff）——說他想看看我的稿子。他看過後的反應是：「誰會看這種書？」不過幾年後，他說了一件讓我覺得很有面子的事：多年以前他曾退過史賓格勒的《西方的沒落》。

後來我把手稿寄給波林根基金會，得到的回覆是：「你的英雄是蜜糖。」《千面英雄》就是這樣誕生的。它從一九四九年出版以後，一直到去年（一九八四年）還在再版，銷售量有一萬本②。就一本曾被兩家出版社拒絕的書來說，能有這樣的銷售成績，算是相當傲人。

你把自己的情況與神話的情況相對照，就會知道自己處在什麼樣的處境中

聽眾發問：可不可以請你談談，在人生的道路上，我們有可能會碰到哪一些的試探？因為試探總是不時會光臨我們身上的，所以如果能預先知道它有哪些模式，將是一件美事。

坎伯：在〈約伯記〉裡就有一個很好的這樣的表列，如果你想要的是迄今最好的作品，那你應該看喬瑟夫・坎伯所寫的《千面英雄》。〔笑〕那裡面就有一個表列。我可以告訴你，當那樣的事發生在你身上的時候（事實上每天都會發生），你應該用神話的觀點來看待它們，這樣，你就會知道該怎樣去對應。你把你自己的情況與神話的情況兩相對照，就會知道自己在什麼樣的處境中。不要把它們當成外在

於你的東西來讀，而應該當成內在於你的東西來讀。這樣做，你就是把神話的材料迻譯成靈性的資糧。

我在波林根基金會裡被分派到的下一個任務是編輯（原來的編輯出國去了），負責編的就是坎伯的《千面英雄》，當時的進度已到了校對階段。我讀校對稿讀得很熱切，就連坐地鐵回家的路上都會拿出來讀。與心理分析的邂逅，早已讓我看出，每一個意象背後都有一個意義。〔但在到波林根基金會工作以前，我只認識弗洛依德，而不認識榮格，更不要說梅隆（Paul Mellon）〕。當我和坎伯隔著一張摩爾式咖啡座討論我所做的索引時，我發現他是這個世界上最容易被取悅的人。雖然我是第一次做索引，而且做的又很不傳統，但他一點不以為意。前一任編輯把坎伯排斥在編輯事務之外，最後又一走了之，所以坎伯會歡迎任何一個有文學修養和工作積極的代替者。我的熱忱感染了他。當我跟他談到有關神話的象徵是與個人夢境有對應性的主張時，他喊道：「對！真的是這樣，它們是全都合在一塊的。」

——麥圭爾（William McGuire），《波林根》（*Bollingen*）

你爬到梯子的頂端才發現梯子放錯了牆

柯西諾：你第一次認識吉謨是什麼時候？

坎伯：吉謨的父親是個知名的凱爾特學家，他本人則是個知名的印度學家。他是在希特勒上台後離開德國的。他受不了納粹那一套，所以帶著家人來到美國。但卻沒能找到工作。當時美國大學設有東方方面的科系，寥寥可數，況且，已經在這些科系佔有位子的人，也不想引進會威脅到他們的競爭者。最後，榮格基金會幫他在哥大圖書館的頂樓找到一個房間，供他講課。

我去上他的第一堂課時，整個房間裡只有四個人。不過，他講起課來的神情舉止，卻跟在一個大禮堂裡無異。他是一個精采絕倫的講演者。我還記得他對我說：「我很高興你會對這些東西感興趣。」另外兩個聽眾，一個是圖書館的管理員，他也是榮格基金會的成員，吉謨能夠找到一個房間講課，就是他安排的。另一個是波蘭的女雕塑家。走進教室的時候，她全身散發著濃濃的香水味，濃得可以把諸天神佛全送到西方淨土。

煉金術的意象是一個很棒的意象。金子本來是被基本物質——也就是所謂的原質（prima-materia）——包裹著的，但經過一番煉金的過程，金子就能被從原質中提煉出來。現在，你也可以把你的靈性生命看成是金子，把你的生理慾望看成是遮蔽你靈性生命的原質。但透過一番神祕的冥想程序，可望能把你的靈性金子抽取、提升出來。你必須慢慢進入這種程序中，它就是你的磨練所在。磨練就是一個讓你的生命逐漸獲得澄清與淨化的過程。

——坎伯

我和吉謨就是這樣認識的。

因爲受到歡迎，第二個學期，吉謨獲得了一間較大的教室，再下一個學期，他又獲得了一間更大的教室。但突然間，他卻死了。因爲感冒，後來又轉成肺炎。沒有一個醫生診斷出來，眞是荒謬。他就這樣突然走了。我從他那裡的受益，多得難以估計。他的遺孀把他從日本帶回來的佛像送給我，又拜託我把他在美國講學的內容整理成書出版。結果，老天，我花了十二年的時間，把他的筆記整理成四大冊的書。

吉謨持續不斷地向瑪麗為波林根基金會推薦一些有潛力的人才。其中一個就是喬瑟夫・坎伯。「一個聰明而有直覺力的愛爾蘭人，他渾身是勁、頭腦清晰、充滿生命力，對印度的東西相當有研究。」

——麥圭爾，《波林根》

印度學家吉謨（右）與波林根基金會創建人之一的梅隆。
梅隆太太瑪麗對吉謨有這樣形容：「當他興奮或手上有一杯印度葡萄酒的時候，他就會像一口噴泉或喬哀思那樣，妙語如珠。聽他說話，猶如是看香卡跳舞。那是被譜寫成管弦樂的神話。」

坎伯：爲吉謨編整遺著，使我跟波林根基金會的關係變得密切。那裡是一個徹頭徹尾的榮格世界。後來，當我的《千面英雄》被兩家出版社拒絕後，就是靠著波林根基金會的賞識才能面世的。如果沒有他們的話，我想在座不會有誰聽過喬瑟夫・坎伯的名字。在我爲吉謨編整遺著期間，他們一直爲我提供補助金，讓我的工作能持續下去。那段期間，對這些材料感興趣的人慢慢穩步增加，而時至今日，所有人都對它們感興趣了。

你們知道嗎，能夠不用工作，在自己想走的路上追尋，是一件很美妙的事。我找到的東西，是其他人在迷路時能夠派得上用場的。我一個朋友說過的一句話，很能道出，如果一個人最初沒有走自己想走的道路，到了中年以後會有什麼樣的感覺：你爬到梯子的頂端才發現梯子放錯了牆。

我想，當你碰到這樣的處境時，最需要做的就是把牆打穿。

那張「危險的床」

坎伯：吉謨在談及高文（Gawain）③的冒險故事中那張「危險的床」（Perilous Bed）時，提出了一個問題：這樣的歷險意義何在？

他要問的是，當男性毫無道理地認爲自己經歷著女性的誘惑時，他應該怎樣自處。吉謨自己提出的答案是：克制！克制！再克制！如果你能堅持到最後，他說，那一切女性的祝福都會是你的！

沒想到，我竟然眞的碰到一個用得著這個告誡的場合。當時我正在寫一本有關印度藝術的書，以吉謨的遺著《印度亞洲的藝術》（*The Art of Indian Asia*）爲基礎。我蒐集了幾乎全部我需要的圖片，但卻有大約四張圖片找不到。我知道在印度藝術史家庫馬拉斯瓦米（Ananda K. Coomaraswamy）——他已經在兩三年前過世——的檔案收藏那裡，說不定可以找得到。

於是，我打電話給他的遺孀：「不知道我是不是能夠到府上來，看看博士留下來的檔案文件中，是不是有我需要的那幾張圖片？」

「來吧。」她說。於是，我就在一個大熱天去波士頓。庫馬拉斯瓦米收藏的圖片數量極爲龐大，儘管如此，我認爲不用半小時就可以把我需要的四張圖片找到。

就如任何傾聽過繆思的聲音的人都知道的，寫作的時候，你既可以靠你自己，也可以靠靈感。真的有靈感這回事。它會從你裡面浮上來，對你說話。那些真正用心聆聽眾神的韻律和詩歌的人，用心聆聽眾神話語的人，在把這些詩歌話語複述一遍的時候，會優美得連眾神都被吸引住。

——坎伯，一九八三

我坐了下來，開始一頁頁翻圖片。大約過了半小時，庫馬拉斯瓦米太太走進來說：「今天夠熱的了。你想喝點柳橙汁或什麼的嗎？」我說：「好啊。」她把柳橙汁端進來以後，就坐了下來，跟我閒話家常了約一個半小時。等她離開以後，我繼續工作。不過，過了一會兒，她又進來說：「我想現在應該是晚餐時間了。」我說：「好吧。」

吃過晚飯後已經是傍晚，我繼續工作。「我看你今晚就睡這裡好了。沒有關係的。你就睡在那邊那張沙發好了。」我這樣一待就是三天！

逗留在那裡的全部時間，我都警惕自己說：這裡就是「危險之床」，我只要一陷下去，就會萬劫不復！我離開的時候，大樓的門房還以爲我們發生了什麼韻事呢。他怎樣想我可不在乎，最重要的是，我終於把我需要的幾張圖片找到了。

神話的資訊對實際的人生處境多麼有價值，這就是一個小小的例子。

坎伯與太太攝於瑞士，照片右邊的是榮格作品的英譯者赫爾(R. F. C. Hull)及其兒子賈米（1954年）。

布朗：可不可以請你談談，你在寫作這些作品的那段時間，過的是怎樣的生活？

坎伯：我寫作的同時，還得教書。莎拉．勞倫斯學院的教學工作是全天的，你並不是只要上完一兩堂課之後，就可以拍拍屁股回家。我一個星期要上四天全天的課。

開始寫作以後，我定了一個行事曆：一星期三天教書，四天寫作。這樣我就可以兩者兼顧。當然，到了暑假，我就可以什麼都不做，只管寫作。從我在一九四四年出版《打開《芬尼根守靈記》的萬能鑰匙》到退休這段期間，我一共出版了十五部大部頭的作品。我對這個紀錄相當自豪。如果你能持之以恆，並把寫作當成一種娛樂而不是工作，那你就可以寫出相當多的東西。

我的寫作計畫接連不斷。因爲除了要編整吉讃的遺著以外，我還答應我的朋友尼基蘭南達上師（Nikhilananda），跟他合作把《拉瑪克里希納福音書》（*The Gospel of Sri Ramakrishna*）從孟加拉文譯成英文。那可是一部大書，所以我工作起來是日以繼夜。

我有時候會同時寫三本書，早上寫一本，下午寫一本，傍晚開始寫一本。

吉謨給《兄弟同來見父親之處》的編輯工作的另一個建議是，是在茉荻・奧克斯的沙畫和她所筆錄、金恩所口述的納瓦荷印第安人「戰爭」儀式之外，再附加一篇對納瓦荷印第安人的神話分析。執筆者是吉謨的學生喬瑟夫・坎伯，他用的是比較神話學的觀點，寫來既學術性又趣味盎然。……他「坎伯」是注定要跟波林根基金會相遇的。

——麥圭爾，《波林根》

波林根基金會第一本出版的書是一個對納瓦霍印第安人戰爭儀式的研究。吉謨介紹我給波林根基金會，爲這本書做編輯的工作，並撰寫導言和註釋。於是我又有了一項工作。那是我一個寫作的旺季，極爲過癮，而我面對的材料也非常精采。但不管是《芬尼根守靈記》還是納瓦霍印第安人的東西，不管是印度人還是吉謨的東西，它們全都是一樣的東西。沒有人可以說出它們之間有什麼不同。這就是當時我所體會到的：世界上只有一個神話。儘管這個神話會因爲歷史和社會環境的不同而呈現出不同的變形，但歸根究柢，它都是同一個神話。

神明是我們內在能量的象徵擬人化

坎伯：歷史學家和民族學家感興趣的是世界不同神話與宗教系統的差異性，而你在研究這些神話與宗教系統的時候，也確實可以把著眼點放在它們的差異性上。但另一方面，巴斯提恩所提的那些基始觀念，也是不可以忽略的。爲什麼它們會無處不在呢？這是一個心理學性質的問題，而就是這個問題，讓我們在從事比較研究的時候，有理由不把重點放在差異性上。

自亞里士多德之後，西方文化就開始了對神話的逐步攻擊，因此可以說，西方的批判精神所致力的是把自己從基始觀念中分離出來。但另一方面，西方思想又始終有一道源源不絕的底流。而諾斯底教（Gnosticism）④、煉金術和其他類似的、受排斥的思想，都是這個底流的一部分，而它們的共同旨趣可以用一個字來涵蓋：perennial（譯註：永恆、不斷復現）。

我這裡所說的「永恆」，是從永恆哲學（perennial philosophy）⑤的觀點來理解的。永恆哲學由庫馬拉斯瓦米（A. K. Coomaraswamy）所首倡，後來又爲赫胥黎（Aldous Huxley）所繼承，後者在一九四〇年代時就寫過一本稱爲《永恆哲學》（*The Perennial Philosophy*）的書。我認爲，這種思想，是把我們在神話意象那裡的相似性，擴大到所有的文字論述。這種哲學，說明了爲什麼某些觀念會遍見於全世界的神祕主義哲學裡。永恆哲學是要把我們在神話裡所看到的普同性，帶入哲學之中。而這種哲學的基本觀念就是：神明乃是我們內在能量的象徵擬人化（symbolic personification），這種能量，既是你的能量，也是宇宙的能量。因此，神既是外在的，也是內在的。天國就在你裡面，但與此同時，它又無所不在。

永恆哲學所理解的神明，和我們一般所理解的神明是大不相同的。它對意識的理解，也與我們大不相同。神明就是對能量——一種能撐起生命的能量——的擬人化。我這裡所謂的「生命」，包括了你的生命、我的生命、世界的生命、所有的生命。當然，一個文化會用什麼方式把能量擬人化，是受其特殊的歷史情境侷限的。擬人化是民俗的（folk），能量則是全人類的（human）。因此，神明可以說是發源於能量的，他們是能量的信使和載具。

在《喬尸多基氏奧義書》（*Chandogya Upanishad*）裡有一段很美妙的話：「拜這個神，拜那個神，拜每一個神——凡這樣做的人，都是未達眞知者。」這是因爲，所有神的來源都是你的心。追隨腳印走到中心，那你就會發現，你就是衆神的誕生之所。

夢、靈視（vision）、神，這些全都是相通的。所謂的神，所謂的天堂與地獄，乃是夢的宇宙面向（cosmic aspect），而夢則是神話的個人面向（personal aspect）。夢與神話是同一序列的東西。而你與你的神是同一的。你的神並不是我的神，所以別把你的神硬塞給我。每個人都有他自己的神和意識。

沉思曼荼羅可以讓你的內在產生和諧。宗教象徵都是具有這種和諧化的力量的。它們可以幫助人達到和諧。神話的整個意義就繫於此：幫助你的個人生活與社會生活和諧為一。

——坎伯

《林迪斯方福音書》(*The Book of Lindisfarne*)書頁，17世紀晚期文物。

夢的智慧，靈視的智慧，就是永恆哲學的智慧

這就是永恆哲學所要述說的道理。

神話就是來自夢的同一個領域，而這個領域，我稱爲智身（Wisdom body）。當你睡著，進入夢境的時候，就是你的身體在對你說話的時候。而驅動身體的，則是一些它無法控制的能量。它們是能控制身體的能量，來自一個偉大的生物性基礎：原生質（protoplasm）⑥。它們就是能量，就是意識的物質。不過，我們身體還另外有一樣東西，它位於身體的最頂部，也就是腦子。腦子有一個它自己的思考系統，整個意識的樣態就是源自這個腦子，而它所具有的知識，和身體是大不相同的。

一個小孩剛誕生的時候，就已經知道要在媽媽的身體上怎樣動作。他已經爲他要投身的環境做好了準備。那是不需要教的。那就是智身的作用。這小東西會在媽媽體內發展成雛形，靠的也是這種智慧。它是由那些內在於我們體內的能量形塑而成的，而我們則是這智慧的肉身化。

因此，夢的智慧、靈視的智慧，就是永恆哲學的智慧。

我現在仍在全時間的寫作。寫作的遺憾是它會削減我閱讀的時間，因爲，我仍

然有很多需要學習的東西。

布朗：在你漫長的學術生涯中，哪一方面的表現是你最感滿意的？

坎伯：對神話的研究，最讓我興奮甚至感動的，是看到有一些東西那麼具有普同性。特別讓人震撼的是你會在一些很簡單的文化之間——例如剛果的俾格米人（pygmies）和火地島（Tierra del Fuego）的雅剛人（Yagan）或奧農人（Ono）之間——發現同樣的神話性主題。如果你研究的是一些高級的文化，看到這樣的相似性並不奇怪，因為高級的文化之間常常會因為貿易和其他的接觸而導致文化上的交流。

但原始社會的情形卻不同，它們的文化根本沒有交流的可能。因此，你很難不假定，這些神話的主題，是從太古時代一直流傳下來的。而事實上，你也真的會在一些太古時代的神話裡發現到相同的主題。

我發現其中一個最常反覆出現的神話性主題，是男性的祕密會社和男性的祕密儀式。這些儀式通常會用到某種類似牛吼器（bull-roarer）⑦、某種會發聲的器具或牛角之類的東西。這東西是被藏在森林裡的，而女性被認為對它一無所知。每當男性舉行儀式的時候，就會把它取出。女性會被要求離開，躲起來。如果哪個婦女不小心看到了牛角器具，有時候會受到相當殘忍的對待。這種現象，我們在剛果的俾格米人那裡看得到，在巴西的熱帶雨林看得到這種現象，在火地島也看得到。

對爲什麼會有這樣的現象，我最近從一些在巴西熱帶雨林做研究的人那裡得到一個解釋。他們指出，據當地的土著認爲，男性那牛角器具裡所含有的魔法，最初是屬於女性所有的。《奧德賽》（Odyssey）也有這樣的觀念：女神瑟西（Circe）擁有魔法的力量，而男性擁有的只是身體的力氣。據研究者從巴西熱帶雨林三、四個地方所採集來的一個小傳說顯示：男性現在所擁有的魔法知識，是從女人那裡偷來的，所以他們要把它藏起來，不讓女人看見。我們不太知道女性是怎樣想的，因爲人類學家大部分都是男性，很少能夠深入女性的想法。但一個與丈夫一起研究巴西巴拉桑納人（Barasana）的女人類學家，卻針對那裡的婦女做過研究。她的說法是，事實上，女性之所以會在男性舉行儀式的時候躲起來，是爲了要保護自己的魔法，免受男性魔法的污染。女性也是擁有魔法的，而魔法就來自她們的身體，更精確地說，就是她們的身體本身。男性因爲沒有這樣的身體，只能靠其他的方法去獲取魔法。

女性魔力的一個表徵就是月經。女性就是在經歷月經的時候，會被自然的力量、生物的力量所攫住。男性之所以會在成年禮裡受到極其殘忍的對待，事實上也是爲了讓他們能夠向這種力量敞開。男性所使用的牛角器具和女性的月經是對等的。也就是說，它可以讓某種超乎個人的力量進入當事人的身上。

世界是充滿了生物性的不平等

肯納德：你是怎樣解釋為什麼許多不同的文化會出現相似的意象和儀式的？這種相似性是不是表明了，人類終究是一體的？

海華特：世界是充滿了生物性的不平等，我不認為這會妨礙人類在靈性上的一體性。但我認為，一體性的觀念現在被強調得有點過分，以致我們漸漸把平等和強迫性的齊一混為一談。這是個可怕的錯誤，我認為，這是西方帝國主義的另一種形式。我相當同意坎伯所說的，我們全都是的「精神力量」(orenda)⑧的一個寄主，而內在於我們的火焰，是同樣的火焰。但讓我感興趣的，卻是這個火焰，是怎麼透過不同的意象表現出來的。

吉耶曼：就我們所知，人類腦部的迴路並沒有基本上的不同。不管你是霍屯督人(Hottentot)、美拉尼西亞人(Melanesian)還是白人(Caucasian)，也不管你住在哪裡，腦部的迴路都是絕對一樣的。

海華特：澳洲史前時代的壁畫和阿爾塔米拉(Altamira)⑨壁畫之間毫無共通之處，這一點是毋庸置疑的。但它們的不同只是表面的而不是深層的。我們在看早期藝術的時候，都只看到它的表面，而看不到它的深層。我想，這是因爲文化之間的分化，是從非常早期就已經開始。

坎伯：有某些基本的生物性歷程，是不管誰都要經歷過的。舉例來說，在大部分的文化環境裡，一個人在被生下來的時候，經驗到的第一個客體和第一個主體就是媽媽的身體。而在全世界，指涉女體的神話也因此比比皆是。

不過，儘管有這個相同的主題，但它們仍然會因爲文化的不同而有不同的展現。例如，一個原是狩獵採集的民族，後來可能會變成一個務農的民族。這時，女性在生產關係中的角色就會有所改變，而有關女性的神話和它所使用的意象也會隨之改變。儘管如此，它們基底的東西卻是不變的。

男性成年禮也是如此。男性成年禮的一個主要的目的，就是把男孩的力比多（libido）從媽媽的身體分離開來。儘管不同文化的成年禮會使用不同的手段，但它們的目的是一樣的。在人類生命的最初十二年，不管是男孩還是女孩，都是處於一個依賴的位置。在這個階段裡，人的整個心理都是尊敬權威、依賴大人的。成年儀式的一個功能就是殺死嬰兒期的自我。這裡，你就再一次遇到了死亡與重生這個主題。只有通過成年禮，一個男孩子的舊我才會脫胎換骨成爲一個成人，一個要爲自己負責任的成人。

另外，身體老化速度雖然因人而異，但不管你身體的老化是快是慢，人會變老都是一個不可改變的事實。換言之，有朝一日你會邁入老年和脫離社會。這是另一個每個人都必須面對的處境。它們都是常數。但不同的社會文化用來呈現這些常數的神話意象，卻是不盡相同的。這也是巴斯提恩（A. Bastian）所說的，基始觀念（也就是有普同性的主題或形式）與其地域性展現（local manifestation）之間的差別。

地域性展現的差異可以是很巨大的，例如，在北極人與叢林人之間，在一個簡單的採集部落與波斯帝國之間，使用的意象就會天差地遠。

就近代來說，最懂得利用神話來操控別人的，莫過於希特勒

聽眾發問：我一直對你的《我們賴以生活的神話》（*Myth to Live By*）一書的書名感到好奇。因為在今天，有什麼神話是我們可以賴以生活的呢？有哪個日常生活的層次，是神話派得上用場的呢？神話要怎樣才能用來操控你自己或別人的生活呢？

坎伯：怎樣透過神話操控別人，並不是我很感興趣的課題。

但就近代來說，最懂得利用神話來操控別人的，莫過於希特勒。他也知道怎樣利用儀式。我有幾個荷蘭朋友在集中營待過。有一次，希特勒到他們的集中營附近發表演講，他們被帶到會場，肅立聽講。他們其中一個告訴我，在聽演講的過程

中，他發現自己竟多次不由自主舉起右手，並高喊：「嗨爾！」（譯按：舉起右手和喊Heil，是納粹的致敬禮。）

這一類經過巧妙設計的儀式，具有一種可以讓人失去對自己的控制力量。那是一種很恐怖的力量，是一種我們完全不能了解其運作方式的力量。但希特勒卻有天份把它借爲己用，而這種力量會帶來什麼後果，現已一目了然。

我所寫的《我們賴以生活的神話》一書，其內容基本上是由我在紐約的庫伯聯合論壇（Cooper Union Forum）二十五年間（一九五八——一九七一）所發表的二十五個上下的講演所構成。它們處理的主題，都是由費爾柴德（Johnson Fairchild）所建議的，他是這個講演系列的策劃人。這些主題，全都跟當時人們的生活具有密切的相關性。因爲距離現在太久，我甚至已經忘了書中有哪些章節。不過我還記得，它們有處理神話與愛情關係的，有處理神話與戰爭關係的，也有處理神話與人青春期轉化關係的。其中引用到的神話材料非常豐富。

我認爲，我們現在所處的歷史階段，是一個神話的終磯⑩時期。文明所賴以建立的神話，現在已經不再能發揮作用，只是像一些瓦礫一樣，圍繞在我們四周。

所以，現在一個人想要活化他想像力的生命——一種從內裡湧出的生命，而不是爲了回應外在的要求而發——那他就應該從圖書館裡那些汗牛充棟的美妙文學作品中尋找刺激。現在，這個世界又再一次充滿這一類美妙的作品了。

所以，沒有規則是可以依循的。一個人必須靠自己去找出有什麼是可以活化他自己的心。

聽眾發問：意思是說，我們應該試著追隨那從我們內裡所湧起的詩性或靈性感受嗎？

坎伯：我想，文學與藝術的世界，是我們可以找到這些東西的地方。而這些東西，是人極爲需要的。

至於宗教，我們現在都是習慣一星期上教堂一次，每次一個小時上下。我們以爲，只要每星期把自己放在宗教的環境一個小時，靈性生命就能重新被喚起。但是，這樣的宗教生活是不能讓人跟他的靈性中心保持接觸的。而如果你的宗教是不能讓你跟你的靈性中心有所接觸的話，那它就不是你眞正的宗教，它只是別人的。你被切斷了。這是我們文化當前的難題之一。

我對這本書所期許的……是珊露佐德（Scheherazade）⑪那種迷人的古老技藝……能夠擴大我們對世界的經驗，能讓我們從一個新視野看自己，能讓我們其中一部分人重新成為人類的一員。事實上，讀完全部一千零一夜的故事，就是我們死亡的時刻：從一個暴君死亡，重生為一個人。

——坎伯，為《簡明本一千零一夜》所寫的導言

布朗：最近你爲《動物生命力之道》（*The Way of Animal Power*）一書進行巡迴宣傳活動時，似乎經歷了一場磨練。

坎伯：你是說那個有關隱喻的故事？

布朗：對。

坎伯：我喜歡對別人講這個故事。去年，我在神話對於生活功能和關切性的問題上，有一個小小的啓悟。

當《動物生命力之道》出版以後，我應出版社的要求，進行了一趟新書宣傳之旅。這是最差勁的一種旅行，因爲我必須跟一些根本不了解你的書是幹什麼的人談話。而他們通常會問的第一個問題就是：什麼是神話？

這樣的問題碰過很多次以後，我終於想出了一個回應的方法。我想出了一個我認爲可以讓他們滿意的定義。我知道他們根本聽不懂，但最少那聽起來像個定義。

那趟宣傳之旅快要結束的時候，我上了一個廣播節目，接受訪談，時間是一個

半小時，現場播出。至於是哪個城市的電台，節目的主持人是誰，我恕不奉告。當我走入播音間的時候，紅燈還沒有亮起，所以我跟主持人聊了幾句。他是個年輕小伙子，跟我隔著桌子對坐。「我是很難纏的。別想和稀泥，我會打破砂鍋問到底。」他說，「我以前可是唸法律的。」

我心想，好吧，這一點對我不成問題。然後，紅燈就亮起了，他問我的第一個問題，就是那個最熱門的問題：「神話是謊言。一個神話就是一個謊言。對吧？」

我回答說：「不是這樣。談神話，你必須著眼於一整個的神話體系，一群人所生活在其中的神話體系。一個神話體系是由一些象徵性的敘事和意象所組織而成的，它是要用隱喻的方式，表達出某個時間、某個社會所可能體驗到或實現的人類經驗。」

聽到這個定義，那個主持人很自然地愣住了。

「神話是個謊言。」

「是個隱喻。」

「是個謊言。」

大概五分鐘過去以後，我就意識到，這個年輕人根本不知道什麼叫隱喻。這時我想到，我一樣可以當個很難纏的人。我決定給他狠狠的一擊，讓他爬不起來。

我說：「不，我是說，神話是隱喻。你給我一個隱喻的例子。」

「你來給我一個例子吧。」

我教書已經三十八年了，當然不吃這一套，就說：「不，這要求是我先提出的。請你給我一個隱喻的例子。」

唉，這個可憐的傢伙被我搞慘了。我有點不好意思，因爲我們不應該對別人這麼不人道。

記得尼采曾經在《查拉圖斯特拉如是說》（*Thus Spake Zarathustra*）或是《權力意志》（*The Will to Power*）裡談過一種叫「蒼白的罪犯」（pale criminal）的人，這種人雖然有勇氣拿刀子，卻沒有勇氣看別人流血。我發現我就是這樣的人：我有勇氣讓那個節目主持人在公衆面前出醜（那節目是以他的名字爲名的），卻沒有勇氣面對他無助的神情。

「你給我一分鐘的時間想一想。」（當時的節目還剩下一分半到兩分鐘的時間）他說，說完就從椅子上站了起來。

思考了好一陣子以後，他說：「某某人跑得很快，大家都說他像一頭鹿。」

我說：「那不是隱喻。」時間滴滴滴地一秒一秒過去。最後，我公佈答案：「隱喻應該這樣說：某某人是一頭鹿。⑫」

人們說他們相信上帝。上帝是一個隱喻，指向的是一個超越所有人類思想範疇的奧祕。它能不能對你起作用，端視你是不是願意這樣看待它，端視它有沒有能夠讓你碰觸到那個做爲你存有根基的奧祕。如果它沒有能夠做到這一點，那它就是個謊言。

世界一半有宗教信仰的人認爲他們的宗教隱喻都是事實，這些人我們稱之爲「有神論者」。世界另一半的人則認爲這些隱喻不是事實而只是謊言，這些人我們稱之爲「無神論者」。

你自己就是你所尋尋覓覓的至聖者

坎伯：我曾與馬丁．布伯（Martin Buber）⑬有過一次有趣的接觸。當時他在紐約，每個星期三晚上都會對一群爲數跟這裡差不多的聽衆發表講演。他第一次講演的主題是上帝。他的口才極好，但我聽得糊裡糊塗，根本不知道他在說些什麼。難道他在說的，是一些比諸銀河還要大、比次原子粒子還要小的奧祕嗎？還是說他談及的是耶和華的觀念在《舊約》的某個階段裡的發展？又抑或他要告訴我們的，是他在天國上曾經跟某個人有過的一番私人談話？

他一度把正在說的話停下來，這樣說：「要我用第三人稱代名詞稱呼上帝，讓我感到很痛苦。」（後來我把這件事告訴朔勒（Gershom Scholem），他說：「他這個人的毛病就是有時候會扯得太遠。」）

最後，我終於按捺不住，舉起了手。布伯很客氣地說：「請問你有什麼問題？」我說：「有一個你使用的字我並不了解其意義。」

他問：「是哪一個字？」我回答說：「上帝。」

「你不明白『上帝』這個字的意思？」

「我不明白你說的上帝是什麼意思。你剛才說，上帝是隱藏著祂的臉，但我剛從印度回來，那裡的人都說，他們無時無刻不經驗到上帝的臉。」

我覺得自己就像在拿磚頭砸他。

他說：「你是想要進行比較嗎？」這就是一神論的態度，是我們所獨有的，沒有其他的信仰有這種態度。

到了下一個星期三晚上，他談到了腓尼基人（Phoenicians）殺長子向摩洛神（Moloch）獻祭的習俗，並鞭撻之。但十五分鐘之後，他又談到了亞伯拉罕要把獨子以撒向上帝獻祭的事，並大加讚揚，說那表現出古往今來無人可比的虔敬，表現出亞伯拉罕這個人有多了不起。

我又忍不住了，再次舉手，問道：「布伯博士，我們要怎樣區分神聖的召喚和邪惡的召喚呢？」

他說：「你這話是什麼意思？」

我說：「十五分鐘以前，我才聽到你責難腓尼基人把長子向神明獻祭的行爲，現在你卻因爲亞伯拉罕做了同樣的事，把他讚揚得蓋世無雙。」

你們知道他怎樣回答嗎？

「因爲我們相信，亞伯拉罕會這樣做，是上帝親口吩咐他的。」這就是他的回答。這就是一神論的宗教社群在處理神話時候的毛病：不把神話當成神話，而把它當成事實。但在你實然化一個神話的同時，它內含的信息就會流失掉。沒有了那信息，你得到的只是一個象徵的空殼子。

就是因爲把神話當成事實，正教團體才會容不下任何人說「我是與父同一的」這樣的話，非把他們抓去處死不可。伊斯蘭教神祕主義者哈拉智（Hallaj）會被燒死，也是因爲說了一句「我與我的愛人⑭是同一的。」我記得，好像就是哈拉智這樣說過：正教權威的功能就在於滿足神祕主義者的渴望。這是因爲，當你把一個神祕主義者處死，你就滿足了他與上帝連結的渴望。

這個恐怖的故事曾經以極高的音調，響徹了很多個世紀，有爲數衆多的人被活活燒死。

不過，如果你越過蘇伊士運河去到東方，就會發現，那裡的宗教其終極目的，就是爲了讓人體認到，你自己就是你所尋尋覓覓的至聖者。換言之，這個世上有兩種宗教，一種是同一性的宗教（religions of identification），一種是關係性的宗教（religions of relationship）。在前者，你是與至聖者同一的，在後者，你是與至聖者相對的，是處於某種關係中的。

《外太空的內在縱深》

坎伯：第二天，有個人來找我談話。他是個聰明人，在文學界相當有地位，也是個不可知論者[15]。他問我：「你有可能是個不可知論者嗎？」

我說：「我知道的多得讓我當不成不可知論者。」

我知道的，就是所有的這些意象都是隱喻。每一個隱喻都會有它的隱含意義，而神話隱喻的隱含意義就跟人內在的靈性力量有關。如果一個傳道者沒能把隱喻的隱含意義闡明，那他在傳講的，就是一種僞歷史或僞社會學。所以說，這個世界很少有眞宗教。

但我又能做什麼呢？唯一能做的只有寫另一本書。於是，我把當時正在進行的大計畫——《世界神話的歷史地圖》（*Historical Atlas of World Mythology*）——暫時擱下，去寫另一本書，希望可以快快地把它寫出來。

布朗：這就是你寫《外太空的內在縱深》（*The Inner Reaches of Outer Space*）一書的由來嗎？

坎伯：我在寫一本書的時候，都會讓它的內容自然從我胸中流瀉出來，所以當書寫完，我會忘記我寫過些什麼。因此，我可不敢保證我能告訴你它談的是什麼。不過讓我想想看，如果我沒有記錯，那書的目的是爲了描述隱喻是怎樣被運用的，而會有寫它的念頭，則是因爲我發現在一幅納瓦霍人的沙畫裡出現的象徵系統，簡直就跟印度蛇力瑜珈的符號體系如出一轍。

這是很讓人驚異的，因爲這兩個文化分處於天南地北，不可能有過任何文化上的接觸。它們是用象徵性的語言，向你說明人類的心理象徵系統。納瓦霍印第安人明白這些心理象徵系統的意義，他們的沙畫，就是教你怎樣參與其中和告訴你這些象徵會怎樣對你起作用。

我們的最高神（highest god）就是我們最高的障礙。它代表著我們的思想和感情所能到達的極限。你必須超過它。誠如愛克哈特所說的：「最終極的捨取（leave-taking）就是捨上帝（God）而取神（god）。這個神，就是民俗之神（folk-god），就是基始觀念。」

——坎伯

全書的第一章篇幅很長，處理的是外太空的內在縱深問題。我用登月之旅做爲我的切入點。我們現在已經有了一幅跟過去完全不同的宇宙藍圖，在這幅藍圖裡，宇宙是由數以百萬計的銀河所組成的，而每一個銀河，都絕不比我們的銀河少。但這樣的話，我們又要怎樣面對耶穌升天和瑪利亞童女成孕的故事呢？你要嘛就是把它們當成謊言扔掉，要嘛是把它們當成象徵來看。而我認爲，它們乃是對於內太空（inner space）⑯探險的一個象徵。神話的意象把你的內太空表現爲一處外在之地，但你卻可以深入到它裡面，直達你生命的源頭、你存有的根基。

在該書的導言裡（〈神話與身體〉），我開宗明義指出，我的基本認定是，神話乃是人的生物性的一個函數。神話事實上是推動意識的那些能量的呢喃。而這些能量的方向，全都是由身體的器官所決定的。但身體不同器官的意向並不是完全一樣的，所以會有摩擦和不協調的時候。但神話的功用則是在於讓我們的意識可以跟我們的存有根基和諧一致，與自然——也就是我們的身體——和諧一致。這個身體，本身就是奧祕的一個展現。

這是一個大主題。當你轉向它，觸及他的任何一方面時，它就會打開，向你展示出一些新的奧祕。不過前提是你必須追隨它的隱含意義而不是字面意義（denotation）。單是字面意義是不會起作用的，它只是它自己。而我猜想，很多神職人士之所以堅持要求信徒要不惜一切去相信他們那一套，就是因爲知道，字面意義是無力的。他們並不懂得去解讀神話意象裡的隱含意義。

也是拜這種了解所賜，我才得以跟天主教——我從小就涵泳在其中的宗教——發展出一種新的、有活力的關係。《聖經》裡所說的一切，都是發生在兩千年前其他地方的其他人身上的。除非你能把它們當成象徵來閱讀，否則它們會跟你了無關係。例如，如果你不能把耶穌死亡和復活的主題當成是你自我的死亡和神性的復活的象徵，它們是不會對你有任何意義的。

全書的最後一章——我認爲那是全書的最高潮——是受我太太的一句話啓發寫成的。有一天，我們談到這方面的話題時，她說：「神祕主義者的道和藝術家的道非常相似，唯一的分別只在於神祕主義者不像藝術家那樣，需要掌握技藝。」我認爲，技藝的有無，正是神祕主義者和藝術家道路的分野所在。藝術家因爲離不開技藝，所以他們也離不開世界；而神祕主義者則是旋轉得失去重心，雙腳離地。所以說，藝術是一種層次比神祕主義高的境界。珍可說是一針見血。

神話是由象徵性的意象和敘事所構成的一個體系，它用隱喻的方式，表達出某個特定時間某個特定文化所具有的可能性和現實性。神話是一個隱喻。上帝、天使、煉獄，這些都是隱喻。

——坎伯，《紐約時報》專訪，一九八五

譯註：

①：美國作家。

②：這可能只是指初版的銷售量。

③：亞瑟王傳奇中的一個英雄人物。

④：諾斯底教（Gnosticism）：一種融合了多種信仰與哲學的宗教，產生於公元一世紀初的希臘—羅馬世界，盛行於二世紀。早期基督教會爲了應付它的挑戰而彙編成正典《聖經》，提出教義神學，建立主教制，從而獲得長足發展。正統基督教強調信心，而諾斯底教則強調「諾斯」（即神傳知識）。

⑤：永恆哲學（perennial philosophy）的基本主張是從古到今的所有哲學和信仰，或多或少都是同一種哲學和信仰的體現，換言之，所有的哲學和宗教，都是指向同一個眞理，或者說，同一個眞理會在不同的哲學和信仰中不斷復現（按perennial一詞的最基本意義就是「不斷復現」）。

⑥：構成細胞成分的膠狀物質，樣子類似蛋白。

⑦：牛吼器（bull-roarer）：由一根細棒和一片刮刀狀的木板所構成，兩者由一根帶子聯繫。晃動細棒，木片就會旋轉起來，發出類似牛吼的聲音。

⑧：易洛魁印第安人認爲，一切有生或無生的自然物體，在不同程度上都擁有這種力量。

⑨：指位於西班牙北部的阿爾塔米拉洞窟，洞內畫有很多史前時代的壁畫。

⑩：終磯：冰川延伸到最遠處時，在其末端沈積的冰磯。所謂的「神話的終磯時期」，意指神話的影響已走入尾聲的時期。

⑪：珊露佐德：《一千零一夜》中蘇丹新娘的名字，以一夜復一夜給蘇丹講述有趣的故事而免於一死。接下來所說的珊露佐德「那種迷人的古老技藝」，是指她透過說故事讓蘇丹恢復人性的技藝。

⑫：在英語中，明喻（simile）和隱喻（metaphor）是不同的修辭格。兩者的分別（簡單來說）是前者多用「像」（like）字當聯繫詞，而後者則多用「是」（to be）字當聯繫詞。例如「她像一朵花」屬於明喻，「她是一朵花」則屬於隱喻。所以，「某某人像一頭鹿」只是明喻，「某某人是一頭鹿」才算隱喻。

⑬：馬丁・布伯（Martin Buber, 1878-1965）：德國猶太宗教哲學家。

⑭：這裡的「我的愛人」是指眞主安拉。

⑮：不可知論（agnosticism）：從神學上來說，這是一種認爲上帝是完全超出人類認知能力以外的主張。

⑯：這裡的「內太空」，指的是心靈。Inner space直譯是「內在空間」，但因坎伯這裡刻意把它對比於outer space（外太空），故我們譯爲內太空。

6 | *The Hero's Journey*

藉助魔法逃走

The Magic Flight

右圖　坎伯在日本天理教本部用膳（1956年夏天）。

如果取得勝利的英雄獲得了女神或男神的祝福，並且神明確地派他攜帶某種造福於社會的長生不老藥返回人間，那麼冒險的最後階段就會得到超自然庇護者的全力支持。另一方面，如果英雄不顧守護神的反對而取得戰利品，或英雄返回人間為神祇或妖魔所忿恨，那麼冒險神話的最終階段就會是一場驚險而往往是喜劇性的追逐。英雄的逃走可能受到魔法的阻撓，但英雄也可能藉助魔法來逃避阻撓，這樣的話，這場追逐就會變得十分複雜。

——坎伯，《千面英雄》

一九五〇年代中葉，坎伯在華府的國務院教授了兩年東方哲學，學生都是一些準備派駐海外的外交官。他們的反應極其熱烈，這讓坎伯首次意識到，他所教授的東西，不只是大學生和學者才會感興趣。

一九六八年，他應麥克・莫菲（Michael Murphy）之邀，到位於加州大瑟爾的依色冷研究所講學。接下來的十九年，坎伯先後跟作家基勒（Sam Keen）、太極拳師父黃忠良（Chungliang Al Huang）、心理學家佩里（John Weir Perry）等在依色冷研究所合作開班授課。這個經驗，大大拓寬了他神話學方法的應用範圍。

一九七二年，坎伯從莎拉・勞倫斯學院退休。接下來幾年，他多次出遊，先後到過冰島與土耳其、埃及與希臘，還在東南亞洲進行一趟長時間的旅行。

《神的面具》（*The Masks of God*）的第四冊，也是最後一冊在一九六八年出版。這個坎伯歷二十年而完成的計畫，以研究神話的歷史發展和人類宗教的差異性爲宗旨，目的是要與《千面英雄》互爲補充。四年後，坎伯出版了《我們賴以生活的神話》（他在紐約庫伯聯合論壇的講演結集）和主編出版了《簡明榮格讀本》。他在一九七四年所出版的《神祕的意象》（*The Mythic Image*），是波林根出版系列的臻至之作。

坎伯在美國華府駐外機關事務局上課時的神情（1957年）。

布朗：我曾經跟你一道在加州北海岸驅車漫遊，而且在卡梅爾（Carmel）——你年輕時就到過的地方——有過難忘的回憶。但我卻不知道，當初你是怎麼想到來依色冷研究所教書的？

坎伯：那距今大約是十六、七年前（一九六八）的事了。麥克・莫菲是在瓦特（Alan Watts）的建議下，邀我到依色冷這裡來講學的。依色冷研究所差不多也是那個時候成立的。

有一次，我要到密爾瓦基（Milwaukee），在舊金山轉機，有一個小時的空檔。麥克在皮爾斯（Richard Price）的陪同下來找我，問我是不是有興趣到這裡來講學。我答應了。起初我的講學內容全都是神話學方面的，而且上課的地點就是現在這個教室。由於學生的反應很熱烈，此後我就一來再來。

有超過二十年的時間，坎伯為依色冷研究所吹入了一股清新的生命力。每個聽他課的學員和教職員，在離開教室的時候，都像參加過佈道大會一樣，精神煥發，感受到的是加拉哈、時母（Kali）、赫耳墨斯（Hermes）①的靈啓，而不是地獄火焰的恐怖。從沒有老師能像坎伯那樣，可以讓聽眾心悅誠服。沒有一個在依色冷研究所教過書的人可以像他那樣，把熱情、學術和智慧結合得那麼完全。

——麥克·莫菲

我最初都只是教有關神話學的東西，但後來卻有一個重大的發展。有一次，山姆·基勒到紐約來找我，經過一番討論，我們決定要在依色冷研究所合開一個班。我們有一個理論。山姆非常善於找出別人心理問題的癥結。這種事，我不認為只有深度的心理分析才能做到。很多時候，人們之所以會陷入心理問題，只是某個心結作祟，把這個結挪開，他自然就得到釋放。

那是一個很好的神話學原理。在印度，妖魔被認為只是意識的障礙者，是那些會影響人的意識正常運作的事物的化身。我們因此想出了一個主意：山姆負責跟學員對談，找出他們的問題癥結，而我則負責找出他們的心理問題在神話裡的對應情節。

這是一個有趣的理論，而且不會對誰有傷害。事實證明，我們的理論是行得通的。有三、四個個案，我們的成果都非常可觀。這是我第一次認識到我對神話方面的知識，是可以用來解決實際的心理問題的。

我的《千面英雄》被嬉皮們當成聖經

布朗：做爲一個精神科醫師，我對你跟佩里從事的合作特別感興趣。你們是怎樣認識的？

坎伯：麥克有一次寫信給我，問我是不是有興趣到舊金山來，跟一位精神科醫師佩里見面，說對方是精神分裂方面的專家。我回信說我並不懂精神分裂。但麥克回信告訴我，不管我要不要跟佩里會面，他都要我過來開一個課。我就說：我開有關喬哀思的課怎麼樣？他說：好啊。

於是我同意到依色冷來和佩里會面。佩里事先寄了一些他談精神分裂症的象徵系統文章給我看。我發現，他談到那些出現在精神分裂病人的幻象序列，跟我《千面英雄》裡談到的神話意象序列相當一致。

這讓我再一次認識到，我所感興趣的神話學，並不只是一種純學術性的東西，也跟實際的生活問題連得在一起。

布朗：事實上，我也是這樣認識你的。一九七〇年代中葉，我讀到你的《神的面具》的第一冊《原始神話》(*Primitive Mythology*)的時候，只覺得裡面那些神話，就像找我進行心理分析的病人告訴我的故事。

坎伯：對，眞的很神奇，不過這種關連也讓我在一九六〇年代的時候惹過大麻煩。當時年輕人開始吸食迷幻藥，我的《千面英雄》則被嬉皮們當成聖經。我因此受到若干批評者的指責。

進入生命的階段與離開生命的階段

肯納德：你在講演結束後，曾經碰過一些前來問你問題，希望你能在三十秒之內告訴他生命的眞正意義的人嗎？

坎伯：〔笑〕沒有，沒有，我沒碰過這樣的人。

肯納德：那你有在聽過誰講演以後前去問他這樣的問題的嗎？

坎伯：不，我不會問那樣的問題。而且，通常只有別人問我問題。〔笑〕事實上，我最怕的就是講演結束後會有人問我這樣的問題。那是最難應付的事情。另一類難纏的是那些正在寫博士論文的人，他們會要求你爲他們提供一些特別的參考書目或諸如此類的事。這些是我唯一碰到的困擾。

塔納斯：那些博士班學生都寫些什麼題目？

坎伯：這些題目有些會讓人啞然失笑！〔笑〕像有一個博士班學生研究的是米爾頓（Milton）在十四行詩裡是怎樣使用分號。

肯納德：你怎樣知道的？是你問他的嗎？

坎伯：不，是他自己告訴我的。眞是一個讓人絕倒的題目。

肯納德：你在講演結束後碰到過比較有趣的問題有哪一些？你有沒有碰過一些問題，是你完全不懂的，而也因爲這樣，把你引進到一個新的領域？

坎伯：我被問過最有趣的一個問題，是一九六七年我在這裡的馬斯洛教室上課時碰到的。有人問我：「韋特塔羅牌（Waite deck of Tarot cards）裡的圖案有什麼寓意？」

我以前從來沒有想過這個問題。我看過這種塔羅牌，但我是從老師吉讃的課堂上，知道有關塔羅牌的二三事。至於韋特塔羅牌的圖案有什麼寓意，我一點概念也沒有。於是我對問我問題的人說：「給我一幅韋特塔羅牌吧，我帶回去想一想，明天再告訴你。」

那是一個很刺激的挑戰。我很幸運，可以在「大奧義牌」②裡解讀出幾個主題組。其中一個主題組要象徵的是人生的四個階段：年輕、成熟、壯年和但丁所說的老朽（Senility）階段。對於這四個人生階段，但丁曾在《饗宴》（*Convivio*）一書中有過長篇討論。

另一個主題組也是由四張牌構成。第一張畫著一個女的把一個藍色器皿中的水或什麼的倒到另一個紅色的器皿之中。這張牌的名稱是「節制」。第二張牌是「魔鬼」，代表的是地獄。再下來的一張牌畫著一道雷電擊中一個高塔。這個塔被稱為「毀滅塔」，它是煉獄的一個傳統象徵，所象徵的是上帝用雷擊把罪惡粉碎，把人緊緊抓住的那個自我系統摧毀。

第四個主題組的第一張牌是「天堂」，象徵的是生命的開始，畫的是兩個紅色的器皿，正在向下面的世界傾倒東西。那就是但丁所說的*La Vita Nuova*③，也就是新生命——從一個肉身器皿傾倒到一個靈性器皿而獲得的新生命。

把上述的主題組的牌放在一起，你就會得到一個很漂亮的系統，它們要詮釋的不只是人在穿越人生四階段時的心理情狀，也是人生的靈性轉化。

「小奧義牌」的四組牌有意思的地方是它們是很中世紀的東西。現在所知的最早一副塔羅牌，是大約一三九二年由法王查理一世下令製造的。當時但丁才死了沒多久。四組牌的主題分別是權杖、聖杯、寶劍和錢幣，它們分別象徵著貴族、神職人員、有錢的莊園主和農民。這是中世紀的四個階級。

生命有兩個階段，一個是進入生命的階段，這階段以到達三十五歲或四十歲為高峰；第二個階段是離開生命的階段。我發現，「小奧義牌」的四組牌教人怎樣從各自的職業和位置進入生命，「大奧義牌」則是向人點出一條靈性進化的道路。塔羅牌的整個象徵系統就是以這種方式結構起來的，在發現這一點的時候，我只覺得

馬賽塔羅牌(Marseilles tarot deck)。
坎伯在依色冷研究所研究過韋特塔羅牌之後，轉而對馬賽塔羅牌產生興趣。後者豐富的中世紀象徵隱含的意義讓坎伯為之著迷。

它們是自己跑到我面前來的。解讀塔羅牌眞是美妙的經驗，是我有過最有趣的經驗。

肯納德：令我感到好奇的就是在這裡：有某個人走到你的面前，問了你一個問題，把你的注意力轉向了塔羅牌。然後你經過研究，向他解釋了牌中象徵的寓意，說它們可以讓我們知道現在我們在人生中的位置。但那又如何呢？這些東西，難道現在還會對我們起作用嗎？你又怎樣會突然得到靈感，看出那些寓意，對自己說：「阿哈，就是這個？」

坎伯：你知道的，塔羅牌的用途是算命或算性格之類的。就我所見，它包含著一個從歐洲中世紀意識衍生出來的生命藍圖，它所使用的象徵符號，負載著相當多但丁哲學的涵蘊。這是讓我感到震撼的地方。

但丁是死於一三二一年的。而我們現在所知最早的塔羅牌，差不多就是同一個時期的產物。我們會知道當時已經有塔羅牌，是間接從一些反對塔羅牌的講道詞裡得知的。你會好奇：神父爲什麼要反對塔羅牌呢？當你把這東西研究一遍，就會知道理由。因爲基本上，它包含著一套不可知論的哲學。這一點，可以從它對世界末日這個觀念的理解反映出來。世界末日是基督教裡很重要的觀念，但正統基督教會卻把它當成一件歷史事件④來解釋，認爲世界末日是一件遲早要發生的事情。但事實上，神話象徵要談的不是歷史事件，而是靈性事件。世界末日乃是靈性事件，而不是歷史事件。

當時的福音書，要比現在多一部，我們稱之爲第五福音書，亦即《多馬福音》（*Gospel according to Thomas*），是大約一九四五年在埃及的沙漠裡發掘出來的。在書近末尾的地方，記載著使徒這樣問耶穌：「主啊，上帝的國會在什麼時候降臨？」耶穌的回答是：「上帝的國是不會如你們以爲的樣子來到的。人們不會有機會說：快來看，快來看，上帝的國來了。父的國本來就遍佈全地，只是人們看不見罷了。」這個回答，跟《馬可福音》十三章所描述上帝的國來臨時的情景（人子會乘雲而來，到處都有大災難之類的），可謂大相逕庭。

《多馬福音》所表現出來的觀照，用佛教的術語來說，就是菩提（bodhi）⑤。只要你換一個觀點角度，就會看到，你眼前的世界是迸放著永恆的光芒的。

這就是塔羅牌背後的哲學。它最後一張牌的名稱是「世界」，畫著的是一個在橢圓形圖案裡跳舞的女煉金術士，而牌的四角則畫著代表四位使徒（馬太、馬可、路加、約翰）的圖案。換言之，上帝的國就在此時此地，就在這地球上，而不是某種你需要、你等待它發生的事情，不是某種歷史事實。

這個發現讓我深感震撼。

阿里恩：你相信塔羅牌嗎？你能解讀塔羅牌的寓意，但你在用塔羅牌算命的時候，也相信它的預言嗎？

坎伯：我不會用塔羅牌來算命。我只會當個研究者。我可以告訴你塔羅牌的象徵，和這些象徵多麼美妙。

阿里恩：你不相信它能告訴你些什麼？

坎伯：它給了你一幅生命的藍圖，讓你知道，生命裡不同階段的關注是什麼，還有要怎樣才能提升你在每個生命階段的靈性高度。這本身就是很美妙的信息。

阿里恩：你可以感覺到天國就在這世上嗎？

坎伯：當然可以，每個人都可以。記得在經濟大蕭條的時代，有一個講道講得很精采的神父，每次都用以下的話結束講道：「你們看到那奧祕了嗎？你們歡欣鼓舞嗎？」而每一個會眾都會回答說：「是的，主，我們看得見！」

你看得見嗎？

阿里恩：是的！是的！眞是神奇……

坎伯：如果你感覺不到，只是因爲沒有人教過你要這樣看事情。這是一個大問題。我不認爲這代表一種病態，而只認爲那是我們的文化史裡沒有這樣的觀念使然。出於這個或那個原因，它被過濾掉了。你必須靠自己把它找出來。不過要找到這個觀念，線索並不是沒有，像塔羅牌就是其中一個線索。

阿里恩：它對教會來說是個威脅嗎？

坎伯：這我就不知道了。我並不知道當時的實際情況，因爲可以讓我們做推斷的線索寥寥無幾。我們只知道，從十四世紀開始，有些不同於一般的思想方式開始出現。我另外想一提的是，有不少人以爲，塔羅牌的觀念是來自埃及的。其實，它完完全全是中世紀的東西，是中世紀的象徵體系，是個歐洲的觀念。

神道教說：「自然的過程不可能包含惡。」

布朗：我們之所以無法看到天國就在此時此地，是不是跟我們和自然之間的扭曲關係有關？

坎伯：我們的整個宗教傳統都是向倫理學而不是向形上學傾斜的，所以它關心的是善與惡、對與錯或諸如此類的問題。我們的傳統是不信任自然的，因爲它認定自然是墮落的。我們相信，在上帝創造天地萬物以後，人就因爲犯罪而墮落，從此過著善與惡摻雜的生活。在這個觀點下，你是不能倚靠自然的，你必須經常矯正它，必須經常採取一個道德立場，也就是親近善、抵制惡。

但道家卻不是這樣看事情的。它要求你順服於自然，歸命於自然。很多原始文化也同樣能夠在自然裡安頓得很好。

想要認識到自然是善的這一點，你的意識需要經歷一個全幅的轉化。這樣的轉化，我曾經在旅行日本的時候感受到和學習到。神道教有這樣一句話：「自然的過程不可能包含惡。」

赫拉克利圖（Heraclitus）⑥也有過類似的說法：「所有事物都是善的、對的、義的，但人卻把某些事說成對的，把某些事說成不對的。」這才是形上學的思維方式。

敬拜，敬拜，敬拜。人們從印度的全國各地來此敬拜，這真是一個偉大的朝聖之地。整個朝聖的觀念——向自己的心靈中樞移動朝拜——在此被迻譯為一項實際的、身體的行動。如果你在朝聖時能思索自己在做的是什麼，能知道朝聖就是向著你的內在移動，那朝聖就會是一件很有益的事。

——坎伯

阿里恩：日本有什麼讓你認識到這一點的？你有過什麼特殊的體驗嗎？

坎伯：我曾經在日本研究過佛教與神道教（一九五四—一九五五），它們的典籍給了我很大的啓發。那是一段讓人難忘的日子。在日本，不會整天有人告訴你你有原罪，眞是一大樂事。我常常奉勸朋友，他們與其把錢送給心理分析師花，不如拿這錢到日本去走走。它可以清除掉你心中的好一些垃圾。我完完全全愛上了日本。而如果你是身在愛中，就不會有任何痛苦。

法夫羅：但像日本這樣一個結構嚴密的社會，個人想表現出創造性和獨立精神不是很困難嗎？

坎伯：我不知道要怎樣回答這個問題。我在那裡大約只待了七個月。但我認爲社會有一個嚴密結構並不是壞事，至少，它可以讓你不會拿自己的不快樂去破壞別人的心情！日本人不管快樂不快樂，臉上都會保持微笑，我覺得這是很棒的事。也許，太多的個人自由不見得是可欲的。

日本還有一樣奇妙的東西就是火車。火車哪怕只是晚點了兩分鐘，火車站也會在擴音器裡向乘客道歉。你知道他們的子彈列車有多快嗎？有時速一百五十英里或兩百英里那麼快，不只快，而且眞的穩定得像子彈。

看看我們美國的火車又是什麼樣子，唉，老天！有一次，我從紐約市北坐火車到斯坦福（Stamford），火車一路搖搖晃晃。當它進入斯坦福火車站時，突然來了個緊急煞車，我當時坐在餐車裡，桌上的所有東西一下子全都掉到地上。服務生進來的時候，說了句很可愛的話：「別大驚小怪，我們每次到達斯坦福都是這樣子。」

在日本，我學到的是人應該信任大自然

法夫羅：你是不是認爲，我們的文化給予個人太多的自由了？

坎伯：不，我不是要說這個。我只是要說日本給我的感覺有多棒。我在那裡學到的就是人應該信任大自然。在日本，藝術和自然是渾然一體的，你不會知道藝術與自然的接壤線何在。

日本的寺廟都與當地的自然環境協調一致，像京都的那些寺廟（三千院、相國寺、龍安寺等），庭園的地勢都是慢慢升起的，你走著走著，眼前就會爲之一亮，因爲視野會突然開闊起來。光靠庭園的佈局，日本人就可以讓你的意識得到拓寬。

在日本，靈性的強度與肉體的強度是結合無間的。我在唸大學和畢業後的兩三年都是個運動員，不過，運動對我來說只是身體的運動。但如果你鍛鍊的是空手道或諸如此類的東方武術時，情形又另當別論。這些武術，可以讓你認識到，靈性的、心靈的力量對身體的力量來說是至爲重要的。在日本，每件事情都是以這種方式運作的。日本人明白，宗教的指涉是心理性的，是一種發生在你身上的事情。

京都桂離宮庭園裡的石板塊。

在日本的庭園裡，你不會知道藝術與自然的接壤線何在。

住在日本是一件很怡人的事，因為那裡的人對美學極為強調。每個你看到的地方，你都可以感覺到它迸發著光芒，至少我是這樣覺得。那是地上的天國。……我覺得，今天日本的藝術家要比僧人更能活出佛教的精神。藝術家走的是一條不離世間的道路……

——坎伯

左圖　鈴木大拙，攝於鐮倉的松岡圖書館（1959年）。

下圖　坎伯與日本友人攝於福岡古城。走在他們前面的是宗教史家埃利亞代(Mircea Eliade)夫婦（1958年）。

但我們卻喜歡問一些跟我們自己無關的問題，像《聖經》所載公元三十年發生在耶路撒冷的事情⑦是不是眞的之類的。

鈴木大拙在一次禪學講座中說過如下一則故事。有一個年輕和尚問他師父：「我有佛性嗎？」師父回答說：「沒有。」年輕人又說：「但我聽說所有東西都是有佛性的，石頭、樹木、花朵、鳥兒、走獸，所有的一切莫不如此。」

「對，」師父回答說：「所有東西都是有佛性的，石頭、花朵、蜜蜂、鳥兒都是這樣，但你卻例外。」

「爲什麼我例外？」

「因爲你問了這個問題。」

也就是說，這個年輕和尚會提這個問題，表示他並沒有生活在他的超越本源（transcendent source）裡，表示他是以一個孤立單位的狀態生活著。因此在某個意義下，他不夠資格被稱爲擁有佛性。

藝術家面對的挑戰與此類似。藝術家的一大挑戰就是要做到讓作品不會成爲一個自我封閉的實體，不會與觀賞者成爲分離的兩造。一件眞正高超的藝術作品，會讓觀賞者產生一種「阿哈！」的感覺，會讓他覺得「它就是我！」，覺得作品在述說的不是什麼別的東西，就是他自己的光芒和能量。用經驗主義的術語來說，這種審美經驗稱爲「參與」，但事實那並不只是參與，而且還是認同。

印度教最重要的一個問題就是：我是誰？問這個問題是一個重要的修持。我就是這個身體嗎？我曾經爲一群預科學校的學生上過佛學的課，在備課時，我對要怎樣向他們解釋佛性的觀念感到有點棘手。所謂的佛性（Buddha consciousness），是一種周流遍佈的意識（consciousness），而我們全都是它的展現。我們全都是佛類（Buddha things），全都是撐起整個宇宙的這個偉大意識的不同展現。植物是有佛性的，石頭是有佛性的，所有東西都是有佛性的。

上課的時候，我這樣對學生說：「看看天花板上的電燈。你們既可以用複數的『電燈』（lights）去稱呼它們，也可以用單數的『燈光』（light）去稱呼它們。這雖然是不同的說法，但說的卻完全是同一件事情。當你們說它們是電燈的時候，強調的是它們是燈光的個別載具，而當你們說它們是燈光時，強調的是普遍的燈光。所以，它們只是陳述同一件事情的兩種方式。」

日本人把強調個體性的領域稱爲「事法界」，把強調普遍性的領域稱爲「理法界」，又有這樣一種說法：「事理無礙」，也就是說，個體和普遍是不會互相妨礙的，是沒有分別的。

因此，如果教室裡有一個電燈泡燒壞了，那負責管理教室大樓的那個人不會說：「啊，糟了，那是我最喜愛的一顆燈泡，它也是最重要的一顆。眞是個大災難。」他會做的是把燒掉的燈泡旋下來，換上一個新的。

何者比較重要呢？是光本身還是光的載具？它們只是佛性的載具。你會讓你自己認同於何者呢？是載具本身還是它所攜載的東西？如果你認同於後者，你就是認同於佛性，那也表示，你是認同於「人我一體」的原理。正是這個原理的作用，會讓人在看到別人處於危難時，不假思索，馬上伸出援手。如果我們能夠探入這個深層，就會知道，「人我之分」只是後出的，只是時空世界的一個函數。

塔納斯：跟佛教比較，基督教似乎對神話意象的象徵性格相當缺乏了解。不過我卻好奇，這一點是不是只適用於正統的、建制化的基督教，而就原始的基督教而言，它對象徵的理解能力，是一點都不亞於印度教或佛教的？

坎伯：重點是，印度教和佛教雖然也會對神話意象做歷史性的解讀和提到佛的生平事蹟，但這些做法，都被認爲是次要的。印度教與佛教所強調的是神話意象與個人生命的相關性，認定這些意象所指涉，都是個人的內在。例如，大部分的佛都是沒有歷史實在性的，也沒有人相信他們眞的在歷史裡出現過。像觀世音這位無限慈悲的菩薩，對中國人和日本人而言，並不是眞實的歷史人物，而只是純粹的神話意象，象徵著某種他自身之外的東西。

但基督教的傳統卻強調要對神話的敘事和意象做歷史性的了解。如果你對一個基督徒說，耶穌並沒有眞的從死裡復活過，沒有眞的升天過，那你的話將構成對對方信仰的重要威脅。

又如果你對一個猶太教徒質疑眞有出埃及這回事，質疑摩西眞有在西奈山上領受過十誡，你不啻是在向他挑釁。

另一方面，印度教卻是根本不在乎兩千或三千年前發生過什麼的。它在乎的只是現在有什麼發生在你身上，關心的只是神話意象有沒有對你起作用。

由於猶太教和基督教都是由象徵所結構起來的系統，所以它們都是容許其他的解讀方式的。而事實上，三不五時都會有一個先知或神祕主義者看出這些意象的特質，從而提出一種完全有別於正統的觀點。

以基督釘十字架這個情節爲例，你固然可以把它解釋爲一大悲劇，將其解釋爲亞當犯了罪和我們都帶有原罪，所以基督不得不捨身在十字架上，爲我們贖罪。但這只是其中一種可能的解讀方式。

還有別種的解讀方式：把它解讀爲一種在時間中實現永恆的熱忱。這種熱忱涉及把一破為多，並接納意志的受苦做為有機的喜樂的一部分。這就像聖奧古斯丁在某處說過的：「耶穌走向十字架，就像新娘走向新郎。」就是對耶穌釘十字架觀念一種完全不同的解讀。

另一個例子是「時間的終結」（the end of time）的觀念。把「時間的終結」當成一件歷史事件是荒謬的。而且，如果它是一件歷史事件，那又跟我們有什麼關係呢？世界末日的重要性在於它是一件心理事件。你必須把它翻譯過來，並用這種方式去經驗它的意義。

當你看到永恆的光芒從時間的不同形式放射出來，看出這個觀念就像藝術一樣，是要把某種眞理向你顯現，你就是名副其實地經歷了時間的終結。因為你原來的生命——只會以歷史方式思考的生命——終結了。這就是神話的功能。如果你不對宗教觀念做神話式的解讀，它們就會淪為神學的命題。

塔納斯：所以說，建制化的基督教是因為把神話歷史化、具體化才會誤入歧途的？

坎伯：誤得相當厲害。

塔納斯：那就是說，它是外加到基督教裡的。那麼，還有藥可救嗎？

坎伯：這個嘛，由於來到西方的古魯和上師愈來愈多，在這種挑戰下，基督徒開始會這樣想：嗯，也許能夠讓基督教繼續光大的，並不是幫助窮人，而是找出內在於我們的神聖源頭；不是活在自己裡，而是活在那活在我們裡面的基督裡。在東方的教育下，我們西方人已開始認識到宗教中個人體驗的一面。

基督的觀念和佛陀的觀念是完全等值的神話象徵符號。它們是兩種不同的說法，但要說的卻是一模一樣的事情：一種超越的能量意識，在支撐著整個世界，在支撐著你。

了悟到這一點，並根據你心靈中樞而生活，這就是你人生的救贖。這意味著你必須讓自己與自然協調一致，必須認識到，自然本身是和諧的。但《聖經》的傳統卻大異其趣，它告訴你：有一個善的上帝創造了一個善的世界，接著，一個邪惡的闖入者把這世界搞得天下大亂，而自然從此就被污染了。由這個前提，對與錯、善與惡等種種二元對立就會紛紛冒出來。但只要你一天接受這種充滿對立的價值系統，你就一天別想能夠順服於自然。基督教的所有符碼都是被對與錯、罪與懺悔的二元對立所充滿的。

我想不出來，這種觀點如果沒有了教會的制度化力量做支撐，還能靠什麼其他力量支撐。每次想到這個問題，我都會想起從前李斯德林漱口水的一句廣告詞：「即使你最好的朋友也不會告訴你你有口臭。」

但教會卻告訴你連你最好的朋友也不會告訴你的事情：你有罪。而它也告訴你，你可以從它那裡得到解救的藥方。

而當你爲你無形的疾病找到的是有形的藥方時，你找到的就是一種可以買賣的東西。

布朗：爲什麼我們西方人會喪失掉你所說的「與大自然協調一致」的意識呢？

坎伯：我們現在對進化的觀點，正慢慢向著比達爾文要早的拉馬克（Jean-Baptiste de Monet Lamarck）⑧和歌德回轉。沒有錯，歌德也有一個關於進化的理論。叔本華有

「打開的聖母」(Vierge Ouvrante)，法國，15世紀。

「耶穌進入耶路撒冷」，喬托(Giotto do Bondone)約繪於1305年。

一篇很棒的文章，叫〈自然的意志〉（The Will in Nature），也是類似的觀點。

法夫羅：所以你認爲，即使是原生質層次的物質，也是有若干意向（intention）的？

坎伯：絕對是這樣！有一次我朋友基里曼（Stanley Keleman）邀我去看一部他在賓州大學拍的影片，內容是原生質在顯微鏡下活動的情景。在影片裡，你會看到原生質流向這邊，然後又流向那邊，很快就形成一條小小的通道，換言之，它是在爲自己蓋房子。

當我看完那電影，從舊金山開車來依色冷研究所這裡的時候，我滿眼看到的都是原生質！在吃草的牛是原生質，牛所吃的草是原生質，我頭頂上的天空是原生質。那就像一種領悟，一種啓示，整個世界都是有意向的原生質，都是充滿意識和能量的。

從那時候開始，我感覺能量與意識只是同一件事情的兩面。

法夫羅：物理學家現在也這樣說了。

坎伯：我知道。有一個哈佛的生物學家寫過一封信給我，他是個榮譽退休教授，一位老先生。他把他在一個國際會議上宣讀的論文寄給我，並說：「雖然那是個讓我的科學意識不自在的發現，但我仍然不得不承認，自然是有意向性的。」

釋迦從金棺材中復活。

「基督的觀念和佛陀的觀念是完全等值的神話象徵符號。它們是兩種不同的說法，但要說的卻是一模一樣的事情：一種超越的能量意識，在支撐著整個世界，在支撐著你。」

神話事實上是個公眾的夢，可以推動和形塑社會，反過來說，個人的夢是小的神話，是關於那些可以推動和形塑個人的神、半神和守護力量：它可以透露出那些在你潛意識裡架構著你的生命的恐懼、慾望、目標和價值觀。

——坎伯，《神秘的意象》（*The Mythic Image*）

布朗：但這不是跟他的所學背道而馳嗎？因爲物理學理論是不容許意向性這樣的觀念存在的。

坎伯：一個優秀科學家的可貴之處，在於會按證據說話，而不管那是不是違背他的所學。我認爲，這種精神正是大部分宗教界人士所闕如的：不管有再多不利的證據，他們仍然會死守著他們的神學主張不放。

但眞正科學的態度卻是：我們不是在找眞理。我們只是在找一個運作性的假設（working hypothese）來解釋一個新發現的事實。但一般人卻不了解科學的這一面。

由於我認爲神話是人生物性的一個函數，所以我對生物學一直很感興趣，身體的每一個器官都有它的驅力，而每個器官的驅力各有不同，所以，我們就會感受到相衝突的能量在我們裡面作用，而我們的心靈形態，就是由這些衝突所構成的。

那就是自然在說話。而神話就是這些能量透過一些擬人化的意象在自我表達。

與其說愛因斯坦是個大科學家，不如說他是個大詩人，他具有詩人的直覺能力

布朗：怎樣才能把這些能量導入我們的日常生活？

坎伯：這正是我們一直在談的問題：神話和神話研究與當代生活的關係。我自己就看過它們對藝術起作用的例子。神話是從想像力的領域誕生出來的，而它也可以把人帶入想像力的領域。但如果一個神話意象必須經過解釋才能被你所理解，那它就不會對你的生活起作用。因此，如果你是身處在一個很陌生的文化，則它所使用的意象，就啓動不了你的心理反應。

這是我們的文化所碰到的一個棘手問題。因爲我們所繼承的神話遺產，是公元前第一千年近東世界的東西，而它所包含的意象，是跟我們的實際生活脫節的，如果不經過解釋，我們根本難以明白。

《聖經》上說：「用羊羔的寶血洗淨你自己。」如果你從沒看過一隻羊羔，這句話對你有什麼意義呢？

吉耶曼：你說這個，讓我想起美狄亞（Medea）與傑遜（Jason）⑨的故事裡美狄亞熬湯讓一個老人家回春的事，還有她試著炮製忘憂藥的事。你大可以說，當初我致力從人腦中分離出腦內啡（endorphin）⑩，就是這個觀念的具體實現。

坎伯：女巫湯藥⑪！

吉耶曼：對。不過我得聲明，我會想去找出腦子裡的腦內啡，可不是美狄亞的故事給我的靈感。

肯納德：但你在做研究時，會想到這些神話嗎？

吉耶曼：當你忙著去分離腦內啡時，根本不會有時間去想美狄亞與傑遜的故事。

坎伯：那是一定的！

肯納德：我是在猶太基督教的傳統裡長大的，但對近東的文化相當陌生。海華特，你跟你的傳統卻相當貼近。你覺得這有什麼分別？

海華特：那有相當大的分別。當坎伯談到羊羔的寶血時，我想到一件有趣的事，那就是，我們的文化相信，壞人死後會下地獄，而地獄是酷熱難當的，但對愛斯基摩人來說，壞人死後去的地方竟然會是熱的，這是難以想像的。（笑）

愛斯基摩人認爲，地獄應該是相當冷和陰鬱的。但這種觀點上的分別，只是出於兩個文化所處的氣候環境的不同嗎？我不認爲。我認爲存在著一首基本的人類詩歌。我也不認爲詩是詩人的專利。就我自己的標準而言，你與其說愛因斯坦是個大科學家，不如說他是個大詩人。他具有詩人的直覺能力，而他的很多直覺，都是靠後來的其他科學家證明爲眞的。至於他本身實際從事的科學研究，很多基本上跟十九世紀的科學沒有太大的距離。這也是爲什麼我會認爲他是二十世紀科學的一個大師。

肯納德：難道科學家不是經常教藝術家怎樣做的嗎？難道科學家不是經常被指責爲缺乏神話的嗎？

坎伯：唔，這是南轅北轍的兩個觀點。科學要致力的是給你一幅宇宙的圖象，要告訴你宇宙大抵上是什麼樣子。但這樣的圖像，幾乎每十年就會變動一次。沒有科學家會自稱：「我找到的是眞理。」他們找到的不是眞理，而只是一個運作假設，每過一段時間，它就會被另一個運作假設取代。

吉耶曼：呃啊，對你這話，我要有所保留。〔笑〕

坎伯：好吧，就當科學家認爲他們找到的是眞理好了！因此，神話要做的事，就是把科學家找到的眞理關連到個人的實際生活中。神話要處理的是人要怎樣過生活的問題。

坎伯：歌德的《浮士德》近尾聲之處有幾行著名的詩行：「一切無常者，不過是指涉，不過是隱喻。」後來，尼采把它們改寫爲：「一切永恆者，不過是指涉，不過是隱喻。」

而神話的功能既在於幫助我們體驗一切無常者都是個指涉，也在於幫助我們體驗一切所謂的永恆者也只是個指涉。神話要做的是開啓世界，讓它對某種超越言說的東西——也就是所謂的「超越者」——變得透明化。沒有這種開啓，我們也不會有任何神話。任何的思想系統，任何的意識形態，如果它不是向超越者敞開的話，就不能被歸類或理解爲神話式的思考形態。

因此，神話的第一個功能，就是要顯示一切都是超越者的一個隱喻。而第一個我們需要加以超越化（transcendentalized）的領域，就是我們所居住的這個世界。這樣，我們才能看出，整個世界都是向著一個驚奇與奧祕的向度敞開的。

世界中的每一件事物都在訴說著這個奧祕，而灌注在不同的身體和存有（beings）裡的，是同一個意識。然後，你必須向自己顯示，你同樣也是對超越者透明化的。

最後，在一個經由神話所組織起來的社會，一切的儀式都是爲了幫助你用一種

布萊、葛羅夫、吉耶曼在依色冷研究所一個花園裡討論他們的朋友——坎伯作品的時代意義（1982年）。

神祕主義的方式，體驗你自己、這個世界和你所置身的社會秩序。

我認爲神話有四大功能，第一個是神祕主義的功能（mystical function）；第二個是宇宙論的功能（cosmological function），也就是把人與宇宙關連起來；第三個是社會學的功能（sociological function）；第四個是教育的功能（pedagogical function），也就是教導個人怎樣穿越人生的不同階段。

神話可以透過各種儀式——像成年禮、婚禮、生育儀式、葬禮等——帶領人穿過生命歷程中各個不可避免的階段，而人類的生命歷程，自極遠古的時候開始，就跟今日沒有兩樣。

神話的神祕主義功能是在於打開超越者，打開我們的心，指出那個我們千方百計去擁抱的終極奧祕，是超越於所有的人類思考與命名之外的。一旦你給這個奧祕一個名字和一個想法，它就不再是原來的東西，而你也不再在神祕主義的傳統裡。例如，猶太教給了上帝一個名字，而這個上帝則跟著告訴你什麼是善的和對的，自此，神話就被化約成爲倫理學。無疑，在你敬拜那些被命了名的神像時，還是會產生某種敬畏的經驗，但這並不是神祕主義。神祕主義是要超越一切的二元對立的，是要超越我（一）與汝（Thou）的二元對立的。一旦某個神說了「我就是它」（I am It）這樣的話，他就會成爲一個路障。正如公元二、三世紀的一些神學家所說的，耶和華的最大問題是他認爲自己是上帝！最終的指涉是超越於神之上的。神必須是透明化和超越化的。超越（transcendent）這個字就是神話的關鍵字。在印第安人的神話裡，整個世界都是這樣被了解的，也因此，他們才會認爲那些被他們獵殺的動物，是心甘情願被他們食用的。

他們深知，生命的能量是可以存續到身體死亡之後，是超越時間經驗的。

我說得對不對？

海華特：我想，還有一點是西方人更難於理解的，那就是大部分的印第安部落，都是沒有個人目標的存在的，有的只是整體的目標。這個目標，在易洛魁（Iroquois）語裡被稱做orenda，也就是「部落靈魂」（tribal soul）的意思。印第安人認爲它也是一種能量，這種能量，不但存在於你我身上，也存在於石頭和貓狗身上。它會在我們身上微弱地閃忽，而透過某些方法，印第安人可以讓它熊熊地燃燒起來。

坎伯：對，是這樣。至於神話的第二個功能，我稱爲宇宙論的功能。這個功能，是要把同時代的科學或知識所揭示的世界圖像轉化爲一個聖像（icon），讓它可以反射出人的自我的永恆光芒。這也是藝術的功能：讓世界反射出自我的永恆光芒。這就是審美經驗中的「阿哈！」經驗，就是所謂的「美學的肯認」（aesthetic arrest）⑫，也就是說，一件眞正的藝術品，是不會讓你想要去問創作它的藝術家說：「你這幅畫是什麼意義？」它的意義會自自然然流露，讓你知道，它就是你自身光芒的反射，讓你會不禁衝口而出：「阿哈！」

海華特：否則那幅畫就會問你：「你是什麼意義？」

吉耶曼：當你談到有些印第安部落不存在個體性而只存在著集體靈魂的時候，我覺得同樣的情況也完全適用於現代科學。科學是一件群策群力的工作，沒有任何的發現，是可以完全歸功於某個個人的。因此，每個個人的貢獻都只能算是無限小。然而，現代科學的成就是靠著一個個貢獻無限小的個人累積而成的。

在拍攝坎伯紀錄片的休息時間。
阿里恩、海華特、貝蒂・安德森攝於依色冷研究所的山坡上（1982年）。

海華特：藝術雖然看起來是那麼變動不居、那麼微不足道，但似乎又是人類的創造性活動裡最有超越意味的一項。科學則似乎是靠著不斷批判自己，甚至是逆轉自己而獲得進步的。我想不出來過去十年或二十年來有哪個科學家沒說過這樣的話。

吉耶曼：這就是爲什麼科學會不斷進步，而哲學則似乎一直原地踏步的原因。科學會給我們一幅宇宙的藍圖，但那只是第二序的。相信一個意象和知道分子的結構兩千年來都是一模一樣，並不是同一件事。眞理就是眞理，它是一直存在著的，只是我們之前沒有發現出來吧了。例如，分子是早在被第一個觀察者觀察到以前就存在著的。所以，你與其說科學家的發現是一種發現（discovering），不如說是一種揭開（uncovering）。

聽眾發言：但你是不能把觀察者與被觀察者完全區分開來的。這似乎正是現代科學所開始領悟到的。神話和科學，都是這樣運作的。換言之，神話和科學是完全一樣的過程。

海華特：我聽你說「神話」這詞的語氣，就像聽到人們喊他們眼前的大自然爲「曠野」。但大自然卻是一點「野」都談不上的。我覺得，你是把神話看成一種「紀實」（faction），把科學看成一種「事實」（fact）。

坎伯：我一直試著說明的是，神話的構築方式，是受它同時代的科學所規約的。今天，如果你是憑藉一種遠古的科學來構築一個神話，是沒有意義的。我是不知道要怎樣用我們對原子的知識去構築一個神話，但我卻知道，托勒密的宇宙論是被怎樣用來構築神話的：人們把他對地球和諸天體的關係賦予倫理和道德的義涵，認爲諸天體的位階是心靈位階的反映。

神話是不能不管與它同時代的宇宙論的，如果一個神話是以一種過時的宇宙論爲藍圖，那它就不會是一個好的神話。這就是我們今日的重大挑戰之一。我不認爲科學與宗教之間有什麼衝突存在。宗教必須接受它同時代的科學，並貫穿它，直達於奧祕。有衝突的只是公元前兩千年的科學與公元兩千年的科學。

海華特：有沒有可能說，科學家的追尋，本身就是一種神話形式的表現？

坎伯：科學家的追尋，是一種靈視的追尋。這個追尋由科學家啓動以後，其他所有人再參與進去。你要怎樣找到你自身存有的眞理，並與之關連在一起呢？你找到的眞理是眞的嗎？

海華特：那就是一切表面分歧背後的共同性。

坎伯：正是如此。

海華特：那是一個神話的過程，對嗎？不過，我覺得，我們現在都把「神話」和「虛假」兩個詞完全混爲一談，以至於一提到神話，人們就會有相當不恰當的情緒反應。

坎伯：神話的第三個功能就是社會學的功能。所有神話都有維持一個社會系統的功能。道德系統是受文化規約的，而文化又是因時因地而異的。儘管如此，所有最基本的神話都有一個共通的信息，那就是，整個世界都是神的一個展現、一個流出（emanation），而這個神，是那些內在於你的能量的擬人化。換言之，他並不是外在於你的。

神話的第四個功能是教育的功能——神話在現今突然失去了的一個功能。所謂教育的功能，是指它可以指導個人怎樣度過人生歷程中所無可避免會碰到的危機。這是神話的一個主要功能。因此，神話的功能是層層深入的：首先是把個人導向社會，然後再把他分離出來，讓他透過對象徵的神祕主義式的冥思與理解，回歸到那個在他自己裡面的生命的坐席（the seat of life）⑬。

那生命的坐席又在哪裡呢？我讀過薛定諤（Edwin Schroedinger）⑭寫得很棒的一本小書，如果我沒記錯，他在書中使用了梵天（brahman）和阿特曼（atman）⑮這些字眼。他是個尖端的現代科學家，但在談到個人與神的關係時，卻用了這些字眼，而不是像我們的宗教傳統那樣，認爲上帝是在一邊，人又是在另一邊；認爲我們的社會是個善的社會，其他社會都是垃圾。當你望向宇宙（cosmos）的時候，你會認爲宇宙背後的那個奧祕，會是只偏愛某個地方的一小撮人嗎？

我們宗教傳統所述說的那個故事，眞是有夠玄的了。

布朗：你認爲什麼原教旨主義運動會泛見於今日世界各地？

坎伯：這是一種把宗教象徵符號執爲實有的結果。他們以爲這些象徵符號指涉的是歷史事實。在西方，最棘手的兩個象徵符號就是「童女生子」（Virgin Birth）和「應許之地」（Promised Land）。人們常常把前者視爲一個生物學的難題，把後者視爲一個實際的所在，但根本就不是那麼一回事。

童女生子的意象，象徵的是靈性生命在你心裡的誕生。這個靈性生命，跟你的生物性生命截然不同，而與它一相比，生物性生命的所有價值就要馬上退居第二位，然後，你會沿著一條靈性的彈道向前移動。這條靈性彈道會把人帶到一種與土地、與世界相和諧的境界，那就是應許之地。

太強調社會學而忽略了生物學

科克雷爾：你認爲哪一些意象系統，是我們體驗超越者的最佳窗口？

坎伯：當我閱讀《奧義書》或佛經的時候，就會有這樣的感覺。這些宗教傳統，不管是在過去還是現在，都是以超越者爲著眼點的。它們都明白到，所有的生命現象，不過是一種更深的力量的浮淺顯影罷了。

我覺得，我工作的一個重要成果，就是印證了長久以來我深深秉持的一個信念：人類的統一性，不但表現在生物性上，也表現在精神史（spiritual history）上。這部精神史，就像是在世界每個地方先後奏起的同一首交響曲，儘管它的許多主題會經歷發展、擴大、變形、扭曲。今天，它的各部正以極高音在眾音齊鳴，無可抵抗地邁向一個大高峰，而這一個大高峰，乃是下一輪演奏的出發點。所以我認為，在未來我們將有可能聽到相同的主題再次響起，儘管形式上是更新過的——

——坎伯，《神的面具》

我們的身體裡都有一些能量在作用著。沒有人知道它們是從哪裡來的。他們來自於某些超越於我們意識之外的東西。我們甚至連構想它都無法構想。這些能量，就像次原子粒子在偵測儀的螢幕上那樣，來無影，去無蹤，無跡可尋。生命是從這些形式中興起的，但我們的意識後來卻轉而他顧，或者誤信了一些跟自然背道而馳的倫理學觀念。

神話的意象是對超越者透明化的。每一個神祕的意象都是指向自己之外；每一個神明都是向奧祕的開啓。你們要知道：父的國本來就遍佈全地，只是人們看不見罷了。

所以，你們務必讓自己向這個看見開啓。

科克雷爾：那些能夠繼續保持對超越者半透明的信仰傳統，跟我們這個變得不透明的信仰傳統有什麼不一樣的地方？

坎伯：我們的傳統並不是變得不透明，而是從一開始就是如此。其原因則是由於基督教是用讀散文而非讀詩的方式來讀神話的。而如果你是依散文的方式解讀神話，並以神話來證明你的群體或社會高人一等，那你就會誤入歧途。這種閱讀神話的方式，我稱之爲病態的神話學（pathological mythology）。例如，「上帝的選民」的觀念就是病態的。事實上，所有人都是上帝的選民。意識到你自己是蒙恩選的這一點並不代表你就高人一等，而只表示，每個人都像你一樣，是一個神奇的存有，是站在一個奧祕的、超越的基礎上的。

所有的存有都是佛性的存有。現在，我們所能知道的奧義書作者的名字，不過兩三個。它們是口耳相傳下來的。不過，這種情形並不是今天才是這樣，早在公元前九和十世紀就是如此。他們明白到，整個現象世界，只是一個奧祕的投射。而這個奧祕的根基就是你的存有的根基。

你就是那個你想找到的奧祕。不過，這個「你」並不是那個你的朋友們認識的你，不是那個在現象世界裡流轉的你。他是你那個昔在、永在的存有根基，是你的有限之軀所指涉的對象。

儀式和神話的功能大可以說是讓你的識心（concious mind）可以跟現象的根基發生接觸，特別是跟你行動的根基發生接觸，好讓你在行動的時候，不再是以自我（ego）的身分行動，而是以一個超越的過程的承載者的身分而行動。當一個神話把你連結於社會的時候，它就是把你連結於某種比你大的東西。但社會還不夠大，它還必須被視為是連結於某個比它更大的東西，也就是整個世界。如果你只是老跟社會黏在一起，你就會跟它一樣，始終不夠大。你想變得眞正夠大，就要做到——用杜克海姆的話來說——「對超越者透明化」，這是整件事情的關鍵，是一個關鍵字。但如果你把神話讀成事實，它就會失去它的透明性，變成一幅誤導的藍圖。

我認為當代的一個毛病就是太強調社會學而太忽略生物學。當我讀到俄國生物學家瓦維諾夫（Vaviloff）的論著時，只覺得動容。他的生物學，跟李森科（Lysenko）那一套是截然不同的，後者認爲，社會是可以形塑自然的。

但社會是根本不可能形塑自然的。後來瓦維諾夫被流放到西伯利亞，連是什麼時候死的都沒有人知道。他是本世紀最偉大的生物學家之一，觀點跟史達林南轅北轍。

我發現我們的大學在教導我們該如何生活的時候，強調的重點同樣是擺在社會學。其後果就是，它教我們過的，是一種分心的生活，因爲我們的社會學是遠離人的生物性根基的。現在，主導我們生活的兩大力量是經濟和政治，這也是爲什麼一切都變得混亂不堪的原因。你必須回到自然去，與它協調一致，這也是神話要告訴你的。十九世紀的時候，一些有社會學傾向的人類學家主張，神話與儀式是人試圖控制自然的表現。這眞是錯得離譜。神話與儀式根本不是爲了控制自然，而是爲了控制社會，好讓社會能與自然保持協調一致。儀式節慶的任務就是要讓人在經歷一些重大事件時（像進入人生的不同階段、投入戰爭和從戰場歸來），不會失去與自己生物性根基的接觸，能始終保持與自然的協調一致。但經濟的動機卻把這一切都給搞砸了。

上帝其實就是一個門神

科克雷爾：可不可以請你談談，伊甸園之樹、十字架之樹和佛陀開悟之樹⑯之間有沒有什麼共通的地方，而我們又要對它們做什麼樣的解讀，才能讓它們成爲我們通向超越者的入口？

坎伯：幾年前，我在一個溝壑看過一棵樹，它的根並不是往下長的，而是向後轉彎，長入溝壑的邊坡去。這一點，你是無法用純機械論的觀點去解釋的。

現在我們對人類演化的藍圖是怎樣的呢？人類演化的四大階段分別是能人（*homo faber*）、直立人（*Homo erectus*）、智人（*Homo sapiens*）和現代人（*Homo sapiens sapiens*）。這四個轉化的每一個，都是發生在冰河的一次巨大退卻之後，都是發生得很突然的，突然得超過達爾文的理論所能解釋的範圍，要知道，在達爾文的理論裡，一個物種的演化，是需要幾萬年又幾萬年的時間的。

然後，在中新世（Miocene）⑰近尾聲的時候，印度板塊和歐亞大陸相撞，形成了喜馬拉雅山。這又產生了一個全新的環境。接著短短幾百年之間，一批能適應這個新環境的全新物種就出現了。

這一切都發生得太快，超乎達爾文進化論的解釋能力之外。但這並不表示進化論就此失效，而只表示，機械論觀點的進化論失效了。因此，現在的進化論，正慢慢向一種拉馬克式的觀點回歸之中。拉馬克是比達爾文更早提出進化論的生物學家。

歌德也談過生命進化的問題，而如果我沒記錯，他談這個，應該是在《植物的變形》（*The Metamorphosis of Plants*）裡。當然，歌德要比達爾文早半個世紀，而他的觀點，也是跟達爾文的截然有別。他不是透過機械論的方式來解釋進化，而是認爲進化的原動力，來自有機體的內部。會分化、會演化，本身就是一種內在於原生質的驅力。歌德又認爲生物的進化可以分爲兩大路線，一是動物的進化，一是植物的進化，而動物進化的極致是人，植物進化的極致是樹。

你可以說，樹是家的象徵。因此，回返自然世界的最佳意象莫過於樹。因此，伊甸園本來是一個由植物世界構成的自然領域，而人則是被當成自然的一部分放在那裡。但他面對的問題是怎樣在保持自然性的同時向一種更高階的意識和分化性的意識邁進。他本來是有可能會在意識中迷失自己的，但樹卻把他拉了回來。

伊甸園之樹事實上是兩棵而不是一棵。一棵可以讓你在時間之外遨遊，一棵則會讓你進入時間的領域。在時間的領域裡，一切都是二元的：過去未來、人我、善惡。會讓你進入時間領域的那棵樹就是善惡之樹，是離開伊甸園的大門。所以嚴格來說，亞當、夏娃不是被上帝趕走的，因爲一吃下善惡之樹果子的同時，他們就已

「靈魂之樹」，
威廉・勞(William Law)為《貝門作品集》(*The Works of Jacob Behmen*)所繪的插圖。

離開了天堂。在此之後他們會為自己赤身露體感到羞慚，會趕緊找衣服穿上，就是因為他們已有了男與女的二元觀念。想重返伊甸園，你就得明白一切是一的道理。

第二棵樹是永生之樹，也就是回返之樹。但〈創世記〉裡的上帝卻不願人回到伊甸園，因為他想當唯一神，不想讓你知道你也是不朽的。因此他才會說：「那人如果吃了永生之樹的果子，就會變得跟我們一樣，因此，讓我們趕他走吧。」⑱

門神是你的恐懼和我執的象徵，而恐懼和我執正是讓你回不了伊甸園的原因。但佛陀卻坐在菩提樹下面，舉著右手說：「別怕這些傢伙，穿過他們，到我這裡來！」

——坎伯

坎伯：第二次世界大戰期間，當我們還在跟日本人打仗的時候，紐約有一份報紙刊登了一幅奈良一間寺廟的門神照片。照片的圖說這樣寫：「日本人拜像這樣（恐怖和好戰）的神！」

根本就不是如此！門神是你的恐懼和我執的象徵，而恐懼和我執正是讓你回不了伊甸園的原因。但佛陀卻坐在菩提樹下面，舉著右手說：「別怕這些傢伙，穿過他們，到我這裡來！」

這照片讓我恍然明白到，我們的上帝其實就是一個門神，他站在伊甸園的大門處，不准任何人走進去。

「生與死之樹」(Tree of Death and Life)，
富特邁爾(Berthold Furtmeyer)臨摹。原圖見於薩爾斯堡大主教的彌撒書，1481年。

「回到伊甸園，就意味著你必須了解一切是一，明白嗎？」

「抱樹的女人」(Woman Embracing a Tree)，旁遮普山(Punjab Hills)，十九世紀初期。

所以說，我們的宗教基本上是一種放逐的宗教。

在基督教的傳統裡，耶穌乃是那個穿過伊甸園大門，吃到永生樹的果子，並化爲樹的人。這樹就是十字架。這就是釘十字架的眞義：順服，放下。回到那個神聖不朽的根源去，這個根源是你和萬物所共有的。

這是耶穌要釘十字架的原因。這個十字架，就是伊甸園裡的第二棵樹，相當於佛陀在其下悟道的那棵永恆生命之樹，那棵菩提樹。菩提的意思是「覺悟到你自己就是你正在尋覓的。」換言之，你自己就是永恆的存有。但我們的宗教傳統卻告訴我們，我們與耶穌不是同一的，他是我們的楷模，我們應該追隨的對象。但在《多馬福音》裡，耶穌卻說：「凡從我嘴裡得飲的人會變成我，而我會變成他。」

這就是佛教和基督教的不同所在。再一次，我們是被放逐的。在基督教中，你不可能成爲耶穌。但在佛教，你本身已是佛，只是你不自知罷了。

有一次，我在一個演講時也談到這一點，說眞正的基督徒，就應該把那個在他裡面的基督給活出來。幾星期後，一個聽過這個演講的婦女告訴我，當時坐她身旁的一位教士表示：「這是冒瀆。」

如果這是冒瀆，那誰可以行行好告訴我，《聖經》要說的到底是什麼東西？

日本奈良東大寺的金剛力士像。

我曾經在瑞士的阿斯科納（Ascona）聽過一次鈴木大拙的精采演講。就我所知，那還是他第一次在愛蘭諾斯基金會（Eranos Foundation）演講。聽眾都是歐洲人，只有他一個是日本人。這位熟諳禪哲學的老先生（當時大約九十一歲）兩手貼在身旁，直視著聽眾說：「自然對立於上帝。上帝對立於自然。自然對立於人。人對立於自然。人對立於上帝。上帝對立於人。（基督教）真是一種滑稽的宗教。」

——坎伯

坎伯：唸小學的時候，我們都要背誦的教義答問，其中有這樣的內容：

「上帝為什麼造你？」

「上帝造我，是為了要我在世上愛祂、侍奉祂、榮耀祂和日後與祂一起永永遠遠快樂地生活在天國裡。」

在這樣的思維方式中，人與神是處於主從關係之中的。上帝並未使我了解我的神性。

有一個可愛的年輕女士，她本來是個修女，但在聽過我的一次講演後，就還俗了。她在那次講演後走上前來問我：「你相信耶穌基督是上帝的兒子嗎？」而我回答說：「不信，除非我們每個人都是上帝的兒子。」這就是差別所在。你們明白我的意思嗎？如果你把神啓專有化（specialize the revelation）⑲，就等於是把人性（humanity）從它裡面抽走。只要你執著於這種專有化，你就是自外於全體的人類之外。我個人認爲，死抓住專有化的神啓不放，是一件可怕的事。那是一個反動的系統，是與時間的動態性對立的。那是一種壞東西。

在全世界的專有化宗教傳統正邁向碰撞和轉型的此際，是不是能記取這一點，尤其重要。我們唯一的家鄉只能是整個地球。

坎伯：《聖經》所載的耶穌生平乃是他教誨的意義象徵。讀它，你可不像讀卡爾．桑德堡（Carl Sandburg）的《林肯傳》那樣，可以找到實際生平記錄的細節。事實上，它跟實際發生在耶穌生命的事情無關，而只跟這個生命的義涵有關。

佛陀生活於公元前五六三年至四八三年之間。他圓寂後的第一個轉世地點是錫蘭，時間是公元前八十年。我們不知道任何有關這個佛的事，一如我們不知道任何有關基督的事或任何有關瑣羅亞斯德的事。所有有關他們的生平事蹟都是傳說，都是要告訴你，他們的生活代表著什麼意義。現在，你想知道基督說過什麼，只能透過四福音和第五福音書，也就是《多馬福音》。而他自己又說過些什麼呢？

誰會希望自己是透過門徒弟子的筆記被後人記憶的呢⑳？

所謂的菩薩，就是那些了悟自己的超越性後自願參與人世的人。而所謂的效法基督，就是要歡歡喜喜地參與世間的愁苦。

——坎伯

譯註：

①：時母為印度教的神祇，赫耳墨斯為古希臘神話中的神祇。

②：塔羅牌由七十八張紙牌構成，前二十二張稱為「大奧義牌」（Major Arcana），後五十六張稱為「小奧義牌」，「小奧義牌」又分為四組：權杖組、聖杯組、寶劍組和錢幣組（同一組牌的圖案會有同樣的象徵物，如權杖組的圖案裡必見權杖，儘管造型或數目不盡相同）。

③：這是但丁早期一本著作的書名。

④：在坎伯的用法裡，「歷史事件」並不是指發生在過去的事件，而是指會真實發生在人類歷史裡的事件，它既可以是發生在過去的，也可以是發生在未來的。

⑤：菩提指佛的最高的智慧，是一種能照見法性、真如的最高真理的智慧。

⑥：古希臘哲學家。

⑦：應是指耶穌被釘十字架和復活一事。

⑧：拉馬克（Jean-Baptiste de Monet Lamarck）：法國生物學家，比達爾文更早的進化論者。認為生物會演化出某種特徵，是為了達到某種目的，如長頸鹿之所以會有一個長脖子，是為了吃到樹上葉子的緣故（達爾文則把這一點解釋為突變的結果，並認為只有那些能突變出適應環境特徵來的生物才不會被自然淘汰。這可以說是一種機械論的解釋方式）。

⑨：希臘神話「金羊毛」中的男女主角。

⑩：在神經系統裡發現的幾種鴉片樣物質的總稱。

⑪：女巫湯藥在美國俚語中有「雜亂無章的大雜燴」的意思。但坎伯提這個只是湊趣，沒有任何實質意思。

⑫：這是喬哀思的用語，見第七章。

⑬：「生命的坐席」一語似是指生命的安頓之處。坎伯在第七章中提及在德國詩人諾瓦利斯（Novalis）的詩中有「靈魂的坐席」一語，「生命的坐席」似是脫胎於此。

⑭：薛定諤（Edwin Schroedinger, 1887-1961）：奧地利物理學家，一九三三年諾貝爾物理學獎得主之一。

⑮：梵天（brahman）和阿特曼（atman）都是印度哲學的用語，梵天指的是最高的神和最高的眞實；阿特曼又譯「神我」，指的是人的眞我。印度哲學認爲，究極來說，梵天與阿特曼是一，亦即最高的眞實與自我是一。

⑯：指佛陀在其下悟道的那棵菩提樹。

⑰：距今兩千三百萬年。

⑱：這番話是坎伯仿〈創世記〉的語氣而寫。又，〈創世記〉裡的上帝，都是以複數的反身代名詞（我們）自稱，有學者認爲，這是〈創世記〉源出於閃族神話的表現。

⑲：坎伯這裡所說的啓示的專有化，似是指把啓示視爲某一群人所獨有，如猶太教把猶太人視爲上帝的唯一選民。

⑳：這句話的意思是耶穌假如是想讓後人知道他，不會不自己寫下自己的事蹟而讓門徒去寫。等於是說並無耶穌其人或並無《聖經》所形容的那個耶穌。

～神的面具～

The Masks of God

每一個神祕的意象都是指向自己之外；
每一個神明都是向奧祕的開啓。

——坎伯

「天照大神」(日本神道教信奉之太陽女神)，版畫，歌川國貞作。1857年。

觀音菩薩塑像。中國，11 世紀或 12 世紀早期。

米斐拉斯屠牛圖(Mythras Slaying the Great Bull)，古羅馬浮雕，公元三世紀。

凱爾農諾斯(Cernunnos)，凱爾特宗教中有大能的神靈，生有鹿角。公元前二世紀之物。

上圖　夸寇特爾人(Kwakiutl)的太陽面具，面具中央是一個老鷹的面貌。西北海岸印第安人文物。

下圖　見於薩波特克人(Zapotec)陶甕上的玉米神像，出土於墨西哥的瓦哈卡(Oaxaca)的阿爾班山(Monte Alban)，年代介於五至八世紀之間。

右圖　克里特人的蛇女神像，出土於諾薩斯宮(Palace of Knossos)附近，
公元前1600年至1500年。

左圖　「世界之光」(The Light of the World)，
亨特(Holman Hunt)繪於1853年。

曼荼羅壁畫，見於不丹人民立法會議廳。

「聖與俗」(Sacred and Profane)，提香(Titian)所繪（約1514年）。

7 | *The Hero's Journey*

跨越歸來的門檻

The Return Threshold

右圖　坎伯接受全國藝術俱樂部的文學榮譽獎章後攝（1985年）。

可是，怎樣去把幾千年來由於人類愚蠢的深謀遠慮，以至於雖然成千次正確已傳授卻成千次錯誤學到的東西，再重新傳授一遍呢？

這就是英雄最終的艱鉅任務。怎樣把另一世界無法用語言表達的見解翻譯成現實世界的語言呢？……多次的失敗正足以證明這個肯定生命的門檻有多難以跨越。

——坎伯，《千面英雄》

在一九七〇和八〇年代，坎伯成了很多大學和開發人類潛能的教育機構爭相邀請的講演者。很多有成就的藝術家與學者都公開表達他們對坎伯作品的推崇。一九八四年，爲慶祝坎伯八十大壽，紐約和舊金山各舉行了一場以「英雄的旅程」爲題的研討會。會上，雕塑家諾古基（Isamu Noguchi）、舞蹈家瑪莎·葛蘭姆、作家亞當斯（Richard Adams）、詩人布萊、人類學家芭芭拉·邁爾霍夫（Barbara Myerhoff）和瑪麗亞·金布塔斯（Marija Gimbutas）紛紛致詞，感謝坎伯讓他們明白神話在他們生活和工作上的重要性。不過，坎伯的文化影響力發揮得最淋漓盡致的地方，卻是在電影界。

「沒有一本書對當代電影的影響力要比坎伯的《千面英雄》來的廣泛。」影評人文圖拉（Michael Ventura）這樣說。像史蒂芬·史匹柏、喬治·米勒和喬治·盧卡斯等製片家，都表示自己的電影受到坎伯神話分析的啓發。一九八五年二月，坎伯獲全國藝術俱樂部（National Arts Club）頒贈文學榮譽獎章，喬治·盧卡斯、亞當斯、作家南施·威拉德（Nancy Willard）和心理學家希爾曼（James Hillman）都出席了頒獎典禮。第二年，在「感恩死者」樂團（Grateful Dead）的邀請下，坎伯以八十二歲的高齡，參加了生平第一個搖滾樂演奏會。一九八六年，他告訴專訪他的記者說：「想到我的作品可以影響像喬治·盧卡斯和『感恩死者』等人，我感到莫大的高興。」

坎伯於全國藝術俱樂部頒獎典禮上。
坐在他身邊的是（從左至右）：珍・厄爾曼、製片喬治・盧卡斯、歌星琳達・朗絲黛
(Linda Ronstadt)。

坎伯：今天這個場合（指文學榮譽獎章的頒獎典禮），我想乃是我人生的一個重大時刻。開始寫作《千面英雄》時，我就已經意識到自己發現了一些很重要的東西。我的寫作很緩慢，花了大約五、六年的時間才殺青。這段時間，我一面寫作，一面在莎拉・勞倫斯學院教授比較神話學，而我最後寫出來的內容，跟我的教學有離不開的關係。

歐里庇德斯（Euripides）①說過：「這個神話不是我的，是我從我母親那裡得來的。」我想我也可以說：這個神話不是我的，是我從我的學生那裡得來的。由於她們都是女性，因此她們對某個神話的作者是誰、寫成於什麼年代之類的問題一概不感興趣。她們想知道的是它們包含著什麼意義，對她們將來的小孩的意義何在。

今天晚上有幸聽到那麼多了不起的藝術家講話，對我來說已是莫大的殊榮，更何況他們把我的名字跟他們的作品關連起來。我興奮激動得幾乎站不起來講話。這眞是一件讓我很開心很開心的事，因爲我寫書的時候，期望的就是能提供別人一把打開繆思領域——神話領域——的鑰匙。

這個獎讓我特別高興的是，它是一個文學的獎項，是全國藝術家俱樂部頒給我的，而不是哪個科學學會或學術團體頒給我的。因爲這表示，我更被肯定的貢獻是在文學方面而不是在學術方面，而對我來說，這是一種更高的肯定……

記得瓦特（Alan Watts）有一次問我：「喬，你做的是哪一類的冥思？」

我回答說：「琢磨字句。」

諾瓦利斯（Novalis）②有一句美麗的詩句：「靈魂的坐席位於外在世界與內在世界的交會處。」外在世界是你從學術會獲得的，而內在世界是你對它的回應。神話就是在兩者交會時產生出來的。外在世界是會隨時間而變遷的，但內在的世界卻是全人類所共通的。神話系統是一個常數，你在裡面可以體認到的既是你自己的內在生命，也是歷史的變形屈折。要怎樣才能讓外在的世界與內在的世界交會，這在今日當然是藝術家的任務。知道我的作品能夠帶給正從事這樣工作的人一些影響，正是我在這一刻感到非常非常自豪的原因……

各位女士先生，今天晚上我們齊聚一堂，為的是要表揚喬瑟夫·坎伯的成就。我之所以說「表揚他的成就」而不是說「表揚他」，是因為他的功績是透過他的作品建立起來的。這些作品，表現出深厚而寬廣的學術根

底，充滿有說服性和怡人的想像力，並將其作者所奉獻一生的研究所得，賜贈給了我們的文化，讓它得以在神話裡深化自己的靈魂。而這種賜給我們文化及其靈魂的禮物，也持續讓其作者在全美國受到彰顯：在書店裡與教室裡，在電影院裡與精神醫師的診療室裡，在作家與夢想家的想像力裡。這個世紀裡沒有一個人，包括弗洛依德、湯馬斯・曼和李維史陀在內，能像坎伯那樣，把世界及其永恆人物角色的深邃意義，帶回到我們的日常意識中。沒有他，我們將不會曉得（用他自己的話來說）：「美女與野獸羅曼史正持續上演著，它站在四十二街與第五大道的街角，等待交通號誌的變換。」神話就在我們的日常生活裡。

——希爾曼在頒獎典禮上的發言，一九八五

從他的發現，引生了一連串的連鎖反應，其震波直達小說創作、精神治療、人類學、神話學、電影製作和其他的創造性活動。而除此以外，他還是一個可愛得要命的傢伙……真是難以想像莎士比亞會沒有讀過喬瑟夫・坎伯的作品。

——亞當斯在頒獎典禮上的發言，一九八五

另一個讓我覺得同樣棒的經驗是能夠跟一位藝術家（我的舞蹈家太太珍・厄爾曼）結婚，而且眼看著她把神話的素材恰到好處地轉化為舞蹈，再轉化為一齣出色的戲劇，也就是「六座位的四輪馬車」（The Coach with the Six Insides）。這齣戲是以《芬尼根守靈記》為藍本的，首映於一九六二年。接下來的三、四年，它在義大利和巴黎等地上演時，我們都有著非常難忘的經驗。後來，她又創作了其他的戲劇。我對她的戲劇的參與都是站在一個距離之外的。我是少數看著這些戲劇發展成形的人，而且不時會提點意見，但我提的意見，大抵都不出這一類：「他們說話說太快了，我聽不清楚。」即便如此，這種微不足道的參與，最少可以讓我在埋首於神話世界的同時，不致與藝術的創造性活動完全脫節。

我對今晚這個盛會的感激之情，是難以道盡的。因為它讓我知道，儘管我對神話的研究是非學院式的，卻是走對了路，否則，今天晚上不會有那麼多的人會表示受過我的影響。聽到這些傑出人士發言時提及我的名字，我內心的感動是難以形容的。這真的是我人生中登峰造極的一刻。

任何事務只要你以恰當的方式看待它，都會是通向諸神的一條道路。

科克雷爾：一向以來，西方的藝術家所致力的，都是詮釋基督教的觀點和建立它的強度，這尤以文藝復興時代的藝術家爲然。你認爲，當代的藝術家有能力重新詮釋我們現在流行的象徵嗎？

坎伯：發生在文藝復興的事情相當好玩。科西莫・麥迪奇（Cosimo de Medici）③獲得了一份一個希臘僧人從馬其頓帶回來的手抄本，那是一份《秘義集成》（*Corpus Hermeticum*）的抄本，它包含一組古典時代晚期④的文獻，其中對古典晚期所使用的象徵體系的寓意，多所說明。古典晚期與基督教的始創時期完全是同一時間，也就是公元第一、二世紀。

這抄本經菲奇諾（Marselio Ficino）翻譯了出來以後，人們馬上就明白到，基督教的象徵系統，跟古典晚期的神話象徵系統要說的是完全一樣的事情。這一點，成了文藝復興時代藝術家的一個靈感活泉。波提切利（Botticelli）、米開朗基羅的作品都深受其影響。這給基督教神話意象注入了新的活力。因爲文藝復興時代的藝術家明白到，這些意象包含著的是靈性的意義，而非歷史的指涉。也就是說，它們要指涉的，不是某些曾經發生或將要發生的、可以讓我們從罪中解脫出來的事件。事實上，實際發生的事件又憑什麼可以讓我們從罪中釋放呢？以耶穌釘十字架的故事爲例，它要提供的只是一個榜樣，讓你可以把你自己釋放出來。這是完全不同的兩回事。這就是文藝復興藝術的一大靈感活泉。

而當代藝術家所面對的挑戰，就是怎樣在當代生活條件的限制下，找出向超越者透明化的途徑。藝術家的功能在於把我們所居住的這個世界的形式（forms）、我們參與其中的行動，迻譯為一種向超越者透明化的語言。

科克雷爾：喬哀思說過：「任何事物只要你以恰當的方式看待它，都會是通向諸神的一條路。」也因為這樣，你在看到塞尙所畫的蘋果時，並不會想去吃它，因為它們擁有喬哀思所說的「美學的肯認」（aesthetic arrest）。

坎伯：沒有錯，是這樣。你引用這句話，出自《尤里西斯》，就是寫婦產科醫院那一章。

科克雷爾：如果你有機會對全世界的藝術家說話，給他們一些要怎樣看待神話素材的指引，你會說些什麼？

坎伯：我會說（笑）：「買一本《千面英雄》吧。」我還會說：不要把事物當成它自己本身看待，而要把它看成一個奧祕的展現。而事物的奧祕就是你自身的奧祕。

有個人對我說過，其實哪怕我們只是把一件物看成一個「汝」（Thou）而不是一個「它」（It），這個世界在我們眼前就會變得大不相同。

布朗：過去幾年來，我們這些認識你的人之間最津津樂道的就是你跟喬治・盧卡斯結識和被捲入人與機器鬥爭的課題裡。

坎伯：我最開心的其中一件事是看到我的書能夠帶給別人幫助。以舞蹈的領域爲例，它們就曾經影響過瑪莎・葛蘭姆和珍，還有康寧漢（Merce Cunningham）⑤的早期創作。神話的題材乃是繆思的泉源。

我的書並沒有教人應該怎樣創作，而只是指給他們看，他們可以在哪裡找到靈感泉源。當你以藝術家的心靈深入到神話裡去，就會能夠把一些東西從裡面帶出來。有時會有一些素未謀面的人突然來找我，感謝我對他們的幫助。亞當斯就是其中之一。有一天，他帶著他寫的《水船沉沒記》（*Watership Down*）登門造訪，感謝我的《千面英雄》對他的啓發。然後，喬治・盧卡斯和「星際大戰」就突然來敲我的門。

在此之前，我沒有看電影已經很多年了。我不是不喜歡看電影，但當你有讀不完的書要讀，自然不會有時間去做你所有喜歡做的事情。因此，電影從我的生活中脫離了很長很長一段時間。我不看電影還有一個理由。我在歐洲遊學的那時候，電影發生了一個很驚人的轉變。赴歐前，在美國這裡只能看得到黑白的默片。不過，等我回來的時候，有聲電影已經問世了。我從來都不覺得有聲電影是個有趣的藝術形式，因爲我覺得它太自然主義了，而自然主義就是藝術的死亡。我覺得，這也是美國藝術面臨的一個大問題。美國藝術家都不懂隱喻，創作出來的全都是自然主義那一套。

有大約十年的時間，我都在計畫寫一個兒童電影的劇本。我想寫一個現代的童話。我四周的朋友都說：「你在幹什麼？你瘋了不成？你應該做些具重要性的事，有時代意義的事。你應該做些跟嚴肅藝術有關的事，做你本來正在做的事。我本來在寫一個有關越戰的劇本（《現代啟示錄》），但後來放棄了，把它給了一個朋友〔導演柯波拉（Francis Coppola）〕。我當時並不知道自己的目的何在。我開始工作、開始做研究，這樣就花了一年時間。我寫了很多個草稿，然後，在一個偶然的機會，我讀到了《千面英雄》。它讓我的焦點第一次集中了起來。讀這書的時候，我對自己說：這就是我要做的。在那之前，我讀過很多精神科醫師（都是弗洛依德學派的）的書，也讀過大量分析唐老鴨、斯克魯奇叔叔⑥以及我們時代其他神話式角色的意義的作品。但《千面英雄》卻是第一本讓我開始得以聚焦的書（一直以來，我都是憑直覺在摸索，而且覺得頭緒紛紜）。我在書中發現到很多與我想法相通的地方，並迷上它對神話歷程的分析，於是，我又買了坎伯的其他幾本書，其中包括《野鵝的飛行》（*The Flight of the Wild Gander*）、《神的面具》等，一面讀它們，一面繼續我的劇本寫作。

我寫作〔《星際大戰》〕劇本的全部時間加起超過好幾年的時間。正如我前面提過的，寫作過程中，我一直在兜圈子，一直想找出我真正想寫的故事。我寫出來的各個版本的草稿，加起來一共有好幾百頁，蔓延到書房的每一個角落。不過，在讀過只有大約區區五百頁的《千面英雄》以後，我發現我要的故事就在那裡面。我的終點就在那裡面，焦點就在那裡面，我要走的路，也早在裡面為我鋪好。誠如坎伯博士所說的，一切早就在那裡，而且在那裡已經有幾千年又幾千年的時間。而我對自己說：「這就是我要的。」讀過喬更多其他的書以後，我明白到我的劇本該怎樣寫，也意識到喬對我的幫助有多大。雖然只是寥寥幾本書，卻是他花了一輩子的研究蒸餾出來的，唯其如此，才能讓我只花幾個月時間的閱讀，就能夠聚焦，可以向前挺進。它們猶如一場盛宴，而且非常重要。如果不是跟喬的偶遇，很有可能時至今日我還在苦思《星際大戰》的劇本該怎樣寫。

我想，對於某些作家，你可以說他們的作品比他們本人重要。但至於喬，雖然他的作品毫無疑問是很偉大的，我卻認為，它們比不上他本人偉大。他是一個極為了不起的人，而且是我的佑達（Yoda）⑦。

——喬治・盧卡斯在頒獎典禮上的發言，一九八五

由於我不看電影，所以在喬治・盧卡斯來找我之前，我根本不知道有「星際大戰」系列這回事。但他卻告訴我我的作品對他來說代表著多大的意義。他邀請我和珍到他位於舊金山郊外的房子住幾天，看看他所拍的電影。

結果，老天，我們一天之內一口氣就看了三部電影：早上看「星際大戰」，下午看「帝國大反擊」，傍晚看「絕地大反攻」。看完以後，我只感到大大的……激動。我找到了一個眞正懂隱喻的人。我看到的主題，都是我書中有提到的，但它們卻被轉譯爲現代的問題：人與機器的關係的問題。機器會是人類的僕人嗎？還是它會反過來，成爲人類的主人和暴君？這裡所謂的機器「機器」，還包括著獨裁主義，不管那是法西斯主義還是共產主義。另外，它也包括著可見於我們國家的一些東西，像科層制度和機器人等。

機器能帶給我們的力量固然神奇而可觀，但如果它有可能反過來宰制你的話，你要怎麼辦呢？這就是歌德的《浮士德》要處理的問題，《浮士德》第二部的最後

「星際大戰」的一幕。
從右至左：機器人C-3PO、天行者路克和歐比可努比。

兩幕就專門處理這個問題。浮士德出賣靈魂的契約是跟梅非斯特（Mephistopheles）⑧簽的，後者答應他可以滿足他的每一個願望。梅非斯特是個不管你有什麼渴望，都有辦法滿足你的人。他就等於是機器的製造者。他可以生產炸彈，但他可以給你人類精神渴望和需要的嗎？不能。

你的需要和渴望的滿足，只能是來自你自己，而不可能是來自機器、來自那教你該怎樣做的政府，甚至不是來自聖職人員。它只能從一個人的內裡獲得。如果你不做此圖，不向你自身的永恆性求索而向時間性的領域求索，你就會成為魔鬼的俘虜，就是身在地獄之中。

我認為，這就是喬治・盧卡斯要在「星際大戰」中呈現的。我對他的創作成果懷有極高極高的敬慕。這個年輕人打開了一個視野，而且知道怎樣去追隨它，創造出一種全然獨創的東西。我認為他在「星際大戰」裡把問題處理得非常非常好。

美國的藝術世界是一個自然主義的世界

柯西諾：神話、夢、電影之間似乎有著一些共通的元素：魔法般的轉化、夢般的時間、英雄的旅程、靈視的追尋，等等。你認不認為，那些在好萊塢被稱為「夢工廠」的製片家就是現代的神話創造者？

坎伯：如果他們願意創造神話的話，他們是有能力可以做到的。但他們卻不如此，而只是致力於讓人做一兩個小時的夢，再把他們叫醒。我們美國的藝術世界是一個自然主義的世界，創作出來的全都是一目了然的散文。而這種散文只對兩件事情感興趣：暴力與性。一切都是指向暴力與性，一切都是歸結於暴力與性。

柯西諾：多年以來，電影的結構都是相當任意的。但由於你的作品的關係，特別是《千面英雄》的關係，現在的作家（包括劇作家在內）似乎有一種回歸古典結構的趨勢，一種想把神話和童話的結構借用在他們作品中的趨勢。你認爲，這種趨勢有沒有可能會讓一直以娛樂爲務的電影，向神話的方向移動？

坎伯：世界上沒有一種媒體比電影更具有優勢，因爲你想用它來做什麼都可以。你唯一需要的就是找出什麼是值得做的。

但是，創作通俗電影所能夠帶來的金錢收益實在太大，這是一個難以克服的誘惑。這是美國藝術家最難過的一關，尤以小說家爲然。很多年前，當我還是學生的時候，我對同時代的小說—也就是一九二〇年代的小說—非常感興趣。當時的每一個大作家〔像德萊塞（Dreiser）、劉易斯（Sinclair Lewis）、海明威（Hemingway）〕，其早期作品都是致力於探索些什麼。如果他們能夠沿著這個方向繼續下去的話，那他們的作品會愈來愈精采是可以預期的。

靠自己的努力、靠自己的體會去發現些什麼，現在還有誰會願意這樣做呢？這是一個需要很大決心才能做出的決定。你這樣做就是在做實驗，就是在創造，要把一個以前曾未有過的形式接生出來。我自己寫作時就體驗過這一點。你遣詞造句的時候，有兩個可能的選擇，一是沿用你曾經用過的詞句，一個是盡可能想出最能跟你此時此刻的思考密合的詞句。不過，如果你選擇後者的話，就得花上相當長的時間，才會得到正確的字眼。

——坎伯

問題是，他們一旦成了名，一旦金錢滾滾而來，作品就變了個樣。而他們的下一部作品，就是在重複上一部作品的東西，自此而下都是這個樣子。

靠自己的努力、靠自己的體會去發現些什麼，現在還有誰會願意這樣做呢？這是一個需要很大決心才能做出的決定。你這樣做就是在做實驗，就是在創造，要把一個以前曾未有過的形式接生出來。

我自己寫作時就體驗過這一點。你遣詞造句的時候，有兩個可能的選擇，一是沿用你曾經用過的詞句，一個是盡可能想出最能跟你此時此刻的思考密合的詞句。不過，如果你選擇後者的話，就得花上相當長的時間，才會得到正確的字眼。更糟的是，當你把稿子寄給出版社以後，他們的編輯會把你搜索枯腸想出來新詞新句給改回來。

所以，這是一件非常需要勇氣的事，而我們現在最需要的，就是有這種勇氣的藝術家。我覺得喬治・盧卡斯就是其中之一。我認爲他打開了一個視野，而且懂得怎樣去追隨它。所以他的創作成果，是全然獨創的。

柯西諾：你曾經提過，日本之所以能夠領先西方，在於他們明白「形式」的重要性。而我覺得，讀你的書的一大樂趣，就是它們可以帶給我一種辨識的快感。例如，你的書似乎可以幫助別人看出一個通俗文化的聖像——不管是超人、麥克・傑克森還是「星際大戰」裡的人物——是從哪個原型裡出來的。你在寫作的當初就有這個打算嗎？你之所以致力於讓那些老舊的故事重生，爲的就是讓它們可以在我們的生活裡重生嗎？

坎伯：不是，我只是想提供一些古老的故事裡包含著些什麼原型的資訊。我所做的一切，都只是爲了點出在我們的傳統裡，眞正的繆思領域何在，而眞正的藝術家又該怎樣去掌握它們。我在舞蹈裡就看過這樣的事（如瑪莎・葛蘭姆和康寧漢的

坎伯攝於格林威治村家中的書房裡（約1960年）。

舞蹈），在雕塑家或畫家的作品裡也看到過。他們是不會把一個既有的原型照本宣科的。他們會用他們的生活經驗去印證、體驗一個原型，然後忘了它，再用一種新的語言把它迻譯出來。我還記得，在四〇和五〇年代的時候，我看過兩三個藝術家的作品，都是在老調重彈。他們使用了一些原型，但卻只是在照抄。藝術不應該是那個樣子的。藝術家所必須做的是把原型迻譯爲活的當下，一個體現在行動中或內在體驗裡的活的當下。

柯西諾：聽你這樣說，是不是說這些原型是具有一種易燃的力量的？也因此，比方說，當我們看到《綠野仙蹤》中女巫飛過天空那一幕，才會有像觸電一樣的本能反應。這意味著，藝術家對他們所使用的原型，是負有責任的。

坎伯：這一點毫無疑問。這些東西的力量是非常非常深邃的。你愈了解它們，它們的力量就愈深邃。它們是直達我們的生物性根基的，也就是直達做為我們生命基底的能量的。

柯西諾：有鑑於你的著作在人文學藝術領域的影響力，我很好奇你是不是有注意到，你的影響力的發揮是循序漸進的：首先影響的是你的學生，然後是藝術家，然後是整個社會？

坎伯：發生在我著作的事是它們影響了很多人，而其中之一是藝術家。我看不出來它們爲什麼竟然也可以影響到保險業務員或諸如此類的人，但這並不是不可能的，因爲我著作的一些涵蘊，是連我自己也不知道的。不過，跟我的著作最直接相關的人，當然還是藝術家，因爲神話乃是繆思的原鄉。當你眞正深入這個領域的時候，繆思就會用你的語言對你說話——不是我的語言，而是你自己的語言。正如我先前說過的，神話對藝術家起的這種作用，我是親眼看過的。

柯西諾：依你多年觀察，在所有的神話中，是否有一些影響力是特別明顯的？

坎伯：重點是你有沒有進入這個讓人嘆爲觀止的領域。那是一個金碧輝煌的領域。我能夠建議別人的就是走進去和享受它。如果你不這樣做，就不會感受到它的力量。如果一個人唯一閱讀的東西就是每天早上的報紙和週末的《新聞週刊》（Newsweek）的話，他是不會感受得到神話的力量的。你必須去讀它。要不然就是找到一個媒體，讓你可以和神話保持接觸。久而久之，你就會發現有一些神話會對你說話，而這意味著，這些是能夠讓你激動的神話。而如果一則神話不能讓你激動，好，那就不是屬於你的。

因此我才會說，重點是你有沒有進入這個讓人嘆爲觀止的領域。它是個龐大的領域。而如果你除了英語以外，還能讀兩三種外語的神話，那你的視野就更寬廣了。那眞的是一個金碧輝煌的領域。

恰當的藝術與不恰當的藝術

布萊：記得在舊金山一個美學會議上聽到喬的發言時，我備感震撼。他首先引用喬哀思在《青年藝術家的畫像》裡所說的，藝術分爲兩種，一種是恰當的藝術（proper art），一種是不恰當的藝術（improper art）。而不恰當藝術的特徵就是，它會讓你產生一種渴望什麼或憎惡什麼的反應。

接著他說，如果你看到電視廣告上的美女對你說：「買這台電冰箱吧。」而你對自己說：「我想要這電冰箱。」那這廣告就是一種色情藝術。因爲它想要你，它渴望你，所以會千方百計讓你對它推銷的東西產生渴望。同樣地，政治性的藝術雖然是說教的（didactic），但它仍然會讓你發生移動，因爲它會讓你產生一種憎惡政客的情緒。

再下來喬又說，過去幾百年來的小說家，全都是說教性的色情藝術作者

坎伯和詩人布萊兩個老朋友在拍攝「英雄的旅程」時分享私人的一刻（1982年）。

(didactic pornographer)。我是聽衆中唯一鼓掌的人!喬看著我,面露微笑。其餘聽衆則對他的大膽概括目瞪口呆。

科克雷爾:他告訴過我,他最後讀的一本小說就是《芬尼根守靈記》,之後沒有再讀過小說。

布萊:恰當藝術與不恰當藝術的分別就在於,前者是有一個中心的,有一條靜默的線索可以把你引領到它的中心位置去。所以,當你讀或看完它以後,你就會站在自己的中心,而不會向渴望或憎惡兩個方向的任一邊移動。

最有趣的是,當喬發言完畢而我鼓掌表示贊成以後,有一個女的站起來說:「布萊先生今天晚上在婦女中心將有一個反核的詩歌朗誦會。」

科克雷爾:所以說,你達到了一個政治性的目的。

布萊:我眞的是!很多我在越戰時寫的作品都是不恰當的藝術……

科克雷爾:但有時候創作不恰當的藝術是相宜的。

布萊:我認爲在戰爭時期創作不恰當的藝術是相宜的,但卻從來沒有人告訴過我恰當藝術與不恰當藝術的分別。因此,坎伯對我的最大教益,就是讓我知道,它們的分野是極爲重要的。那是一個由詩人所世代相傳的觀念,發源自阿奎那⑨,後來又爲喬哀思所接收。但它卻沒有傳到我們這一代。而喬瑟夫傳承了這一點。當我從他那裡得到這個觀念時，我馬上意識到，它對年輕的詩人有多重要。所以我準備要把這個喬瑟夫捎給我的信息，傳遞給一些年輕詩人。

科克雷爾：怎樣達到一種美學的平衡狀態的知識？

布萊：沒錯，沒錯，那就是恰當藝術與不恰當藝術的差異。它們並不是全然一樣的。政治性的藝術有可能是在某種程度上不恰當的。你可以尊重政治性的藝術，但卻不可以不知道恰當藝術與不恰當藝術的分別。我兩類作品都寫過，但以前卻不知道箇中的差異。喬瑟夫對神話的這些功能的解釋，眞是非常重要。所以，我覺得他是個很神奇的人，就像是個古代的老者，把文明的最高觀念帶在身邊，傳承下去。

科克雷爾：一個聰明的老頭是智慧的化身。他就是原型。那就是他的原型。

布萊：說得沒錯。

創造性表現在走出大路，去尋找社會迄未找到的東西。

——坎伯

科克雷爾：他是個守護神。

布萊：某個程度上，艾略特和龐德對文化並不是眞正心存尊敬的，儘管龐德被稱爲文化的偉大英雄。

科克雷爾：我記得龐德說過，在阿奎那對藝術的定義裡，包含著整全、和諧、光芒這幾個要素。

布萊：沒有錯，是這樣。阿奎那在那麼早期就有這種洞見，眞讓人難以置信。

科克雷爾：整全、和諧、光芒。任何有這種境界的作品都是藝術。

大自然可以讓我產生一種離形去體的經驗

布萊：喬瑟夫，藝術中的儀式是什麼，也就是說，詩中的儀式是什麼？我已經沒有寫自由詩很多年了，所以對這一點愈來愈沒有把握。

坎伯：從純學術性的觀點來看，一個儀式就是一個行動，它可以讓個人不由自主成爲一種更大力量的代理者，讓他臣服於一種比他個人生命形式來得大的力量。以動物的儀式爲例，它們主要是發生在求偶和兩個雄性對抗的場合。

布萊：什麼是比個體大的力量？

坎伯：就是指依據物種的衝動而運作的力量。一任這種力量灌注，你的行動就可以說是儀式化的了。是誰發明鳥類的舞蹈的呢?它們不是某個個體發明的。它們是突然出現在物種關係中的。

藝術的形式性可以把人從他個人的慾望和意向系統中釋放出來,讓他連鎖到別的什麼東西,讓他成爲這東西的獨一無二的代言人。

布萊:照你的說法,如果人們明白儀式的意義的話,就不會有告解詩這樣的東西。因爲告解詩……

坎伯:根本就不應該有告解詩這東西!因爲除了那些希望你向他的教堂奉獻的神父以外,誰會需要告解這玩意兒?

布萊:我想請教你另一個問題:爲什麼人們對詩的聲音會有那麼大的看重呢?閱讀巴斯特納克(Pasternak)、瑪卡托娃(Makatova)的詩歌時,我發現到,俄國的詩人對形式(form)的傳統是很執著的。不要說他們的詩歌沒有觸及你所說那種比個人更大的力量,他們的詩歌甚至是沒有質料(matter)的。

另外,你不認爲,城市會比一個較自然的環境更能滋養某種內在於人類、內在於詩人的力量?

坎伯:唔,我覺得紐約是個很適合思考創作的地方。不過,我覺得人們常常會把城市視爲一個「它」(It),而不是一個「汝」(Thou)。這樣,你和城市就會處於一種對抗的關係。我是才從紐約過來的，而像這裡這個位於大瑟爾海岸的地方，可以喚起我的整個意識的轉換。它會潛得更深，這一點，連身體都是可以感受得到的。對，這裡才是我的世界。我對它一直很懷念。在我看來，大自然可以讓我產生一種離形去體的經驗，這種經驗也是神話想像力的源頭。而在城市裡，人的思考會偏向於理性、倫理學……

布萊：你是不是認爲，在城市裡，我們所接觸到的生物太少，所以難於建立一種涵蓋更寬廣的「我—汝關係」（I-Thou relationship）？你是這個意思嗎？

坎伯：城市裡的「我—汝關係」只存在於人與人之間。

布萊：嗯。

坎伯：城市的環境是幾何學和方方正正的，你看不到曲線。城市的整個環境都是人爲的。在這裡（譯按：指大瑟爾），你可以感覺到得到人與自然都是一種更本源的意識的展現，但這一點，你是不會在城市裡感受得到的。

布萊：我所受的詩歌教育，教我的都是怎樣處理人類之間的「我—汝關係」。然而當你把目光轉向遠古的詩歌（像荷馬的詩歌），就會發現，它們對自然會表現出很驚人的敬畏，像對山的敬畏……

坎伯：還有對深如葡萄酒色的大海和玫瑰手指般的黎明的敬畏。

布萊：你知道我是來自明尼蘇達州的。我跟植物具有一種「我—汝關係」。那我該怎麼做呢？

坎伯：我不知道。在日本和亞洲的東海岸，你也可以找到相同的環境。你知道嗎，中國人認為，藝術是離不開山水的。水是本源。在天地初開的時候，一切都只是水。一個又一個的神話都是這樣說的。然後，生命就出現了，再分化成為不同的生物形式。

很多年前，我跟著里克茨一道，從卡梅爾（Carmel）一直去到阿拉斯加的錫特卡（Sitka），我們沿著海岸線，一路上蒐集潮間帶的生物標本。在這些地方，你可以深刻感受到，大海就是生命的起源地，是生命的溫床。

布萊：神話地說，當你看到這一切時，你看到了什麼？

坎伯：神話地說，我馬上看到了鯨魚開始遨遊於大海那個時代的世界⑩。大海猶如是潛意識的深層，一切就是由其中湧現的。而山則是永恆的象徵，猶如樹是生命的象徵。

歌德談到進化的原理時，把進化分為兩條路線，一條是植物的路線，一條是動物的路線，而它們的最高境界分別是樹和人類。歌德指出，就是在這兩者裡，你可以找到自然的高貴性和奧祕的力量性，而這個力量它包含兩方面，一是tremendum

（恐怖），一個是 fascinans（迷人）。

布萊：我們可以再回到先前的話題一下子嗎？我從你那裡獲得不少有關詩的教誨。一向以來，我所接受的詩歌教育都告訴我，聲音對詩有多重要，節奏對詩有多重要，某些形式有多重要。但它卻從未教過我，神話或故事性對一首詩有多重要。但當你回顧古代的詩歌時，卻會發現，它們總是有故事性的，而這些故事又會帶我們遠達一個超越的世界。

坎伯：神話要做的，就是要讓人類和同時讓世界向著杜克海姆所說的「超越者」開啟。神話是要向我們展示，我們是馳騁在一個奧祕之上的，而不管是人類世界還是自然的世界，都是同一個奧祕的展現。它們是分不開的。

布萊：神話是怎樣做到這一點的呢？

坎伯：透過提供超出個體之外的指涉。但現在發生在神學界的事卻適得其反：把上帝給實在化。他因此封閉了起來，變成了一個路障。不過，當他神話化的時候——用歌德的話來說就是「一切無常者都只是個指涉」——他就會打開，變成一個對終極的、奧祕的超越者的指涉，而這個超越者，是內在於我們和萬事萬物中的。

布萊：所以說，耶和華在某些方面會阻礙我們體驗到這一點？

坎伯：絕對是這樣。他讓我們落入一種主從關係裡，讓我們滿腦子都是罪和懺悔的觀念。

布萊：這是不是說，如果你敬拜了耶和華一段長時間以後，你的神話意識就會瓦解？

坎伯：它早就瓦解了。因爲在猶太教—基督教的傳統裡，神話是沒有義涵的。一切都是歷史，都是事實。就因爲這個緣故，我們會想疏遠大自然，而我們的一切儀式，都是爲了讓我們能夠跟社會更加密合而設。猶太教的整個傳統和基督教傳統的極大部分，都是要把你導向社會。我們是在基督裡爲一，不是在自然裡爲一。

但如果你去讀《道德經》，就會看到不同的東西，會看到一個啓示。對什麼的啓示？對奧祕的啓示。這個奧祕包含兩個面向，一個是tremendum（恐怖），一個是fascinans（迷人）。而藝術的功能就在於做到喬哀思所說的：成爲光芒的一個乍現（epiphanies of a radiance）。

布萊：我是個新教徒，而新教對tremendum（恐怖）的剷除是做得更爲徹底的。我們不會擺任何聖母的聖像。有一次我到加州一座教堂，發現教堂四周竟然連一棵植物也沒有，這眞的是很奇怪，因爲我們所讀的《聖經》裡，常常談到植物的神聖意義。

坎伯：有一次，我到日本伊勢參加一個宗教研究的會議。舉行會議的地點是個神社，裡面有著一些皇族的神龕，還有天照女神（日本的太陽女神）的神像和諸如此類的東西，非常漂亮。這一切全被環繞在一個樹木蔥蘢的環境裡，讓你可以參與到整個自然世界中。

走在我旁邊的是個瑞士學者，個子很高。正當我試著體驗跟四周環境合而為一的感受時，卻聽到他說：「這裡眞糟糕。我是個新教徒，不懂欣賞這些東西。」在我們的文化宗教傳統裡，自然是墮落的，不是好東西。自然是必須受到批判的，而我們認爲自己應該站在善的一方，去對抗惡。如果你問爲什麼一個善的上帝會創造一個這樣不堪的世界？得到的回答會是：「這是哪門子的問題！」

布萊：我可以背一首歌德的小詩給你聽嗎？

坎伯：背吧，我很想聽一聽。

布萊：有一次歌德在山頂上有感而發寫了這首詩：「在所有山丘的最頂端，一片靜默。在樹木的最頂端，你幾乎連一絲呼吸都感受不到。鳥兒在樹梢上靜默不語，只是等待，用不了多久，你也會變得靜默。」

你可以從中感受得到，他是把自然所包含的彼世界帶入了詩裡。

坎伯：他是在把神祕的一體感傳達出來。

布萊：他是憑什麼領略得到這種經驗的？

坎伯：最重要的是他是個德國人。德國人是生活得很貼近大自然的。榮格就是個很能把神祕的一體感表現出來的人，因為他自小就是在一個與大自然密不可分的環境中長大的。德國的世界從沒有跟古老的神話時代完全切斷過聯繫，而城市也從來沒有在德國成為主流。我在巴黎讀書時也感受過這樣的氛圍。巴黎，巴黎，巴黎，眞是個奇妙的城市。

布萊：喬瑟夫，你可能不知道你的教誨對美國的詩人有多重要。因為從你那裡，美國的詩人可以獲得世代累積下來的寶貴遺產。艾略特與龐德固然把這些遺產的大部分傳承了給我們，卻獨漏了兩件事情。

第一件事情就是恰當藝術與不恰當藝術的分別，那是起源於阿奎那的，而你是繼喬哀思之後唯一告訴我們這種分別的人。你讓我得知這一點，我眞的非常感激。

坎伯：別客氣，羅伯特。

布萊：第二件事就是神話和故事性在詩中的力量。你是唯一把這一點點出來的人。艾略特的〈荒原〉固然也包含著神話，但卻太破碎了，而且都是用來做為象徵的工具。某個意義下，他是不尊重他使用在〈荒原〉裡的那個故事的。同樣地，龐德也不尊重他的《詩章》（*Cantos*）裡的故事，這一點，從他刻意把故事支離化就可以反映出來。

你是唯一把這個古代的觀點——一個神話或一個故事是一件神聖之物——傳承下來的人。那是藝術的一個自然部分，是不應該加以斷片化或象徵化或理性化的。我由衷感激你畢生的研究所爲我們帶來的洞察。

坎伯：很高興聽到你這樣說，羅伯特，而像你這樣的詩人說出這樣的話，意義更非比尋常，我覺得很受用。

布萊：過去三、四年來跟你的交往讓我明白到上述的第二點，而這大大改變了我的詩的風貌。

坎伯：從一開始，我就認爲神話的材料應該是詩人和藝術家的材料。我的太太是個舞蹈家，她就從神話裡獲得很多資糧。我固然知道神話眞的可以對藝術家帶來幫助，但能夠從你口中聽到這樣的話，仍然讓我覺得很棒，我必須謝謝你。

譯註：

①：古希臘三大悲劇作家之一。

②：十八世紀德國浪漫派詩人。

③：佛羅倫斯的統治者，當時義大利最有權勢的人。

④：古典時代晚期指希臘—羅馬時代的晚期。

⑤：美國現代舞蹈演員和編導。

⑥：斯克魯奇叔叔（Uncle Scrooge）：迪士尼卡通中的角色，唐老鴨的叔叔。

⑦：「星際大戰」中天行者路克的師父，有著鼠臉人身。

⑧：梅非斯特：《浮士德》一書中魔鬼的化身，他答應浮士德，只要浮士德把靈魂出賣給他，就會滿足浮士德的每一個願望。

⑨：阿奎那（Thomas Aquinas）：中世紀最偉大的神學家之一。

⑩：坎伯這樣說，可能跟鯨魚爲水生的哺乳類動物有關。

兩個世界的大師

The Master of Two Worlds

右圖　80歲的坎伯攝於紐約的自然史博物館一根圖騰柱的旁邊（1984年）。
坎伯很小就來過這裡，從此迷上了印第安人的事物。

現代的英雄，是勇於傾聽召喚，起而尋找那能救贖我們整個命運的個人。他們不會、也不能靜待社會像蛇蛻皮似地主動蛻去它的驕傲、恐懼、合理化的貪婪和神聖化的曲解。他們應該像尼采所說的：「加緊地活，就像大限已至。」不是社會引導並拯救創造性的英雄，而是恰恰相反。因此，我們每一個人都要經受那最大的考驗：在他個人絕望的沈默中（而不是在部落偉大勝利的光明時刻）揹起救贖者的十字架。

——坎伯，《千面英雄》

在人生的夕陽階段，坎伯享受著一個獨樹一格的學者的榮耀。他給蜂擁而來的聽衆講演，常常在收音機裡發聲，並夙夜匪懈致力於完成他最後一個雄心勃勃的寫作計畫：四大部的《世界神話的歷史地圖》。這個計畫所包含的主題，早在坎伯唸研究所的時代就已經成形，當時，坎伯曾想把它們寫成爲一本名爲《一切的大綱》（*An Outline of Everything*）的書，但沒有完成。

一九八三年，在經過一趟勞累的新書宣傳之旅後，坎伯再度投入寫作，急著要把他對神話的意義和根源更爲深化的思考，表達出來。其成果就是出版於一九八六年的《外太空的內在縱深：做爲隱喻與宗教的神話》。書中，坎伯表達了他認爲外太空和內太空（也就是人類的心靈深處）是有著同樣法則的想法，又指出，現在最有可能爲我們創造出一個嶄新神話的人就是藝術家。這樣的神話，將是全人類的神話，是個能夠綜合科學與精神的神話。

一九八七年二月，以他爲主角的紀錄片——「英雄的旅程：喬瑟夫・坎伯的世界」，在紐約的現代藝術博物館首映，四個月後，又在西岸首映，地點是好萊塢的導演協會。這是坎伯與太太第一次在公開場合觀賞這部紀錄片。電影播放完畢後的討論會，是坎伯一生倒數第二次在公開的場合發言。

「英雄的旅程」在西岸首映結束後所進行的座談會，地點是洛杉磯的導演協會。
坐在坎伯右邊的是登斯莫爾(John Densmore)，坐他左邊的是貝班(Richard Beban)、布朗和柯西諾（1987年）。

布朗：如果你從前就有一部電腦，讓你可以節省掉檢索資料的時間，你想會對你的工作帶來什麼樣的分別？

坎伯：如果從我寫作、閱讀、做筆記一開始就有一部電腦，那……。我現在有很多個檔案櫃。讓我算算看，一、二、三、四、五、六、七、八、九、十、十一、十二、十三，對，一共是十三個，都是標準規格的商用檔案櫃，裡面密密麻麻塞滿我做過的筆記。如果我以前就有一部電腦，那我要找我需要的筆記，馬上就可以找到。但現在卻沒有這麼方便。我必須透過記憶，想出它大概是放在哪裡，然後東翻西翻，把它找出來。可以說，我的筆記全都沉到檔案櫃裡去了。這是我覺得以前沒有電腦的唯一損失。

但對我而言，眞正重要的倒不在資料本身，而在它所勾起的回憶。它們能夠把我帶回到那個它們所從出的思考和經驗世界，感覺就像是回憶初戀情人。那不是單純的資料可以給你的。很多資料的內容都是我還記得的，我把它找出來，只是想知道它們是出自哪一本書的哪一頁。

直到五個星期以前，我寫的一切都是靠鋼筆和鉛筆寫出來的。現在當我看著這東西（指電腦）的時候，心想，老天，它要比一枝鉛筆貴上多少倍。它眞的很貴，但它又能做多少的事！我慢慢對它著迷起來。那簡直就是一個魔法的世界。這個有趣的小東西能做那麼多的事，就像是裡面藏了許多小妖精。

布朗：我記得你說過一個很棒的故事，是有關艾森豪與電腦的。

坎伯：啊，對。那是有關艾森豪的。人們開始意識到電腦的重要性，就是在艾森豪當總統的時代。故事說他走進一間擺滿電腦的房間裡，在鍵盤裡輸入了一個問題：「上帝存在嗎？」

電腦跟著開始運轉，信號燈閃個不停，磁帶轉盤也轉個不停。最後，有個聲音從電腦裡響起：「這裡就有一個。」

照這樣說，我這書房裡如今也有一個上帝了。我對神祇的知識相當豐富，我只要知道一個神祇的行爲舉止，就可以判斷出祂是個怎樣的神。而從我電腦的運作方式，我就知道祂是個《舊約》裡的上帝：有一大堆規條，沒有彈性，沒有憐憫心。要是讓祂逮到你在星期六撿柴枝，你就死定了①。

柯西諾：你有給你的電腦取名字嗎？

坎伯：哈！IBM公司派過來給我安裝軟體的，是位年輕的小姐。她看過幾本我寫的書，知道我需要些什麼，爲我設計了個很漂亮的程式。她把事情都做好以後，嚇我一跳地問我：「你想爲你的電腦取什麼名字？」

我想了一下，就告訴她我想把它命名爲「帕西法爾」(Parzival)，因爲我認爲帕西法爾是西方英雄中的佼佼者。從他身上，我們看到的是一個超越我執、向慈悲敞開自己的人的榜樣。

當然，「他」可是沒有慈悲心腸的。（指著電腦說）

柯西諾：那帕西法爾的故事和你的電腦有什麼關連呢？

坎伯：帕西法爾是爲了尋找聖杯城堡，來來回回跑了很多趟，因爲聖杯城堡就像個幽靈一樣，會一下子出現，但一下子又不見了。

我的電腦跟聖杯城堡很像。很多時候，我認爲我的操作步驟完全正確，但它卻不聽使喚，等我把同樣的步驟重複一次，它卻又乖乖聽話。電腦就像一個魔法領域，我必須透過慢慢的摸索，才能夠完全掌握它的精確規則。另一些我想到跟電腦很像的神話角色是那些阿拉伯武士和壺中的妖精。他們會幫你做很多事情，但卻是很詐的。他們有可能會要了你的命。

「歷史是我努力從中醒過來的夢魘」——喬哀思

科克雷爾：在目前的人生階段，還有什麼是你想要達成的？

坎伯：我想做的只是享受剩下來的人生。我覺得我就像是一艘回到了港口的船。我還記得以前坐船旅行的感覺：每次到達港口，看到四周的景色，總是覺得心曠神怡。這就是我現在的心情。

我愈來愈覺得，印度人認爲人到了老年後應該捨離，是個很了不起的見解。進入老年可以讓你拋棄一切的追求，只是活在當下，把每一刻都當成是最重要的。因爲，你所必須做的都已經做過了，你的人生已做出了結論，此後再在上頭添加的任何東西，都只是註腳罷了。

我不認爲以我這把年紀，還應該去做一些註腳的事情。我只想好好享受已經自我實現了的人生。這是自我完成的時刻，充實而美麗的時刻。

有人曾經問我：「你想不想變得年輕？」

我回答說：「想，我想變回七十一歲。」

我可不想一切都從頭來過。

科克雷爾：當你回顧你的人生，你會認爲哪些人對你的啓發是最大的？我知道史賓格勒就對你有過很大的影響……

坎伯：沒錯，閱讀史賓格勒的書對我的知性是個極大的刺激。

科克雷爾：史賓格勒向你開啓了什麼？他對你帶來了什麼樣的影響？

坎伯：他讓我明白到，社會就像一個有機體一樣，其成長、茁壯和衰老，都是無可避免的。社會的發展就像人生一樣，有年輕階段、壯年階段、老年階段和瓦解階段，而每一個階段，都有其不同的著重點。你可以說，這種轉變，反映的是精神能量的由盛轉衰。

到了現在這把年紀，我開始能夠體驗到一種我以前只會空談而沒有實質體驗的事。那就是生命中能量與質量的比例問題。你看到，小孩子是用他們全部的能量跑來跑去的。而現在，住在檀香山這裡，由於我都是跟一些上了年紀的人交往，這讓我意識到，我們這些老人家的質量有多巨大，而能量有多稀少。同樣的事情也發生在我們的社會：它的質量是很巨大，但卻缺乏把這些質量活化起來的能量。

史賓格勒另一個值得稱道之處，是他有著極強的直觀能力。他預見了逐日逐日會有哪些事情發生在我們的精神和文化生活裡。我最初讀史賓格勒的書是在一九三二年，也就是距今五十年前，而這段時間以來所發生的事，幾乎都被他言中了——逐日逐日言中了。

科克雷爾：老年雖然會讓你失去一些什麼，但卻會給你另外獲得補償……

坎伯：對，會給你很可觀的補償。

科克雷爾：如今，未來對你不再是那麼重要，而現在則以你從未經驗過的活力呈現在你面前。

坎伯：年輕人所做的每一個決定都是關乎人生的決定。真的是如此。即使看起來只是一個小小的決定，其影響也極其深遠，就像是水流從一開始的時候只要偏左或是偏右流六英寸，最後的結果就會大不相同。因此，你在年輕時所做的每件事，都會影響到你的生命軌跡。不過，當你到了一個沒有多少未來的年紀，你就不會爲追求而生活，因爲你要追求的都已經追求過了。這時心靈會安頓在你已經歷過的豐富生活中和當下，不會再爲別的什麼而生活，只是爲生活而生活。

那是一種很棒的經驗。

我認爲，人從很早開始就應該小心在意自己是不是對自己忠誠。以我自己爲例，我發現，只要我做了一件有一點點違心的事，就會始終耿耿於懷。起初你也許會感受不到它們，但你的忠誠感遲早會讓它們重新浮現出來。這可不是什麼讓人愉快的事。我覺得，所謂的煉獄或地獄，乃是回憶起你做了些不該做的事。

科克雷爾：神話可以對今日這個麻煩重重的世界有什麼幫助？

坎伯：你先前曾問到我報紙的問題，我覺得報紙和你現在問的問題也有關。我們這個世界現在最需要的是多一點點的眞誠。報紙不應該爲了銷售目的而炒作煽情的題材。

如今，你會在報上讀到撻伐南非黑白種族隔離政策的文章，但卻看不見談論美國原住民處境的、談論我們以前和現在都是怎樣對待他們的。我們看見鄰人眼中的

坎伯在紐約的普拉特學院(Pratt Institute)接受榮譽博士學位（1976年）。

刺，卻看不見自己眼中的樑木②：在世界的文明史裡，我們的偏頗是無可匹敵的。美國的原住民，至今仍處於次等公民的狀態，而他們的可憐處境，是我們造成的。我看不見在我們那些有雄心壯志的年輕人之中，有哪個是矢志爲印第安人請命，準備爲還他們公平的待遇而努力的。

科克雷爾：喬哀思說過：「歷史是我努力從中醒過來的夢魘。」他這話是什麼意思？

坎伯：夢魘是由超乎理性可以駕馭的力量所推動的，它們代表的是恐怖與恐懼，而恐怖與恐懼正是歷史的本質。如果你用脈輪的系統來界定歷史的話，那歷史就是第三號的脈輪，也就是具有侵略性的脈輪③：它會讓人想把別人揍一頓。這就是歷史的起源，就是歷史的軌跡。

如果你意欲於抓住舊的東西不放，就會失去體驗新東西的機會。

科克雷爾：你認爲，對全世界的人來說，神話最珍貴之處是在哪裡？而對那些求自我完成的人來說，它最珍貴之處又在哪裡？

坎伯：神話是要透過儀式才能整合到生命裡的。而一個時代最需要加以儀式化的東西，是對那個時代的生活來說那些最本質性的東西。如果你想在現代世界把一個神話的觀照帶入行動，那你就必須首先知道，哪些東西對生活是本質性的，哪些又只是浮面的。不過，自舊石器時代以來，人生的本質就沒有改變過：飲食、繁衍下一代、當小孩、長大成人、衰老。你必須明白，這些事並不是取決於你喜歡或不喜歡的，你只是一個透過你來體現生物性事實的代言人。你到底是抱著心甘情願的態度還是不情不願的態度去面對它們，對你的生活將有大不一樣的影響。

就以衰老這件事來說好了。死命想抓住年輕，死命想回到二十年前的你，是白費氣力的。你必須接受你衰老的事實，並找出在它裡面的豐盛。如果你意欲於抓住舊的東西不放，就會失去體驗新東西的機會。在傳統型的社會裡，比方說印度，人生的不同階段是標示得清清楚楚的。有時候，一個人在踏入另一個人生階段的時候，甚至會連名字都改掉。

另一點要謹記的是，如果你是一個政府官員或某一個領域的領導者的話，你並不是代表自己在行動。現在，每當法官走上法庭，庭下所有人都會站起來。大家這樣做，並不是為了向當法官的這個人致敬，而是向他所代表的東西致敬。根據你的角色去行動和生活，你就擁有了一個神話的根基。

個人主義是一種很好的東西，但前提是個人必須明白，他們的莊嚴性是來自他們所象徵的事物。即使他們所象徵的是一個世界上其他地方所沒有的價值與意象系統，他們仍然是一個代理人，一個呈現。反之，如果每個個人都只是爲己謀、爲家人謀或爲某個小群體謀，那個人主義所能帶來的後果就只有一團亂。

神話在被迻譯爲儀式以後，就具有把一個場域組織起來的能力。說到這裡，我想你們應該可以看出，如今世界爲什麼會陷入麻煩之中。請問現在眞正的社會場域是在哪裡？是全世界。但我們卻看不見有哪個行動系統是以全世界的福祉爲著眼點的。每個行動系統都是以某個利益群體爲依歸。我們現在最需要的，是報紙和其他媒體能讓我們產生自己是人類全體的一分子的意識。我認爲，這是無上重要的。

神話對藝術家、科學家有什麼影響

柯西諾：你已經深入地說明了神話的研究可以爲個人帶來什麼。同時我們也已經討論過閱讀神話對藝術家、學者和科學家能帶來什麼樣的影響。那麼小孩子和年輕的學生又如何呢？我知道幾年前你和布萊曾經應邀到北達科塔州（North Dakota）參加一個教育會議，會議的主題是關於公元兩千年的。你建議，神話是課程中不可少的部分。我想請問你的是，你認爲如果小孩都自小接受神話思考方式的訓練，那麼對社會整體會帶來什麼樣的影響？

坎伯：閱讀神話對小孩的影響這一點，是毋庸置疑的。那可以改變他們的生活，也可以改變他們對人生的態度。小孩是未來社會的主人翁，因此，等這些小孩都長大以後，我們這個社會的公民，將不會是只活在追求浮面性的事情上，活在理性或口腹所認定有價值的事物裡，反之，他們會去追求一些更深入、更有內在價值的東西。

某種類似的態度已經從反越戰運動裡產生出來。我親歷了一個世紀的戰爭。而每打完一場仗，我們得到的只有失望。在上位的人告訴你，某一場戰爭有著什麼樣的意義，但根本就不是那麼一回事。敵對陣營一樣有他們一套站得住腳的理由。人們已經開始明白，我們應該拋棄這種病態性的瘋狂，轉而追求一些更深邃的價值。

另外一個值得高興的現象是環保運動的誕生。人的生活是離不開自然的。我們

坎伯夫婦攝於蒙大拿的費瑟派普牧場(Featherpipe Ranch)舉行的研討會休息時間（1978年）。

不能抱著征服的心態去對待自然（這是《聖經》的心態），而必須生活在它裡面。

有一次，我在奧勒岡的尤金（Eugene）演講，談但丁對各個人生階段的看法。演講結束後，一位年輕女士走過來跟我說：「坎伯博士，你不明白，我們現在都是從幼年就直通智慧。」我回答說：「那真棒，唯一可惜的是它會讓你錯過人生。」

——坎伯

柯西諾：你在會議中建議了什麼樣的課程？

坎伯：在莎拉·勞倫斯學院教書的時候，我開了一門神話學課程，這門課是跟學院裡的每一門課都相關的。它具有這種相關性，是因爲它是一門核心課程。那是學院裡最受歡迎的一門課。我可以看出，它大大豐富了學生們對各自研究的課題的理解。

每個人都會認爲他自己開的課是最棒的。我也認爲我的神話課是最棒的！應該爲大一新生開一門有關神話原型的課程：那將會是一門很美妙的課。

藝術家的功能是接納經驗

柯西諾：我們的文化之所以會趨向於分歧化，是不是跟我們不再有共通的故事、共通的神話有關？這一點，你認爲可不可能透過現代媒體的力量加以改善？如果「星際大戰」可以在泰國的叢林或菲律賓的村莊裡播放的話，會不會對他們的傳統帶來影響。

坎伯：我對我們目前處境的想法完全是社會學式的。每個神話的構成，都是爲了服務某個特定的社會。每個人都是在一定的界域（horizon）內成長的。因此，一個神話是不是能包含那些我們在某一個社會和某一個界域裡的生活經驗，將決定它是不是包含著具有活力的元素，是不是能對個人起作用。

神話是無法出口的，不管是時間上還是空間上的。這就是我們《聖經》傳統之所以會陷入泥淖的原因。它所從出的社會脈絡，是完全跟我們現在的社會脫節的，所以不可能爲我們的心靈服務。不透過解釋，我們根本不會明白它在說些什麼。而如果一件藝術品的義涵是要透過解釋才能讓你明白，它就不會對你起作用的。眞正的藝術品，是會讓人產生「阿哈」經驗的，它會直接告訴你，它就是你。這是神話所不可或缺的。

因此，我們現在以爲自己是生活在其中的那些神話，事實上對我們的生活是不起作用的。這就帶來了混亂、緊張和焦慮感。每一件我們所做的事，乃至我們生命的本質，全都受到我們相信的神話所否定。每個自然的行爲都被視爲罪的行爲，除非它是經過受洗或割禮的。這是一種對生命的詆毀，而會有這樣的事，則是因爲我們現在所秉持的理想，都不是從我們的生命中出來的。尼采在《權力意志》（*The Will to Powr*）裡說過，所有這一類的理想都應該受到拒斥，因爲它們會詆毀如其所是的生命。你們明白嗎？理想只能是從經驗中產生出來的。

這就是藝術家的功能：接納經驗。在構築一個新神話的時候，你必須問的問題是：哪個社會是你所歸屬的呢？現在，唯一有效的社會只能是全世界，但我們所看到的卻是每個人都龜縮在他的小群體裡。沒有一個人有勇氣用一種全人類的觀點來看事情。因爲神話的基本主題是不會變的，所以可以預見，未來一百年內，神話的主題將不會跟過去四千年有什麼不同。不過，另一方面，我們社會的處境是會改變的。照現在來看是會向著一個單一的共同體進化），而我們對自然和科學的知識也是會改變的，因此，新的神話必須同時照顧到這兩方面。你用一個四千年前人們認爲是對的科學觀點所構築出來的神話，是一點用都沒有。

幾年前，北達科塔州的大專院校請喬瑟夫和我給他們一些公元兩千年的課程設計建議。坎伯表示，神話應該放在課程的中心位置，因為神話（一如它在古時代那樣）是唯一可以連結科學與人文的東西。

我們建議應該讓每個大一新生閱讀三十到四十則神話。然後他們可以選擇其中一則神話。這是奠基於我們的一個想法，人有可能因為不懂得怎樣讀神話，致使自己雖生活在一個神話裡而不自知。而有意識地生活在某種東西之中和潛意識地生活在其中又是有很大分別的。

之後，學生可以選擇一個最吸引他們的神話，然後在他們的大學生活裡，看看自己有多大程度是活在這個神話裡面，而這神話又有多大程度是活在他們裡面。這種做法，同樣可以使一個科學家受益，因為他有可能是潛意識地活在一個神話裡而不自知的。

——布萊，依色冷，一九八二

奧祕早就在你身上，只等著你去發現

法夫羅：你認為某個個人可以創造出一個群體性的神話嗎？有人能像佛陀那樣，單靠著自己的力量和洞察，就可以勾畫出一個可為一整個民族所接受的神話嗎？

坎伯：有關神話的起源、它跟預言與教誨之間的關連，是個非常複雜細密的問題，所以，我不認為我以下的話，可以被視為最後定論。就我自己認為，在原始的層次，神話是來自同質性非常高的小群體。群體中的每個人都有相同的經驗、相同的內在生活。

不過，在這些人之中，卻有一些特別容易進入出神恍惚的狀態，也就是特別容易進入自己的潛意識系統的。不過，由於群體中的每個人的潛意識系統都是相似的，所以，他體驗到的事情，同樣可以觸動別人。這樣，他就會成為群體的導師或代言人。而除非群體裡有這樣的人，否則一個真正的群體性神話就無從產生。（譯按：坎伯這段話可與第三章他談布希曼人的一段話互相參照理解。）

法夫羅：你是說，除非一個神話能被投射在一塊沃土上，否則它就無法成長茁壯？

坎伯：應該說它是從一片沃土裡產生出來的，靠的是一個有靈視能力、像薩滿巫師之類的人來媒介。然後，它又落在同一片沃土上，那樣，你就有了一個群體性的神話。

這一點幾乎從每個神話系統裡的起源神話可以看得出來。以猶太教中摩西在西奈山領受十誡的故事爲例，當他從山上下來，要把上帝的口信帶給以色列人的時候，他們事實上已經處於跟他一樣的心靈狀態！眞的是這樣！那是一種新的心態，截然有別於可憐的亞倫和他的金牛犢所代表的舊心態。

《聖經》記載，摩西下西奈山的時候，臉上發著金光，而這暗示著，有必要時，摩西得用武力把上帝的信息傳揚開去。基督教就是這樣傳入歐洲的。

但佛教卻不一樣。早在佛陀出現以前（他的生卒年介乎公元前五六三至四八三年之間），佛教思想的種子，早已蘊含在《奧義書》裡。《奧義書》的核心主旨就是終極的奧祕就在你裡面：Tat tvam asi（你就是它）。你自身就是奧祕。

要怎樣才能找到它呢？有好幾種方法。佛陀的方法就是同時代被人提出來的五、六種方法中的一種。所以，佛陀的聽衆，是一群早有思想基礎，可以了解和接受其教義的菁英分子。佛教就是在這個基礎上壯大起來的。

佛教這種傳揚方式跟基督教和伊斯蘭教都大異其趣。基督教和伊斯蘭教使用的方式是透過暴力征服對方，強迫他們改變信仰。佛教和印度教的方法則是等待。奧祕早就在你自己身上，只等著你去發現。

誰知道，大海的下一波會產生些什麼？

布朗：一個人要怎樣才能知道自己是靠著什麼神話在過日子？

坎伯：如果你想知道自己是靠著什麼神話在生活，那你可以問自己，你認同的群體是哪一個？今天我們應該向哪一個共同體認同，已經愈來愈清楚了。世界現在變得如此的小和緊密關連，以致眞正的共同體只有一個：世界。但我們卻沒有一個神話是把整個世界當成主題的。在我們這個亟需有一個全體社會（total society）的時代，人們卻紛紛龜縮到不同的小群體中，像不同的「上帝選民」（Chosen People）群體、黑權（Black Power）群體、資本家群體和藍領群體等等，也因此，我們所擁有的神話，都只是指向全體的一部分。這種神話是無法持久的。

法夫羅：你有看到哪些現代的神話正在形成嗎？還是說我們仍然生活在舊時代的神話裡？

坎伯：你只能生活在舊時代的神話裡！因爲基始觀念是永恆不變的，它們會一直、一直、一直地持續下去。

問題在於它們會變形屈折。神話該怎樣表現出來呢？藝術家的任務就是去把永恆的奧祕透過當代生活的脈絡呈現出來。但很明顯，這樣做的藝術家並不多。喬哀思、湯馬斯·曼、普魯斯特、葉慈都是爲此而努力的人。他們對現代人來說都是靈視家，都是詩人。例如，在我認爲，喬哀思的作品對現代人來說，就好比是一本像印度的《往世書》（*Purana*）那樣的聖書。

不過，一個神話想要能夠普及化，除了要能滿足知識分子的需要以外，還要能滿足庶民大衆的需要。而一個眞正夠好的神話，是可以在這條線上上上下下的。基督教在它最好的階段有過這樣的神話，而佛教的神話則一向如此。它們既容你以非常簡單的自然主義方式解讀，也容你以高度成熟事故的方式解讀。也就是說你無須放棄你兒時的神話，仍然可以達到靈性的高度。但在我們的傳統裡，這種連續性卻已經不再存在。

阿里恩：你認爲我們的文明現在是處於哪一個階段？

坎伯：文明的生命史是很有趣的東西。在早期文化或哥德文化的階段，當你走近一個城鎮的時候，首先你看到的東西是它的宗教中心：大教堂。

稍後的世紀，也就是十六和十七世紀，一個地方最重要的建築是王宮。

如今當你走近一個城市的時候，你會看見什麼呢？你會看見商業辦公大樓。很能說明這個現象的是鹽湖城。楊百瀚（Brigham Young）④原先的構想是要把鹽湖城建築成一個宗教中心：以教堂為中心輻輳出一個城市。那本來是一個很美麗的城市，但沒多久以後，一個都會⑤就在比教堂要高一點的小山坡上建立了起來。

現在，當你接近鹽湖城的時候，你會看到的最高建築就是辦公大樓。我們整個文明的縮影就在那裡，它透露出，我們的文明已經走到了盡頭。

你很自然會想到的一個問題是：一個已經走到盡頭的文明是不是有再生的可能。歌德寫過一篇題為〈精神的諸時代〉（The Ages of the Spirit）的文章，要處理的就是這個問題。他認為，我們的文明會經歷幾個階段，第一個是詩性的神祕主義階段，接下來是宗教的階段，接下來是哲學的階段，而最後一個則是「自然主義式的散文」階段。他在文章的最後說，當我們的文明進入最後階段時，那「就連上帝都無法從中再生出另一個世界來。」

我承認我的觀點相當悲觀，因為我認為我們的文明已經走到它生命史的盡頭。我想我們正處於一個全球性時代的開端。我們不再需要有一定邊界的文化，忽視彼此和對彼此漠不關心。所有的界域都將被打破。

這也是黑麋鹿所提出的另一個慧見。你們讀過他說的這段話嗎？「我站在世界最高的山巔上，而我所知道的要超過我所看見的，我所了解的又超過我所知道的，因爲我以一種神聖的態度看。我所看到的，是萬國如環般，彼此連鎖成一個大圓圈。」他早就看到了。

一個新的時代即將誕生。

德雷森：一個心會再生的時代。

坎伯：眞的會讓人有這種想法。

不過，誰又知道，大海下一波又會產生些什麼呢？我們唯一知道的，是這個所有生物所從出的乳白色海洋，永遠都會有鯨魚游來游去。

神話的功能在於讓你跟你的極樂聯繫起來

坎伯：當生命變成只是問題，就像見到不愉快的婚姻那樣，或如蠢傢伙哈姆雷特那樣要爲「存在或是不存在」的問題發愁時，那文明就走到了它的最後階段，也就是處於下坡路之中。

生命應該是自然而然的。它必須是發自從印度人所稱的「極樂的神我」（anandamaya）。生活是極樂（bliss）的表述。

科克雷爾：我一直很好奇，你是從哪裡獲得人應該追隨他內心的極樂（bliss）⑥這個想法的？

坎伯：印度有一個很棒的觀念，名叫五鞘（Five Sheaths）⑦，它要傳達的思想，就是生命乃極樂的表述。「五鞘」是覆蓋著生命奧祕胚芽的五層鞘。最外面的一層鞘是食物鞘（anamayakosha）。身體是由食物構成的，而它又會成爲蠕蟲或兀鷲或火焰的食物。這個鞘是最外部的物質。

第二層鞘是呼吸鞘（pranamayakosha）。這層鞘可以讓我們吸入氧氣，進行氧化，把單純的食物鞘轉化爲某種有活力的東西。

第三層鞘是心靈鞘（monamayakosha），這層鞘，就是讓我們跟外在世界相接觸的鞘。它會感到喜怒哀樂，把自己跟喜怒哀樂關連在一起。接下來的一層是智慧鞘（vigyanamyakosha）。它跟心靈鞘在本質上是不同的，因爲它是向內的。它讓人體可以在媽媽的子宮裡成形，我們得以繼續生存、樹木得以生長，靠的都是這層鞘。它比心靈鞘要深邃許多，是痛苦和快樂所碰觸不到的。

智慧鞘所給予我們的智慧是自發性的。例如，當我們在吃東西和消化食物的時候，我們並不是先有一套關於消化食物的化學方程式，再交給身體去執行，我們的身體自然而然會把這件事做好。這就是智慧鞘的作用。

心靈鞘和智慧鞘之間存在著一個落差，而這個落差，可以透過神話符號來架接。神話就是智慧鞘對心靈鞘說的話，可以把它拉回到正軌上去。

比智慧鞘更深一層的是極樂鞘（anandamayakosha），這是最終極的一層鞘。所有生命都是由極樂所驅動的。我們的心靈會覺得自己是處於痛苦和麻煩之中的，但身體卻會對它說：「不，先生，你是在極樂之中的，只是你不自知罷了。」

因此，神話的功能在於讓你跟你的極樂聯繫起來，讓你發現它的真正所在。當你偏離了航道或者接受了某種非常荒謬或不自然的道德原則時，你應該摒棄它們，追隨你內心極樂的指示而行。

如果你懂得安置你的中心，你就能夠安然接受任何事情

坎伯：我不知道你們有沒有看過柬埔寨的神像。他們都有四個頭，而且都處於極樂之中。在每一個頭的頭頂，都有一朵蓮花。這朵蓮花，代表的是我們已知的世界，是我們的心智鞘（monamayakosha），也就是我們在頭頂上的大腦。而冥想的作用，就是要讓人從蓮花花瓣向下深入，進入到蓮花的根部，找到極樂。即使一個人在經歷極大的痛苦時，只要他能夠跟他的極樂保持接觸，他也是處於極大的救贖。

舉例來說，有些印第安人的成年禮相當嚇人。那些參加成年禮的年輕人會被痛毆得昏過去。不過，他們卻感到自己是在極樂中昏過去。這兩者的關係，是完全邏輯性的。但我們的文化卻老是想著道德、痛苦、最大多數人的最大福祉這類事。

根本就是鬼扯！我們忘了，生命是不管最大多數人的最大福祉的！它管的是一切都應該在極樂中的！

布朗：喬，你是不是認爲，爲了達到你所謂的「極樂」，必須先把我們的認知和思考拋開？

坎伯：不，你不是要放棄它，而是要改變它。這一點，也是《浮士德》所要努力點出來的。歌德說過，浮士德若想做什麼，並不是梅非斯特所能控制的。梅非斯特唯一能做的，就是浮士德若想要做什麼，就提供他能幫助他達成目的的方法。至於浮士德想達成什麼，並不是他能左右的。

當心智鞘變成了獨裁者，我們所過的，就會是一種邪惡的生活。那是一種由概念所支配而不是由生命的動力所支配的生活。

德雷森：那也就是爲什麼你爲自己創造了災難以後，你就可以重生。

坎伯：那會是讓你連接於生命的動力，而不是那些分裂開來的東西。

布朗：但這並不代表你要去自找災難啊。

德雷森：當然不用，因爲它們就在那裡等著你（笑）。

坎伯：我認爲五鞘之說是有非常大的幫助的。它來自印度吠壇多的傳統。當你想到心智鞘與食物鞘的對話時，你就眞的可以看到神話所要求於你的那種重點強調上的轉移。

> 我的人生讓我樂在其中，所以我會把自己的實踐用做對別人的忠告。而對於那些想找出自己道路的人，我只給他們一個小小的建議：追隨自己內心的喜悅。我一直都是追隨自己內心的喜悅而行的，我認為，那是一條很好的道路。不過對於寫自傳這件事，我卻始終無法辦到，因為每當我回憶我人生的任一個階段，都會因為思念而滿懷惆悵，無法提筆。
>
> ——坎伯

我最近才看到這樣的事。我有一些朋友（事實上是我的親戚）突然遭逢了失親之痛。死者本來是健健康康的，但卻突然中風，兩三小時內就過世。

你們一定以爲，碰到這種事情，死者的太太和姊妹一定會傷心欲絕。但卻不是這樣。

他們都是一些對死這件事有過很長思考的人，而且以前就經歷過不幸，懂得把自己的中心安置在哪裡。而如果你懂得安置你的中心，你就能夠安然接受任何事情。眞是如此。

科克雷爾：你可以再深入說明一下，人要怎樣才能追隨他內心的喜悅（極樂）？

坎伯：我想，這是人唯一有價值的生活方式。在劉易斯（Sinclair Lewis）的小說《巴比特》（*Babbit*）近尾聲處，主角巴比特說了這樣一句話：「我一生中從未做過我想做的事。」這樣的人，只是個枯槁的人。

我可親耳聽到有人說過這樣的話。那是在布朗士維爾（Bronxville），那時候我還沒結婚。我教書的時候就住在那裡。布朗士維爾有一家我常常去的希臘餐館。每星期四因爲是女傭休假日，所以晚上這餐館會有很多家庭來用餐。有一個星期四晚上，我在那裡用餐時，坐我旁邊桌的是一個小家庭：父親、母親和一個十二三歲、瘦巴巴的小孩子。

我聽到那父親對男孩說：「喝你的番茄汁。」男孩卻說：「我不想喝。」父親更大聲地說：「喝你的番茄汁！」這時母親開腔了：「不要勉強他做他不想做的事！」

父親回答說：「他不能一輩子只做他想做的事，如果他是那樣，那就死定了。看看我，我一生從未做過一件自己想做的事。」

我不敢相信我的耳朵！他這話簡直就像是從劉易斯的小說裡跑出來的。

我曾經在一所男生的預科學校教過一年書，就是我自己以前唸過的那一所。我教的那群男孩子，很多都因爲得到啓蒙而滿懷理想。不過，沒多久就會碰到來自父親的一個質疑：「那可以讓你賺到錢嗎？」

他們向我求教，我說：「做你們自己想做的事，不要擔心錢的問題。你們遇到的問題自然會迎刃而解。」

現在，我對此更是堅信不移，因爲不但從我自身的人生經驗，也從別人的人生經驗裡看到這一點。追隨自己內心的喜悅、做你自己的存在（existence）所推你去做的事，可不一定是輕鬆愉快的。即便如此，那仍然是你的祝福，而且會有極樂在你遇到的痛苦背後等著你。

如果你追隨內心的喜悅而行，門就會爲你開啓。這些門，會在你想都沒有想過的地方開啓，而它們也只會對你開啓，不會對別人開啓。

對自己忠誠的生活不會是沒有回饋的。如果你過得眞誠，世界就會在你有困難的時候插手，幫你一把。

因此，我能想到給別人最好的建議，就是追隨內心的喜悅。如果你的喜悅只是在一些讓你覺得好玩或刺激的事上，那麼你是在錯誤的軌道上。要知道什麼是你內心的極樂，是需要花一番探索的工夫的，其中包括深入到你自己的內在深處。

什麼又是最佳的修行方式呢？最佳的修行方式就是享受朋友之樂，享受三餐，就是明白到什麼是遊戲。參與到遊戲中，生命的遊戲中。這就是所謂的mahasuka，亦即大樂⑧。

——坎伯

貝班（Richard Beban）：今天晚上坐在這裡⑨，我才想起，根據《繽紛》（*Variety*）雜誌指出，歷年的十大賣座電影中，有七到八部都是取材自你的論著。這真是夠驚人的了。史匹柏、喬治・米勒和盧卡斯這些好萊塢的軸心人物，都深深受到你作品的影響。

雖然你不看電影已經超過三十年，但我卻聽說過，幾年前一個下雨的晚上，你忽然對珍說：「珍，我們出去看場電影吧。」

坎伯：是有這回事。那天傍晚，珍看起來心情有點低沈，我想：老天，我能幫她什麼？我想就是帶她去看電影。於是我說：「珍，我們去看場電影吧。」她很訝異。「看電影？我很多年沒聽你說過這樣的話了。」我說：「走吧。」

我們走到電影院，看了幾十年來的頭一部電影：「二〇〇一太空漫遊」。沒想到，首先映入我眼簾的，竟是我的《原始神話》一書第一章裡談到的事情：一群南猿人（Australopithecine）⑩爲爭奪食物而搶來搶去，但他們其中一隻卻突然被一些什麼別的吸引⑪。他變得不再只是對三明治感興趣，而是油然生起一種對奧祕的敬畏感。這就是整部電影的主題：對生命奧祕的敬畏感。這種敬畏感，對人類靈性發展的意義，要遠大於對經濟發展的意義。從這一點，你可以區分兩種不同的人類：一種是仍然跟南猿人沒有兩樣的，感興趣的主要是經濟方面的事情，另一種則是勇於從事冒險的。就是這種冒險精神，會讓他到處探索，最後甚至遠達太空。另外，電影中那塊在猿人背後震動的巨石，也讓我覺得是個非常精采的安排。

電影從《原始神話》第一章取材的另一個情節，是猿人拿瞪羚的大腿骨去打別人這件事。第一個提出南猿人會使用瞪羚大腿骨當武器的人是南非的人類學家達特（Raymond Dart），他研究過相當多早期人科動物的頭骨。他注意到，這些頭骨的其中一些，上面有著凹痕。這種凹痕的形狀和大小，和瞪羚大腿骨的關節部分吻合。他因此做出一個推論：當時地球上的人科動物可以分爲兩類，一類是懂得使用工具的，一種是不懂得使用工具的；前者是會使用工具獵食的肉食者，後者則是被前者獵食的素食者。這給我上了很重要的一課。

正是出於具有一種更高階的意識，人才會把材料製成工具。現在我們知道，動物也是會使用工具的，但牠們使用的工具都是現成的，而且用過即扔，不會有留待日後使用的想法。例如，某些猿類固然也會撿起石頭，扔向敵人，但牠們卻不會想到製造工具。所以我才會說，製造工具乃是另一類意識的表現。那是人類的開始，也是文明的開始。

看著電影中那根瞪羚骨頭被扔向天空，然後畫面一轉而爲一部太空船的時候，我只有用「擊節讚賞」四個字才形容。那眞是把觀念以意象呈現出來的出色表現。

看完這部電影以後，我又有十年時間沒有看過電影。然後喬治・盧卡斯來找我，並邀我和珍去看「星際大戰」。那是我自「二〇〇一太空漫遊」之後看的第一部電影。我一天之內就見識到美國整個電影工業的神乎其技。喬治邀我們到他位於聖拉斐爾（San Rafael）的住處「天行者牧場」（Skywalker Ranch）。早上，我們看了「星際大戰」，然後跟喬治談了談，下午看「帝國大反擊」，晚上再看「絕地大反攻」。那眞是充實的一天！〔笑〕

第二天早上，他又放了兩部他以前拍的電影給我們看。最引人入勝的一部是「美國風情畫」（American Graffiti）。

貝班：你覺得那是一部很棒的電影嗎？

坎伯：我當電影中那一類年輕人的老師已經三十八年了，對他們熟得不能再熟！我只覺得，電影第一幕對這一類人的描畫，眞是傳神到了極點：一個年輕人〔查理・史密斯（Charles Martin Smith）飾演〕跨下摩托車，然後把腳邊的什麼東西一腳踢得遠遠的。他根本不知道自己要幹些什麼！眞是精采的一幕。

之後，喬治又放了他更早期拍的電影給我看。一看之下，我就愣住了。很多很多年前，我、瑪雅・德朗（Maya Deren）和一些其他人創立了一個叫創意電影基金會（Creative Film Foundation）的組織，用意是鼓勵短片的創作。我們每年都會頒獎給我們認定的年度最佳短片，而我們也收年輕人從四面八方寄來的作品。喬治放給我看的是他最早的一部作品，內容是講述一個沒有人賞識的人，在城市到處遊蕩，卻沒有人看出他有多不平凡。老實說，類似水準的作品，創意電影基金會每年都收到幾十部以上。但這就是讓我感到激動的原因：這個人的起步點跟其他人一樣，是在跟其他人一樣的起步點起步的，但他後來卻能跳出大大的兩大步，拍出了一些無與倫比的作品。只有一個不同凡響的心靈才能做到這一點。而我的作品能爲他帶來若干幫助，讓我備感自豪。

另一個我覺得很自豪的時刻是哈特（Mickey Hart）和韋爾（Bob Weir）來找我（兩人

皆爲「感恩死者」[12]樂團的成員），告訴我我的作品曾給他們很大啓發的時候。嗯，你們知道，搖滾樂從來沒有吸引過我。它太單調了。至少我自己是這樣感覺的。〔笑〕不過，哈特他們卻邀我和珍去參加他們在奥克蘭舉行的演唱會。結果，我發現那場盛會對我來說猶如天啓。我從中有所收穫，並認爲搖滾樂是一種魔法，一種可以爲人類帶來未來的魔法。

貝班：你爲什麼會有這種感覺？

坎伯：因爲他們的音樂可以觸動人的人性層次，讓人與人之間產生一體感。在他們的音樂會上，你不再有種族的差別、年齡的差別，一切的差別都棄如敝屣。希特勒的群衆集會也讓人如癡如醉，但它的目的卻是政治性的，會讓一群人憎恨另一群人，但在「感恩死者」的演唱會上，你會感受到所有人和所有人都是一體的。我也被帶入了狂喜狀態，所以，如今我也是個「死頭」（Deadhead）[13]了。〔笑〕

稍後，又發生了一件美妙的事。柏克萊的大學附設課程負責人考夫曼（Lynn Kauffman）有一天突然想到要找我、精神醫師佩里和「感恩死者」一起辦個活動。我負責一個演講，題目是「儀式與狂喜：從戴奥尼索斯到感恩死者」(Ritual and Rapture from Dionysus to the Grateful Dead)。

佩里負責的講題則是有關精神分裂症的幻象和患者要怎樣追隨這些幻象，症狀就會馬上獲得緩和。

之後哈特唱了一首歌，歌名是「非洲女王與聖靈的邂逅」。他告訴我，他在舞台上所使用的音響器材，價值大約五十萬美元。乖乖，它們的體積可真讓人咋舌。我可不想費力氣在這裡形容它們有多壯觀。聽眾起立熱烈鼓掌。之後，我和他和傑利．加西亞（Jerry Garcia）⑭就坐在舞台上，進行座談。那是我一生中最自豪的時刻之一，僅次於今天這一次。

貝班：那個的活動我也有參加。事實上，那天是我要從舊金山搬來洛杉磯的前一天。那天你們的對答太精采了，大概一個人要一輩子才有機會看到一次。我覺得，事後他們沒有搞一個「傑利與喬瑟夫秀」在全國巡迴演出，眞是可惜，那肯定會大賣座。

坎伯：你知道，那樣的時刻是無可比擬的，也是無法重複的。你把它重複一遍，就不會是同一回事。那是一個魔法般的時刻。神話也是這樣的東西：捕捉住魔幻般的片刻。有時那會是一個片刻，有時那會是一種衝動。不管它是什麼，你都應該在抓住它以後繼續前進。

貝班：先前你談到那張你在田徑賽（譯按：指一九二五年的賓夕法尼亞接力賽）破世界紀錄時所拍的照片，說你是因爲觸到了某種內在於你的超越力量，才會跑出破

在舊金山美術宮舉行的研討會「從儀式到狂喜」，坎伯和「感恩死者」樂團的加西亞、哈特同台對談（1986年）。

紀錄的成績。

坎伯：我但願我在從事田徑活動的那些年，就已經了解到體育活動的心理面向與精神面向。我的意思是，體育活動事實上是一個冥思的系統。任何第一流的運動員，都能夠同時掌握他的精神與肉體向度的人。我的田徑生涯並不長，只有三年時間。當時我處於巔峰狀態。那是一場大賽事。賓夕法尼亞接力賽。照片就是在比賽中拍的。那是一場很精采的比賽。我負責跑的是最後一棒，而我以一分十五秒跑完半英里的路程，這在當時是個世界紀錄。

回家後，我爸爸拿出一大堆剪報給我看，每段報導的標題都有斗大的喬瑟夫・坎伯幾個字。他說：「看看你幹了什麼好事。」

不過我卻再沒有贏過什麼比賽或破過什麼紀錄。

在那些你身心靈都處於完美協調的時刻，不管你做什麼，都會無往而不利。如果你湊巧是在寫一本書的話，保管你會一氣呵成。

貝班：看來，你有過的這一類高峰經驗——最少是知性或靈性方面的——要比大部分其他人來得多。我也嫉妒你能利用經濟大蕭條的機會，丟下一切不管，對自己說：「好吧，我就來讀五年書吧。」

坎伯：最初我並沒有料到我閉門苦讀會長達五年。我有五年之久沒有一份工作。沒有人知道經濟大蕭條會延續多久。不過，那時候人們互相對待的態度卻很讓人緬懷。我舉一個例子。

我是在歐洲發現喬哀思、榮格、湯馬斯・曼、弗洛依德和現代藝術的新世界的，學習梵文也是從那時候開始。所以，從歐洲回到哥大以後，我不想繼續待在博士論文的小瓶子裡，不想把寫到一半的論文寫下去。我告訴大學裡的人：「有一個大世界向我揭開了。」他們說：「不要，不要，不要。」

但當時卻碰上了經濟大蕭條。我父親破產了，我破產了，每個人都破產了。於是，我跑到胡士托的森林去，什麼都不管，只管看書、看書、看書。但要看書，你總得要買書。當時，在紐約有一家進口書商，名叫施特克特—哈夫納公司（Steckett-Haffner），我寫信給他們，說我想要買弗羅貝尼烏斯的書，買榮格的書，買這個那個的書。那些都是很貴的書。收到信，他們就把書寄來。他們並不要求我付錢，而只表示日後找到工作再把書款還他們即可。那年頭的人都是這樣的。

你們知道嗎，當眞正的苦難來到，人性就會覺醒（編按：例如二〇〇一年九一一事件中的美國民衆）。最基本的人類經驗就是慈悲。

貝班：我正想問你這一點。你一直強調，這是一個生命吃生命的世界，但在這樣的世界裡，慈悲又要從何而來呢？

坎伯在檀香山的家裡寫作，書桌上方擺著的是吉謨遺孀送他的菩薩像（1985年）。

坎伯：從人類而來。從人心而來。沒有其他動物擁有同樣的心。動物只會對弱小者或是自己的子女有這樣的心。例如，一隻狗有可能會容忍一個小孩追打牠，但卻不會容忍一個大人追打牠，所以說，慈悲是一種人類經驗。而這種慈悲之心，乃是政治不樂於讓你擁有的。政治是以鬥爭爲基礎的——一種叢林式的、你死我活的鬥爭。但體育運動的鬥爭卻是全然不同的一類。運動員之間的手足情誼，是運動比賽中本質的部分，而且是第一優先的部分。但在政治的領域，這種情誼是完全不存在的。在我的一生中，我從未碰過哪些年輕人，比我在運動場上遇到的年輕人更高尚。他們是眞正的人類。

貝班：但現在，從局外人的觀點來看，體育比賽卻像一個馬戲團，再說，體育比賽也被政治化了。

坎伯：那是另一回事。觀看比賽是一回事，參與比賽又是另一回事，那是不同的經驗。

貝班：但現在人們卻把運動比賽看成他們政治傳統的隱喻。這一點，從全世界都可以看到的可怕足球場暴動，就可以反映出來。人們都是用政治的眼光在看比賽，也就是說，每個人都會把比賽的兩造看成你那一隊、我那一隊……

坎伯：體育比賽的內涵絕不僅止於此。運動比賽最讓人入迷的地方，就是他可以讓你看到行動中的勝負。運動比賽毫無疑問是一種菁英經驗，因爲不會有一種運動比賽是每個參與者都贏的。但我們現在的社會學思想卻有一個很要不得的觀念，就是認爲沒有一個人應該打另外一個人，而如果有人這樣做了，就應該接受矯治，讓他的暴力傾向消失。結果就是，我們只能一輩子靠著坐在電影院裡，才有機會看到眞正的菁英表現。但是，生命眞正應該追求的卻是高的等級而非低的等級。

聽眾：我不是要發問，而只是想就你對基恩的紀錄片「千面敵人」（The Enemy with a thousand Faces）所寫的清晰評論表示感謝。

坎伯：我認爲那是一本很重要的書（指基恩的《敵人的臉》（*Faces of the Enemy*），爲「千面敵人」之所本）。它顯示出政治宣傳是怎樣影響了二十世紀的歷史。我活了幾乎一整個二十世紀，只覺得它是一團亂。〔笑〕二十世紀的大部分歷史都是奠基在詆毀某一群人，再把他們找出來揍一頓。人類精神的主要覺醒靠的是慈悲，但政治宣傳的主要功能卻是去壓抑慈悲。現在的新聞媒體做的也是同樣的事。而漫畫家所致力的，則是把某個人醜化得不像人，讓他看起來像一隻蟲子。基恩的書點出了這一點，這是很重要的一點。

貝班：你認爲出路在哪裡？

坎伯：我認爲出路在於觀光旅遊。〔笑〕去別的地方走一走，碰碰其他人。也許學一種外語也是個辦法。

聽眾發問：世界神話有幫助嗎？你熟悉蓋亞（Gaia）嗎？知不知道洛夫洛克（James Lovelock）在他的書裡曾經提出蓋亞假設（Gaia hypothesis）⑮？

坎伯：啊，我知道。他認為地球就是一個活的有機體。這是一個很基本的神話主題，也是〈創世記〉所刻意要完全抹拭掉的，否則它不會說：「你本是塵土，仍要歸於塵土。」但世界並不是塵土，而是我們的母親。〈創世記〉裡的上帝是因為想把母親的工作搶過來做，才會刻意抹黑世界。

聽眾發問：我想請問一件事。既然音樂對人並沒有生存上的功能，那人類感受音樂的能力是從何而來的呢？

坎伯：音樂具有喚醒的功能。生命是一種韻律。藝術則是對韻律的組織化。音樂是一種很基本的藝術，可以觸動我們的意志系統。在《意志和表象的世界》（*The World as Will and Idea*）一書裡，叔本華說過，音樂是一種可以喚醒意志的聲音。音樂的韻律可以喚醒某些生命的韻律。

對那些活得認眞的人來說，擁有被喚醒的生命，是比擁有三明治來得重要的。這也是一個南猿人的問題。因爲當其他猿人還在爲三明治爭得你死我活的時候，卻有一個被音樂的魔法所迷住。前者都是些沒有慈悲之心的鬥爭者，只會喊：我要這塊三明治！

貝班：人類學家霍爾（Edward T. Hall）在《生命的脈搏》（*The Pulse of Life*）一書裡提到一個有關音樂的神話。這個神話說音樂是外在的韻律，用途是喚起我們裡面的韻律——一種內在的韻律。

坎伯：對，就是這樣。塞尚說過：「藝術是與自然有共通性的一種和諧。」我想補充的是，人的本質就是自然的本質，兩者是同一個本質。

最近我才開始了解到有兩種基本上相反的神話傾向。一種是致力於把你拉向某一個社會，並告訴你，這個社會是有別於其他社會的。這一類神話的代表者是《聖經》。《聖經》把人區分爲上帝的選民和非選民，然後賦予前者特權，讓他們可以對後者胡作非爲。

但另一類神話卻是致力於喚醒你內在的本質。這就是戴奧尼索斯式的神話，也是你的藝術所致力的（臉轉向著登斯莫爾（John Densmore））。它是要喚醒共通的人性的，它的節奏，也迥異於「前進基督精兵」（Onward Christian Soldier）⑯行軍般的節奏。這兩者是完全南轅北轍的神話。

記得在「儀式與狂喜」的演講會上，我這樣說：「我想『感恩死者』是今天對核子彈的最好回答。」這是因爲，原子彈是用來把人與人分離開來的，但「感恩死者」的音樂卻是用來喚起共通的人性的。

柯西諾：「感恩死者」在奧克蘭舉行搖滾音樂會那個晚上，我跟你一起坐在台上，就坐在你旁邊。你用手肘撞了撞我，說：「菲力，這眞是個不可思議的戴奧尼索斯狂歡儀式！但你知道兩者的差異何在嗎？今天晚上陷入戴奧尼索斯式狂喜的人，人數有整個古雅典城的居民那麼多！這就好像雅典舉行過的戴奧尼索斯狂歡儀式，全被壓縮在今晚的一個音樂會裡！」

坎伯：當韋爾走到台前獻唱的時候，你知道台下有多少人嗎？一共八千人。一萬六千隻手全舉了起來，就像這樣子！〔舉起雙手〕我當時想，老天，這眞的是個戴奧尼索斯式狂歡儀式〔笑〕。

聽眾發問：如果說英雄的旅程是爲了尋求眞我（self），那「自我」（ego）和「眞我」（self）⑰的分別何在？他們是有關係的嗎？

坎伯：「自我」是那個你想到自己時的那個我，是跟你的一切所執關連在一起的。但「眞我」卻是你從未想過的可能性的全域。當你執著於你的「自我」時，你就會執著於你的過去。因爲如果你把自己看成是一種既有的東西，那它自然只能是已發生過的事情。相反地，「眞我」卻是一整個有待你去開發的可能性場域。

聽眾發問：《西藏度亡書》（*The Tibetan Book of the Dead*）曾提到，人想要超越自己，進入更大的整體中，就必須捨棄「自我」。你一直強調人應該邁向一個全球性的共同體，那你認不認爲，人的下一步進化，就是要從自我意識進化爲一種全球性意識（global consciousness）？

坎伯：企圖把自己加諸整個宇宙，就是我所謂的「自我的帝國主義」（ego imperialism）。這是必須丟棄的。東方輪迴思想的整個意義，就在於要人拋棄他的「自我」，讓他的「眞我」可以透過愈來愈開悟的肉身體現出來。你的「自我」就是你的現實，你的「眞我」就是你的潛能。

因爲你的「自我」是已經成形了的東西，所以你會想死抓住它不放。「自我」是會讓人縮窄的。因此，《西藏度亡書》才會反覆告誡我們要提防「我慢」（ahankara）⑱，指出「我」（I）這個字是一種會把你往回拉的東西。

不過，這種觀點也不是全無弊端。弗洛依德對「自我」的定義非常精采。他稱「自我」爲一種「眞實化的功能」（reality function）。那是一個會讓你時間和空間關連起來的功能。你的一切價值判斷，都是你的「自我」在做的事。當務之急不是要消去「自我」，而是要把「自我」和它的價值判斷系統轉化成爲「眞我」的僕人，不讓它繼續當「眞我」的獨裁者。這是一種非常微妙的平衡。有相當多的所謂「屬靈人士」都極端反對「自我」，結果就是讓自己變成……

不過，太過心理分析化也有它的弊端，因爲誠如尼采所說的：「當心你驅走你身上的鬼怪之同時，也會驅走你最有價值的東西。」因此，很多經歷過深度心理分析的人，看起來就像是一塊塊的肉片——連一點點骨頭、一點點份量都沒有！因此，重點不在於去掉你的「自我」，而在於去除它的暴君身分，把它轉化爲僕人、信使和斥候，爲你所用。這才是該著力的。

聽眾發問：你認爲，現在主宰著美國職場的是什麼樣的神話？而我們又要用什麼神話去取代它，才能讓職場變成一個更人性的環境？

坎伯：美國職場是奠基在金錢神話上面的。一切都以金錢爲歸結。沒有任何價值被認爲高於金錢。如果你想向任何人解釋你正在做的事情多有價值，你就只能說它能讓你賺多少錢。英雄就是願意犧牲金錢去做自己想做的事情的人。如果你最終的目的只是金錢，恐怕那就是你的神話。

貝班：因此，可以取代金錢神話的，就是個人能力的神話？

坎伯：不是。我認爲，如果我們想找出一個可以取代金錢神話的神話，首先應該問自己一個問題：我們歸屬的是哪個社會？是某個小圈子嗎？是美國嗎？還是世界，也就是全人類？單就經濟來說，這個世界毫無疑問已經是一體的了。

幾星期前發生了一件讓人失笑的事。參議員格魯哈特（Gephardt）因爲看不順眼日本生產的汽車較符合美國人的需要，看不順眼日本車在市場佔有率上遠勝美國車，就主張，再這樣下去，我們應該對他們採取制裁措施。他的這番話一經發表，美國的債券市場應聲大跌，這是因爲，日本資金乃是美國債券市場的重要支柱。這一點可以讓我們明白，美日之間的經濟關係並不是競爭者的關係，而是夥伴關係。而我想，日本對夥伴關係重要性的體認，要比我們美國人來得多一點。夥伴關係是他們企業管理上的重點。例如，日本的工會就不是事事都跟企業唱反調，而會顧及到企業的生存需要。因此，他們會提出的問題是：「怎樣才能讓金錢作更公平合理的分配？」而不是淨說：「我要這個福利，我要那個福利。」

如果分離的力量不能向慈悲的原則讓步，我們就與身處叢林無異。

貝班：我想，在你談及我們正走向一個世界性的經濟體系時，「公平合理」顯然是你的一個關鍵字眼。問題是，現在不管是世界上的哪個國家，財富都是掌握在百分之二的人手中。

坎伯：我不認爲這跟我說的話有什麼相干？

貝班：不相干？

坎伯：不相干。（笑）在一個公平合理的系統裡，人們的生活水平通常不是齊頭提高，而是齊頭拉低。所有文明都是由生活在最頂端的小部分人締造出來的。我知道我這話是犯了大忌，但是……

貝班：你剛才一直在談慈悲，但如果我們容忍這個世界上有人因爲貧富不均而捱餓受凍的話，那慈悲還要從何談起呢？

坎伯：那是另一回事。貧富不均並不一定是由剝削造成的。不過我承認，財富的分配確實是個極棘手的問題。由於這個問題的解決方法要視實際環境的特殊情況而定，所以不是我現在可以談的。

此刻最重要的事，就是把我們的社會觀念，擴大到整個世界。世界才是一個恰如其分的社會。當你從月球上望向地球的時候，你不會看到國與國之間的分界線。這種分界線純屬人爲的產物。基恩的《敵人的臉》一書，最主要就是揭示這種人爲分野的虛假性。一旦你把夥伴當成敵人，戰爭就在所難免。

貝班：你認不認爲，從月球上所看到的地球，是現在最有主宰性的神話意象？我們如今已經有很多這一類漂亮的照片，可以看到地球懸浮在太空的樣子。

坎伯：對，不過單靠照片，這個意象是不會起到神話作用的。神話不是來自大腦，而是來自心。

貝班：儘管如此，那些照片中的地球，仍然非常漂亮。

坎伯：對，但你可以透過照片感受到住在地球上的人群嗎？我不是問你是否可以透過照片想到地球上的人們，而是問你是否感受得到他們。神話是來自感受和體驗的，而不是來自思想。意識形態和神話的分別，就是自我和眞我的分別。意識形態是來自思考系統，而神話則是來自存有。

貝班：我想我們剩下的時間還夠再問一個問題。

登斯莫爾：我打算問你的，可是個正對你要害的問題。

坎伯：該來的總是會來。

登斯莫爾：你認爲，世界的本質是愁苦的，而人則應該「歡歡喜喜地參與世間的愁苦。」所以，比方說，即使整個世界被核子武器摧毀，我們還是應該以肯定的態度去面對。這個世界不管在什麼情況下都是好端端的，一切自有上帝的旨意。是這樣嗎？

坎伯：對。這是我一貫的信念。

登斯莫爾：我也是，因爲它可以帶給我平靜。但我卻覺得，除非到了死前一刻，否則我不應該去完全擁抱這種態度，因爲它會讓我陷入冷眼旁觀的危險。你知道，我這個人是容忍不了希特勒的法西斯主義或核子彈之類的東西的，非要挺身戰鬥不可。我擔心，如果接受你鼓吹的態度，我的戰鬥意志就會動搖。

坎伯：這個問題，今天晚上已經被提起過兩三次，它們其實都是跟「眞我」與

「自我」的問題脫不了關係的。在最深的基礎裡，在永恆的中心裡，道是沒有善惡對錯的。一個人如果執著於一些道德觀念，他又怎能指望與自然協調一致呢？另一方面，這個世界存在著很多不公義的事，卻又是我們不能視若無睹的。例如雖然美國這麼富裕，卻仍然還有很多窮人。那麼，我們該怎麼辦呢？這時，我還是會爲人類的價值觀去做一些事，但我不會把做這些事的那個我看做本質的我，只會視之爲潛能的我。

不過，如果從最終極的立場出發，我還是會說，不管發生了什麼事，一切都是好端端的。就算這個世界眞的有朝一日被毀於核子武器，那又如何呢？但如果以人類的價值觀念來衡量，那就會是一個絕大的災難。所以，從我的人性立場出發，我會努力去防止這樣的事發生。我的著作，都是朝這個方向努力的。

但另一方面，如果世界眞的是被核子武器徹底摧毀，那也沒有什麼大不了，因爲那樣的話，地球上將不會再有任何人，也因此不會有人爲這件事情難過。

貝班：你這樣說，誰還會想買你的書！

坎伯：對，是沒有人會想買。佛家有一個很精采的說法：「生命就是歡歡喜喜地參與世間的愁苦。」所有生命都是愁苦的。這是你所不能改變的。但你卻可以有不同的態度去對待它。那你又該怎樣對待你的愁苦呢？那就是參與進去。在我看來，這就是基督受難的眞義所在。保羅在〈腓立比書〉（Philippians）裡有一段很美麗的話：「但基督並沒有認爲上帝是他應該執著的，而認爲那是他應該放下的，因此，他走入世界，參與世間的愁苦，甚至不惜死於十字架上。」⑲

這就是一種歡歡喜喜參與世界的愁苦的表現。你明白我的意思嗎？這種態度所包含著的，是一種無我（nonegoistic）的觀點、一種不做價値判斷的觀點。因此，你進入遊戲中，成爲遊戲的一部分，但與此同時又知道，這是一個陰影的反照（reflex）。

最近我在讀一本梵文的典籍。當一個人上了年紀，很自然會想要重讀那些曾經在年輕時代滋養過他的東西。我會重讀《薄伽梵歌》（*Bhagavad Gita*）、《往世書》和其他的梵文典籍，就是這個原因。這一次重讀，讓我領悟到一些我從前所沒有領悟到的東西。

永恆是不能改變的。它不會爲時間所觸擾。當你一採取一個歷史的行動，你就是踏入了時間之中。時間的世界乃是永恆所發出的能量的一個反照。但永恆卻不會被此世界發生的一切所觸擾。所以，原罪說徹頭徹尾都是錯誤的。它是一種跟時間有關的東西。你自身的永恆本質是不會被它觸擾的。

你是業已在救贖之中的。

譯註：

①：過去猶太教規定，在安息日（星期六）得停止一切工作，違者處死刑。

②：這是出自《聖經》的話，指人只看到別人身上的小缺點，看不見自己身上的大缺點。

③：訶陀瑜珈認爲，人身上的脈輪，一共有七個，第三個脈輪稱爲臍輪（Manipura），其位置是肚臍。能量經過此處的時候會轉變成暴力，其目標是要主控，把世界變成自我及爲自己所擁有。

④：楊百瀚（Brigham Young, 1801-1877）：美國摩門教會第二任會長，一八四七年，爲躲避宗教迫害，他帶著一百四十八名教徒在鹽湖城建城，如今鹽湖城是摩門教國際總部的所在地。

⑤：鹽湖城是猶他州的首府。

⑥：following your biss 是坎伯愛說的話，本書大部分譯做「追隨內心的喜悅」，唯獨此處譯做「追隨內心的極樂」。按 bliss 的本義確是「狂喜」，而所以譯爲「喜悅」，是爲便於讀者理解，減少突兀之感。本處譯做「極樂」，則是因坎伯直接談到了「極樂」的問題，無法迴避此語。

⑦：五鞘是源出《奧義書》的觀念，而「鞘」的意義，相當於「自我」。這個思想認爲，人是由五個自我構成的，層層漸進，最後一個自我（「極樂鞘」）相當於梵的境界。

⑧：「大樂」是佛教眞言宗所標榜的最高境界，指一種絕對的大安樂。

⑨：指紀錄片「英雄的旅程」在西岸首映結束後（放映地點是洛杉磯的導演協會）所舉行的座

談會。

⑩：最早在非洲發現的似人高等靈長類化石，距今至少有三百萬年。一般相信南猿人與人類有密切淵源。

⑪：電影「二〇〇一太空漫遊」的一開始是一段與劇情無直接關係的序曲，內容描述兩幫猿人在打鬥，其中一方不敵而節節敗退，但敗方的其中一員卻在看到地上一塊大骨頭時靈光一閃，拿起它來追打敵人，結果反敗爲勝。序曲的最後，猿人把骨頭向天空扔去，而畫面此時隨之一轉，變成了一部太空船。這一幕所象徵的是，人類的科技雖然已經進步得可以探索太空，但追本溯源，乃是以人類懂得使用骨頭做爲工具肇端的。

⑫：一九六五年在舊金山成立的搖滾樂團，爲嬉皮族的始祖樂團，團名取自埃及的祈禱書。初期結合JSD迷幻藥，演出電子迷幻音響搖滾樂，後來又融入爵士樂和鄉村音樂的風格，使風格更多樣化。每舉辦演唱會，就引來無數瘋狂歌迷。

⑬：「感恩死者」樂團的死忠歌迷的稱呼。

⑭：傑利．加西亞（Jerry Garcia）：「感恩死者」樂團的靈魂人物，他在一九九五年過世，「感恩死者」隨之解散。

⑮：蓋亞是希臘神話裡的大地女神。蓋亞假設則是生物學裡的一個理論，認爲生物圈（包括陸地、水界和大氣層）不是死物，而是一個在逐漸發育中的有機體，其發展方向是提供地球的生物一個最適合生存的環境。

⑯：一首基督教的詩歌。

⑰：按ego和self通行的中譯皆做「自我」，但爲反映坎伯對ego和self的區分，此處強把self譯爲「眞我」。

⑱：「我慢」是印度哲學中的術語，意指「強烈的自我意識」。

⑲：這是〈腓立比書〉二章六節至八節的話。坎伯的引文與現今通行之《聖經》中譯本有相當出入，疑是他使用的英譯本對《聖經》的詮釋有所不同使然。

跋：老虎與山羊

The Tiger and the Goat

坎伯：我以下要說的是一隻小老虎的故事。話說有一隻母老虎懷了孕，又餓得要命，便跑到一小群山羊的前面，準備獵食。但就在牠一躍而起、撲向羊群之際，因爲腹部用力，腹中的小老虎被生了出來。母老虎因爲氣力耗盡，摔在地上，死了。因此可以說，母老虎的死帶來了小老虎的生。那群本來被母老虎嚇得四散奔逃的山羊慢慢聚集回到原地，發現了母老虎的屍體和小老虎。這些山羊的母性本能極強，收養了小老虎。就這樣，小老虎在羊群裡長大，也一直以爲自己是頭山羊。牠學會了咩咩叫，學會了吃草。但牠的消化系統卻不適應草類，消化不了纖維，因此體格很瘦弱。

有一天，一頭公老虎來襲，羊群再次四散奔逃。但小老虎因爲不是山羊，不懂得害怕，所以站在原地。公老虎打量牠一陣，然後說：「你跟這些山羊生活在一塊？」

小老虎不知道該怎麼回答，感到侷促，便咩咩叫了幾聲，然後低頭嚼草。公老虎愣住了，感覺就像個回到家裡看到兒子竟然留了把長髮的老爸。他重重拍打了小老虎兩三次，但小老虎仍然只是咩咩叫和低頭吃草。最後，公老虎叼著小老虎的頸項，把牠帶到一個水池邊。當時沒有風，池水平靜如鏡。

印度人說過，瑜珈就是一種讓人心平如鏡的藝術。這種藝術，可以讓人心靈的自發性活動停止下來。這時的心，就好比是一片平靜如鏡的池水。但風一起，池面就會被吹皺，閃起無數乍閃即滅的波光。在日常生活裡，我們就是把自己等同於這些乍生乍滅的波光，並心想：「啊，老天，我是這樣飄忽不定的！」不過，如果你能讓心的水池恢復平靜，你就會看到自己的眞正影像，清晰照見自己的永恆面貌。這時，你就會認同這個眞我，知道自己跟這個世界在某個意義上是無關的。

公老虎把小老虎帶到水池邊，就是要把瑜珈的原則引介給他。公老虎對小傢伙說：「現在看看池水中的你。」生平第一次，小老虎看到了自己長得什麼樣子。公老虎接著也走到池邊，讓臉投映在水裡。「看到沒？你有一張老虎的臉，長得就像我！成爲我！」

小老虎這時開始有點明白了。接著，公老虎再次把小老虎叼起，帶回自己的洞穴裡，要給他上第二課。洞穴裡躺著一隻最近才被咬死的羚羊。公老虎從血淋淋的羚羊屍體咬下一大塊肉，走向小老虎說：「張開你的嘴巴。」

小老虎害怕地退後幾步，說：「我只吃素。」

「少胡說八道。」公老虎說，說完把肉往小老虎的嘴巴塞。小老虎只覺得一陣窒息之感。這是一定的，因爲正如印度的聖經典裡所說的，任何乍被眞理充滿的人，都會有窒息之感。

儘管小老虎感到窒息，但因爲他吃到的是適合他消化系統的食物，所以神經系統頓時銳化了起來。他發出了一下小小聲的虎嘯。公老虎於是說：「這就對了。你明白了。我們就是應該吃老虎吃的食物。」

這個故事當然是有寓意的。它是要告訴我們，我們事實上是活在山羊假象裡的老虎。社會學和我們大部分宗教教育的目的，都是爲了騙我們相信自己是山羊。但如果你能對神話的象徵有正確詮釋，再加上冥思的鍛鍊，就會看出自己有一張老虎的臉。不過，在你知道自己有張老虎臉後，問題就來了。你既然是老虎，但又不得不繼續生活在一群山羊之中，你要怎麼辦呢？

你應該知道的，這個世界上的一切形相，都是同一個永恆者的光芒的閃現，因此，你們應該尊重每一個形相，因爲它們裡面莫不包含著生命的魔法。不過尊重歸尊重，你可不要讓別人知道你是老虎！

當哈拉智（Hallaj）和耶穌讓正教團體知道他們是老虎之後，就被釘死了。哈拉智的死（約爲公元九百年前後），讓蘇菲派的教徒學會了一件事：把律法的大衣穿在外面，行爲舉止上裝得跟別人沒有兩樣，與此同時，卻把奧祕的大衣穿在裡面，不讓別人看見。

因此，我鼓勵大家在這個世界上當老虎，但建議大家不要讓別人知道你是頭老虎！

坎伯年表

一九〇四年　三月二十六日生於紐約市，父查爾斯是來自麻省沃爾瑟姆（Waltham）的商人，母約瑟芬是紐約人。

一九一〇年　父親帶他和弟弟查理去看野牛比爾（Buffalo Bill）在麥迪遜廣場花園表演的「蠻荒西部秀」，又帶他們參觀自然史博物館。坎伯一生對印第安文化的興趣，肇源於此。

一九一三至一七年　舉家遷往紐約的新羅謝爾（New Rochele）。他對印第安文化與神話愈來愈著迷。十一歲那一年，他被特許進入新羅謝爾公共圖書館的成人閱覽區找書看。

一九一七年　他父母在賓夕法尼亞州的波科諾山（Pocono）蓋了一棟平房。住在那裡的時候，坎伯認識了他生平第一位導師格雷戈爾（Elmer Gregor）——一位專門以美國印第安人生活爲寫作題材的知名作者。

一九一九年　坎伯一家位於新羅謝爾的房子遇火災焚燬，祖母燒死，而坎伯所收藏的印第安人書籍和物件也付之一炬。

一九一九至二一年　進入位於康乃迪克州新米爾福德（New Milford）的坎特伯里預科學校（Canterbury prep school）就讀。在校長休姆（Nelson Hume）的指導下學習文學和寫作。他最有興趣的科目是生物。曾任學校文學雜誌的主編，以第一名畢業。

一九二一年　進入達特茅斯大學（Dartmouth College）鑽研生物學與數學，並參加了美式足球隊。

一九二二年　梅列日科夫斯基（Dimitri Merejkowski）的《達文西傳奇》（*The Romance of Leonardo da Vinci*），深受人文學科的吸引，遂轉學至哥倫比亞大學。

一九二二至二七年　在人生的第三位導師韋弗（Raymond Weaver）的指導下學習。一九二四年至二六年間是田徑隊的成員，並創下哥大半英里賽跑最快的紀錄。曾參加賓夕法尼亞州的接力錦標賽，並代表紐約運動俱樂部參加各種田徑比賽。也是爵士樂隊的薩克斯風手，常在大學和校友會的舞會上演奏。

一九二四年　在與家人乘船前往歐洲旅行途中認識了克里希納穆提（Jiddu Krishnamurti），並「朦朦朧朧地」對印度教與佛教產生了興趣。

一九二五年　獲哥大的學士學位。與紐約運動俱樂部的田徑隊一起參加在舊金山舉行的美國體育聯盟錦標賽。旅行夏威夷的期間，認識了有「衝浪之父」之稱的卡哈那莫庫（Duke Kahanamoku）。回程途中，在華盛頓州的亞基馬（Yakima）觀賞了印第安的牛仔競技大會。

一九二六年　返回哥大，以便能跟田徑隊一起出賽；研究中世紀文學。完成以亞瑟王傳奇爲研究對象的論文〈憂傷的筆觸〉（The Dolorous Stroke）。

一九二七至二八年　獲普勞德菲特（Proudfit）遊學獎學金，讓他可以前往歐洲深造兩年。同年獲哥大碩士學位。在巴黎大學學習羅曼語語文學、古法語與普羅旺斯語，指導教授貝迪耶（Joseph Bedier）是故事《崔斯坦與伊索德》（*Tristan and Iseult*）的著名法譯者。接觸到現代藝術和現代文學，眼界大開，其中，又以喬哀思的《尤里西斯》對他影響最深。結識了雕刻家布德爾（Antoine Bourdelle）和莎士比亞書店的老闆席薇亞・比奇（Sylvia Beach）。

一九二八至二九年　轉往慕尼黑大學學習梵文和印歐語文學；接觸到弗洛依德、榮格、湯馬斯・曼和哥德的作品。在美國股市大崩盤的前兩週結束歐洲的學習，返回美國。打消撰寫博士論文的計畫，潛居到胡士托（Woodstock）的樹林裡，與與妹妹愛麗絲同住在一間年租二十美元的小屋，埋首於他在巴黎起了頭的鑽研。

一九二九至三一年　嘗試創作短篇小說，最後放棄（「我寫的小說絕對賣不出去」），轉而大量閱讀美國的現代文學與哲學，包括了海明威、劉易斯、杜威和羅素的作品。

一九三一至三二年　一個人開著媽媽的福特「T型」轎車進行橫越美國的旅行，思考自己未來的人生方向。在加州的聖約瑟（San Jose）停留時探訪了好朋友營養學家愛黛爾・戴維斯（Adelle Davis）。透過她，坎伯認識了史坦貝克（John Steinbeck）夫婦，而後者又把鄰居里克茨（Ed Ricketts）——一位研究潮間帶生物的生物學家——介紹給了坎伯認識。在卡梅爾（Carmel）

的圖書館發現了史賓格勒的作品，坎伯形容這個與史賓格勒的邂逅是「我知性生活的重大危機」。向八十五家大專寄出求職信。隨同里克茨沿著卑詩省海岸北上阿拉斯加，蒐集潮間帶的生物標本，這次生物學之旅，再次印證了坎伯一個想法：神話學與生物學之間是有相互關連的。接受了他坎特伯里預科學校的老校長爲他提供的教職。

一九三三年　教授歷史、英文、法文與德文。與此同時鑽研史賓格勒、湯馬斯・曼、榮格和喬哀思的作品。學年結束後辭去教職。以三百美元的價格賣出第一篇小說〈嚴格的柏拉圖式愛情〉（Strictly Platonic），靠著這筆稿費和他以前演奏爵士樂攢下來的積蓄，再次隱居到胡士托的森林，讀書寫作。

一九三三至三四年　遍讀了喬哀思、史賓格勒、弗羅貝尼烏斯（Frobenius）、湯馬斯・曼、弗洛依德和榮格的作品。著手寫一本小說，但最後放棄。莎拉・勞倫斯學院（Sarah Lawerence College）在在他的老師勞倫斯（W. W. Lawerence）的推薦下，邀坎伯任教，坎伯馬上就答應了。

一九三八年　與珍・厄爾曼（Jean Erdman）結爲連理。珍是勞倫斯學院的畢業生，曾受教於坎伯，也是瑪莎・葛蘭姆（Martha Graham）舞團的舞者。

一九四〇年　認識印度學家吉謨（Heinrich Zimmer），後者把他介紹給波林根系列（Bollingen Series）的創辦人認識。

一九四一年　與尼基蘭南達上師（Swami Nikhilananda）合作編輯和翻譯《拉摩克里希納福音書》（*The Gospel of Sri Ramakrishna*）和《奧義書》。這項工作歷時三年。

一九四二年　在導師吉謨的推薦下，前往博林居基金會，爲它的出版品系列主篇首卷本。次年，吉謨死於肺炎，坎伯應其遺孀之請，編輯吉謨的遺作。這工作一共花了他十二年的時間。

一九四三年　出版生平第一部著作：《兄弟同來見父親之處：納瓦霍印第安人一個戰爭儀式的研究》（*Where the Two Came to Their Father: A Navaho War Ceremonial*）。此書爲坎伯與金恩（Jeff King）及茉荻・奧克斯（Maud Oakes）合撰。

一九四四年　出版與羅賓遜（Henry Morton Robinson）合著之《打開《芬尼根守靈記》的萬能鑰匙》（A

Skeleton key to Finnegans Wake）。撰寫了對《格林童話全集》（The Complete Grimm's Fairy Tales）的評論。加入《舞蹈觀察家》（Dance Observer）雜誌的編輯行列。開始著手撰寫《千面英雄》（The Hero with a Thousand Faces）。

一九四六年　出版吉讃的《印度藝術與文化中的神話與象徵》（Myths and Symbols in Indian Art and Civilization）。

一九四八年　出版吉讃的《國王與屍體》（The King and The Corpse）。論《芬尼根守靈記》的一篇文章被收錄於《喬哀斯：二十年來的評論》（James Joyce: Two Decades of Criticism）一書中。

一九四九年　先後被兩間出版社退稿後，《千面英雄》獲博林根基金會接受出版。坎伯因《千面英雄》一書獲美國藝術暨文學學會（American Academy of Arts and Letters）贈獎。

一九五一年　出版吉讃的《印度諸家哲學》（Philosophies of India）。發表〈生物與神話：一個神話科學的導論〉（Bios and Mythos: Prologemena to a Science of Mythology），此文被收錄於《心理分析與文化：表揚加撒．羅海姆論文集》（Psychoanalysis and Culture: Essays in Honor of Gaza Roheim）。擔任「神話與人」系列總編輯，出版了凱雷尼（Carl Kerenyi）的《希臘諸神》（The Gods of Greek）。

一九五二年　編輯出版《簡明版一千零一夜》（The Portable Arabian Night）。

一九五三年　被委任爲創意電影基金會（Creative Film Foundation）主席。出任《愛蘭諾斯年報》（Eranos Yearbooks）編輯。出版《精神與自然》（Spirit and Nature）。主編出版德倫（Maya Deren）之《神聖的騎者：海地的活的諸神》（Divine Horsemen: The Living Gods of Haiti）。

一九五四年　編輯出版瓦特（Alan Watts）所著之《基督教的神話與儀式》（Myth and Ritual in Christianity）。利用教授休假遊訪印度、錫蘭、泰國、緬甸、台灣、香港與日本。開始學習日文。

一九五五年　出版吉讃的《印度亞洲的藝術》（The Art of Indian Asia）。主編出版《奧祕》（Mysteries）。

一九五六年　在華府國務院屬下的駐外機關事務局爲駐外人員授課。

一九五七年　主編出版《人與時間》（Man and Time）。在瑞士阿斯科納（Ascona）舉行的愛蘭諾斯會議

（Eranos Conference）上宣讀論文《不帶意義的象徵》（*The Symbol without Meaning*）。

一九五八年　在日本舉行的第九屆宗教史國際會議上宣讀論文《東方哲學與西方的心理分析》（*Oriental Philosophy and Occidental Psychoanalysis*）。

一九五九年　在愛蘭諾斯基金會宣讀第一篇論文《原始狩獵種植社會的再生神話與儀式》（*Renewal Myths ahd Rites of the Primitive Hunters and Planters*）。出版《神的面具》（*The Masks of God*）第一卷《原始神話》（*Primitive Mythology*）。

一九六〇年　主編出版《靈性之修煉》（*Spiritual Disciplines*）。

一九六一年　出版《神的面具》第二卷《東方神話》（*Oriental Mythology*）。被博波根基金會委任爲受託管理人。列名《美國名人錄》（*Who's Who in American*）。

一九六四年　出版《神的面具》第三卷《西方神話》（*Occidential Mythology*）。

一九六七年　出任藝術、宗教與當代文化學會（Society for the Arts, Religion, and Contemporary Culture）理事。

一九六八年　主篇出版《人與轉化》（*Man and Transformation*）。出版《神的面具》第四卷《創造神話》（*Creative Mythology*）。與麥可・莫菲（Michael Murphy）和伊色冷研究所（Esalen Institute）展開長期合作。

一九六九年　出版《野鵝的飛行：神話向度的探索》（*The Flight of Wild Gander: Explorations in the Mythological Dimension*）

一九七〇年　主編出版《神話、夢與宗教》（*Myths, Dreams, and Religion*）。

一九七二年　出版《我們類似生活的神話》（*Myth to Live by*）。編輯出版《簡明版榮格讀本》（*The Portable Jung*）。從莎拉・勞倫斯學院退休，結束三十八年教學生涯。出任宗教研究學會（Society for the Study of Religion）會長。遊訪冰島和土耳其。在《今日心理學》（*Psychology Today*）雜誌接受基恩（Sam Keen）的訪談。與太太於紐約成立大開眼界劇院（The Theater of the Open Eye）。

一九七三年　獲頒霍夫斯特拉傑出學人獎（Hofstra Distinguished Scholar Award）。發表專文〈湯馬斯・曼藝術中的色情反諷與神話形式〉（Erotic Irony and Mythic Forms in the Art of Thomas Mann）。

一九七四年　出版《神祕的意象》（*The Mythic Image*）。

一九七六年　獲頒梅爾切宗教自由貢獻獎（Melcher Award for Contributions to Religious Liberalism）。遊訪埃及與希臘。

一九七七年　編輯出版羅桑（Rato Khyongla Nawang Lozang）之《我的一生與諸生：一個西藏人輪迴轉世的故事》（*My Life and Lives: The Story of a Tibetan Incarnation*）。在《老爺》雜誌（*Esquire*）接受紐羅夫（*Donald Newlove*）的訪談。

一九七八年　接受紐約普拉特學院（Pratt Institute）的榮譽博士學位。

一九八三年　出版《世界神話的歷史地圖》（*The Historical Atlas of World Mythology*）卷一《動物生命力之道》（*The Way of Animal Power*）。與製片人喬治・盧卡斯結識，後者邀坎伯夫婦到他位於加州北部的天行者牧場觀看「星際大戰」三部曲。這部電影的內容，深受坎伯作品的影響。

一九八四年　坎伯八十誕辰慶祝會於舊金山的美術宮（Palace of Fine Arts）舉行，來賓有一千人。

一九八五年　因《動物生命力之道》一書獲紐約的全國藝術俱樂部（National Arts Club）頒贈文學榮譽獎章。

一九八六年　出版《外太空的內在縱深：做爲隱喻與宗教之神話》（*The Inner Reaches of Outer Space: Myth as Metaphor and Religion*）。參加加州大學柏克萊校區一個以「從儀式到狂喜」爲題的研討會，與心理學家佩里（John Perry）和「感恩死者」樂團（Grateful Dead）的成員同台對談。

一九八七年　紀錄片「英雄的旅程：喬瑟夫・坎伯的世界」（The Hero's Journey: The World of Joseph Campbell）在紐約的現代藝術博物館首映。與記者莫比爾（Bill Moyers）的對談「神話的力量」（The Power of Myth）於公共廣播網播出。十月三十日逝於檀香山。

一九八八年　遺著《世界神話的歷史地圖》卷二《播種大地之道》（*The Way of the Seeded Earth*）出版。莎拉・勞倫斯學院成立坎伯比較神話學講座。

內容簡介：

神話是人類心靈的歷史——坎伯的神話之旅

本書是由一群心理學、人類學、文學、電影製作人等，共同訪問二十世紀重要的神話學大師喬瑟夫・坎伯（Joseph Campbell）的影集，並將之編輯成書出版，主編菲爾・柯西諾（亦為《靈魂筆記》（*Soul: an Archaeology*）一書之主編，立緒出版）。

影集於一九八二年正式拍攝，一九八七年在紐約現代藝術博物館首映。一九八八年在ＰＢＳ播出，而坎伯則於電影首映之後的同年十月去世。

本公司另一本於一九九五年出版的《神話》（*The Power of Myth*）乃是於一九八五、一九八六年由名記者莫比爾（Bill Moyers）所做的訪問，於一九八八年在ＰＢＳ播出。這二部影片的前後播出皆引起熱烈的迴響。本書與上述已出版的中譯《神話》內容不同之處，在本書著重於坎伯的生活與工作，同時大量使用來自坎伯家族文庫的照片，提供了一個深入坎伯世界獨一無二的窗口。而《神話》一書則著重在神話學的闡釋。

坎伯光大了美國當代神話學的研究，同時把神話帶到現代人的生活裡，使其在專業領域之外還博得大眾的聲譽。他於六〇年代初出版的《千面英雄》，是那些汲汲於尋求內在啓悟的年輕人手中的聖經。許多人坦承坎伯的文字改變了他們的生命。

從他的著作裡，我們可以找到一把打開藝術、音樂、宗教世界大門的萬能鑰匙。而他所使用的語言，同時兼具詩性與實用性，也因此許多美國從事大眾文化與藝術創作者，從他這邊獲得極大的啓發，備受尊敬。例如大導演史丹利・庫伯力克的「二〇〇一年太空漫遊」、喬治・盧卡斯的「星際大戰三部曲」即引用坎伯的神話觀念拍攝完成。

坎伯曾於一九四三年在波林根基金會（榮格學術研究構）參與編書工作並鑽研榮格學

說，深受其影響，其名言「神話是衆人的夢，夢是私人的神話」與榮格「集體潛意識」之說有相當的關連。二十世紀三〇年代前後，坎伯遊學歐洲，接觸到畢卡索等現代主義大師的畫作，在文學上也認識到喬哀思、艾略特、湯瑪斯・曼等巨擘的作品，使他逐漸理解到「象徵符號」與「神話迷思」之間結合的道理。並發現了內在於神話、藝術與文學中的不朽問題。從此，窮一生之力研究神話，尋找他內在那個不朽的英雄。

透過與詩人布萊（Robert Bly）、人類學家阿里恩（Angeles Arrien）、製片家肯納德（David Kennard）、精神病學先驅葛羅夫（Stanislav Grof）、諾貝爾獎得主吉耶曼（Roger Guillemen）等人一系列的對話。坎伯在本書中展現了他豐富的生命經驗。包括神話的起源與功能、藝術家的角色、儀式的作用等等。

「神話是人類心靈的歷史」。在一個我們已經失去與神話聯繫的時代，坎伯所代表的，是一個路標的角色。

譯者簡介：

梁永安

台灣大學哲學碩士，譯有《孤獨》、《四種愛》、《Rumi：在春天走進果園》、《超越後現代心靈》、《美麗托斯卡尼》、《耶穌行蹤成謎的歲月》等。

校對：

馬興國

中興大學社會系畢。資深編輯。

關於坎伯基金會

坎伯基金會（Joseph Campbell Foundation）是一個非營利組織，其成立目的包括：

一、保存、保護並永續坎伯的開創性作品，將坎伯的論文和與影音作品進行編目和存檔，保護他的知識產權，並透過各種不同的媒體，創建與授權坎伯的作品集，同時，經由基金會網站（www.jcf.org）讓更多人認識坎伯的學術貢獻。

二、推廣神話學與比較宗教學的研究，支持增進大眾對這些領域認識的教育計劃和活動，並運用基金會網站作為相關跨文化交流的平台。

三、協助個人經由坎伯基金會的活動充實生活，包括網路會員制計畫，地區性的國際神話圓桌會議網絡，以及定期舉辦發揚、提昇神話的活動。

關於坎伯與坎伯基金會的更多資訊，請聯繫：

Joseph Campbell Foundation
C/O Citrin Cooperman & Company, LLP
290 West Mount Pleasant Avenue, Suite 3310
Livingston, NJ 07039
www.jcf.org

國家圖書館出版品預行編目(CIP) 資料

英雄的旅程/ 菲爾．柯西諾（Phil Cousineau）主編；梁永安譯 -- 三版 -- 新北市：立緒文化, 2020.04
面； 公分. --（新世紀叢書）

譯自：The Hero's Journey
ISBN 978-986-360-153-1 (平裝)

1.坎伯（Campbell, Joseph, 1904-1987） 2.學術思想 3. 神話

280 109003489

英雄的旅程

The Hero's Journey

出版——立緒文化事業有限公司（於中華民國 84 年元月由郝碧蓮、鍾惠民創辦）
主編——菲爾．柯西諾（Phil Cousineau）
譯者——梁永安

發行人——郝碧蓮
顧問——鍾惠民

地址——新北市新店區中央六街 62 號 1 樓
電話—— (02) 2219-2173
傳真—— (02) 2219-4998
E-mail Address —— service@ncp.com.tw
劃撥帳號—— 1839142-0 號 立緒文化事業有限公司帳戶
行政院新聞局局版臺業字第 6426 號

總經銷——大和書報圖書股份有限公司
電話—— (02) 8990-2588
傳真—— (02) 2290-1658
地址——新北市新莊區五工五路 2 號
排版——鴻霖國際事業有限公司
印刷——尖端數位印刷有限公司

法律顧問——敦旭法律事務所吳展旭律師

分類號碼—— 280
ISBN —— 978-986-360-153-1
出版日期——中華民國 90 年 11 月～ 94 年 12 月初版 一～二刷（1 ～ 4,000）
中華民國 103 年 5 月二版 一刷（1 ～ 1,000）
中華民國 109 年 4 月三版 一刷（1 ～ 1,000）
中華民國 111 年 5 月三版 二刷（1,001 ～ 1,500）

定價◎ 420 元（平裝）